열정으로 가득한 초심자의 마음가짐으로,
독자님과 함께 커가는 지식의 나무가 되겠습니다.

이것만 알면 통한다

한자능력 검정시험

50일 완성

4급·4급Ⅱ

이것만 알면 통한다
한자능력검정시험 4급·4급Ⅱ
50일 완성

초판 발행	2010년 03월 05일
초판 12쇄	2025년 04월 20일
발행인	이재현
발행처	리틀씨앤톡
등록일자	2022년 9월 23일
등록번호	제 2022-000106호
ISBN	978-89-6098-109-6 (13710)
주소	경기도 파주시 문발로 405 제2출판단지 활자마을
홈페이지	www.seentalk.co.kr
전화	02-338-0092
팩스	02-338-0097

ⓒ 2010, 씨앤톡 See&Talk

본 책은 저작권법에 의해 보호를 받는 저작물이므로 무단 전재와 복제를 금합니다.

머리말

우리말의 70%는 한자어입니다. 여러분 자신도 모르게 이미 많은 한자어를 알고, 일상생활에서 활용하고 있습니다.

부모, 형제, 우정, 학교, 교실, 시험, 기차, 비행기

이 중에서 여러분이 모르는 단어가 있습니까? 위의 단어들은 모두 한자로 이루어진 한자어입니다. 한자를 공부해 본 적이 없다고 해도 이미 많은 한자어들의 뜻을 알고, 말하고 있습니다. 그만큼 한자는 우리의 언어생활에 있어 빠질 수 없는 중요한 문자입니다. 지금 여러분이 공부하는 한자는 단순히 시험 합격을 위한 것에 그치지 않고, 어휘력을 향상시켜 언어생활도 더욱 풍부해질 것입니다.

이 책은 매일 한자 20자를 꾸준히 공부하여 50일 동안 1000자를 암기할 수 있도록 구성하여 효과적인 시험 준비를 돕습니다. 한자를 소리 내서 읽고, 여러 번 써보십시오. 한자를 바르고 예쁘게 쓸 수 있는 순서를 따라서 한 자씩 써나가다 보면 어느새 많은 한자들을 읽고 쓸 수 있을 것입니다.

지금 배우고 익히는 한자는 상위등급의 한자시험에도 계속 출제가 됩니다. 이 책으로 기초를 확실히 다지시고, 한자 학습을 꾸준히 해나가시길 바랍니다. 여러분들의 한자학습과 수험서로 좋은 동반자가 되기를 바라며 합격을 기원합니다.

이 책의 활용방법

이 책은 한자 형성에 대한 알기 쉬운 해설과 함께 총획, 부수, 반의자, 동의자, 모양이 비슷한 한자를 수록하여 사전 없이 한자를 공부할 수 있도록 학습자에게 편의를 제공합니다. 4급 배정한자로 구성된 출제 예상단어들은 어휘력 향상에도 도움이 됩니다. 4급 배정한자 중에서 읽기만 해도 되는 한자와 읽고 쓸 줄 알아야 하는 한자를 구분하여 매일 20자의 한자를 외우도록 구성하였으며, 일일 학습 후에는 연습문제를 통해서 학습내용을 확인토록 하여 효율적인 시험준비를 돕습니다.

배정한자

- **훈음, 부수, 총획수** : 한자의 기본 구성인 훈과 음, 부수, 그리고 총획수 식별이 명료하게 배치하였습니다.
- **반의자, 동의자, 비슷한 한자** : 해당 한자의 심화학습을 위해 그 뜻과 반대되는 반의자, 뜻이 같거나 유사한 동의자, 그리고 그 모양이 비슷한 한자를 수록하였습니다.
- **한자 해설** : 한자의 형성과정이나 의미를 설명해 학습자의 이해를 돕고자 했습니다.
- **단어** : 시험에 배정된 한자들로 구성된 단어들로써 어휘력 향상을 위해 엄선하였습니다.

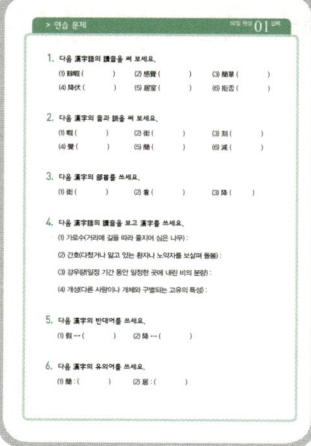

연습문제

하루 분량의 배정한자를 공부한 후, 연습문제를 풀면서 배운 내용을 제대로 암기 했는지 다시 한 번 점검합니다. 그 날 배운 내용들을 잊어버리지 않기 위한 확인학습입니다.

유의자 · 반의자 · 동음이의어 · 사자성어

최근에 시험에 자주 나오는 단어, 어휘력을 향상시키기 위한 일상 단어, 꼭 알아야 하는 필수 단어들을 총망라하여 보기 쉽게 정리하였습니다.

실전 테스트

최근의 출제 경향을 충실히 반영하였으며, 기출문제를 철저히 분석하여 그에 따른 예상 문제를 만들었습니다. 실전에서 당황하지 않도록 시험 문제지와 답안지를 실전과 같은 형태로 만들어 수험생들이 따라 연습해 볼 수 있도록 하였습니다.

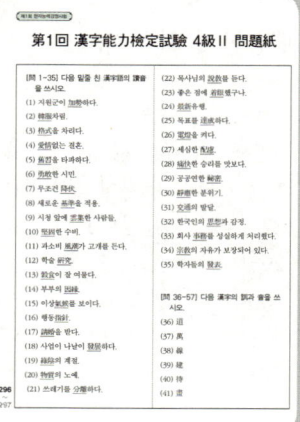

목차

한자능력검정시험이란 ··· 7
한자의 육서 ··· 10
한자의 부수 ··· 11
한자의 필순 ··· 12
8급 배정한자 ··· 14
7급 배정한자 ··· 16
6급 배정한자 ··· 20
5급 배정한자 ··· 26
4급Ⅱ 배정한자 ··· 28
4급 배정한자 ··· 30

부수찾기 ··· 32
배정한자 익히기

1일째 38	2일째 44	3일째 47	4일째 53	5일째 56	6일째 62	7일째 65
8일째 71	9일째 74	10일째 80	11일째 83	12일째 89	13일째 92	14일째 98
15일째 101	16일째 107	17일째 110	18일째 116	19일째 119	20일째 125	21일째 128
22일째 134	23일째 137	24일째 143	25일째 146	26일째 152	27일째 155	28일째 161
29일째 164	30일째 170	31일째 173	32일째 179	33일째 182	34일째 188	35일째 191
36일째 197	37일째 200	38일째 206	39일째 209	40일째 215	41일째 218	42일째 224
43일째 227	44일째 233	45일째 236	46일째 242	47일째 245	48일째 251	49일째 254
50일째 260						

연습문제 정답 ··· 263
유의자, 반의자·반의단어, 동음이의어, 약자, 사자성어 ············· 272
실전 테스트 ··· 298
실전 테스트 답안지 ··· 307
실전 테스트 정답 ··· 313

한자능력검정시험이란

한자능력검정시험은 사단법인 한국어문회가 주관하고 한국한자능력검정회가 시행하는 한자능력측정시험입니다. 1992년 12월 19일 첫 시험을 시행한 이래 매년 4회의 시험을 실시하고 있습니다.

이 시험은 개인의 한자활용능력에 대한 객관적인 평가와 한자사용능력에 대한 실력배양, 우수한 인재양성을 목적으로 하는 바 교육인적자원부에서 2001년부터 '국가공인 자격증'으로 인증을 받아 그 신뢰도를 더욱 공고히 하게 되었습니다.

한자능력검정시험은 8급에서 4급까지는 교육급수로 하고, 3급Ⅱ에서 1급까지는 공인급수로 구분하며, 일반적으로 초등학생은 4급, 중·고등학생은 3급, 대학생은 2급과 1급 취득에 목표를 두고, 학습하길 권하고 있습니다.

합격자 우대사항

- 자격기본법 제27조에 의거 국가자격 취득자와 동등한 대우 및 혜택을 받습니다.
- 교육인적자원부 훈령 제616호『학생생활기록부 전산처리 및 관리지침』에 의거 학교생활기록부에 등재, 입시에 활용됩니다.
- 육군간부 승진 고과에 반영됩니다.(대위-대령/군무원 2급-5급:3급 이상, 준·부사관/근무원 6급-8급:4급 이상)
- 경제5단체, 신입사원 채용 때 전국한자능력검정시험 응시 권고(3급 응시요건, 3급 이상 가산점)하고 있습니다.
- 전국한자능력검정시험의 한자능력급수 취득 시 대입 면접 가산점, 학점, 졸업 인증에 반영됩니다.

✽ 상세한 시험 안내는 한국어문회 홈페이지(www.hanja.re.kr)를 참조하십시오.

한자능력검정시험이란

🌱 문제유형

독음(讀音)	한자의 소리를 묻는 문제입니다. 독음은 두음법칙, 속음현상, 장단음과도 관련이 있습니다.
훈음(訓音)	한자의 뜻과 소리를 동시에 묻는 문제입니다. 특히 대표 훈음을 익히시기 바랍니다.
한자(漢字) 쓰기	제시된 뜻, 소리, 단어 등에 해당하는 한자를 쓸 수 있는가를 확인하는 문제입니다.
부수(部首)	한자의 부수를 묻는 문제입니다. 부수는 한자의 뜻을 짐작할 수 있는 중요한 부분입니다.
필순(筆順)	한 획 한 획의 쓰는 순서를 알고 있는가를 묻는 문제입니다. 글자를 바르게 쓰기 위해 필요합니다.
장단음(長短音)	한자 단어의 첫소리 발음이 길고 짧음을 구분하고 있는가를 묻는 문제입니다. 4급 이상에서만 출제됩니다.
반의어(反義語/反意語), 상대어(相對語)	어떤 글자(단어)와 반대 또는 상대되는 글자(단어)를 알고 있는가를 묻는 문제입니다.
동의어(同義語/同意語), 유의어(類義語)	어떤 글자(단어)와 뜻이 같거나 유사한 글자(단어)를 알고 있는가를 묻는 문제입니다.
동음이의어(同音異義語)	소리는 같고, 뜻은 다른 단어를 알고 있는가를 묻는 문제입니다.
뜻풀이	고사성어나 단어의 뜻을 제대로 알고 있는가를 묻는 문제입니다.
약자(略字)	한자의 획을 줄여서 만든 약자를 알고 있는가를 묻는 문제입니다.
완성형(完成型)	고사성어나 단어의 빈칸을 채우도록 하여 단어와 고사성어의 이해력 및 조어력을 묻는 문제입니다.

합격기준

구분	1급	2급, 3급, 3급Ⅱ	4급, 4급Ⅱ, 5급	6급	6급Ⅱ	7급	8급
출제문항	200	150	100	90	80	70	50
합격문항	160	105	70	63	56	49	35

출제기준

구분	1급	2급	3급	3급Ⅱ	4급	4급Ⅱ	5급	6급	6급Ⅱ	7급	8급
독음	50	45	45	45	32	35	35	33	32	32	24
한자쓰기	40	30	30	30	20	20	20	20	10	0	0
훈음	32	27	27	27	22	22	23	22	29	30	24
완성형	15	10	10	10	5	5	4	3	2	2	0
반의어	10	10	10	10	3	3	3	3	2	2	0
뜻풀이	10	5	5	5	3	3	3	2	2	2	0
동음이의어	10	5	5	5	3	3	3	2	0	0	0
부수	10	5	5	5	3	3	0	0	0	0	0
동의어	10	5	5	5	3	3	3	2	0	0	0
장단음	10	5	5	5	3	0	0	0	0	0	0
약자	3	3	3	3	3	3	3	0	0	0	0
필순	0	0	0	0	0	0	3	3	3	2	2
출제문항	200	150	150	150	100	100	100	90	80	70	50

 ## 급수배정

급수	읽기	쓰기	수준 및 특성
1급	3,500	2,005	국한혼용 고전을 불편 없이 읽고, 공부할 수 있는 수준
2급	2,355	1,817	일상 한자어를 구사할 수 있는 수준
3급	1,817	1,000	신문 또는 교양서를 읽을 수 있는 수준
3급Ⅱ	1,500	750	4급과 3급의 격차를 해소하기 위한 급수
4급	1,000	500	초급에서 중급으로 올라가는 급수
4급Ⅱ	750	400	5급과 4급의 격차를 해소하기 위한 급수
5급	500	300	학습용 한자 쓰기를 시작하는 급수
6급	300	150	기초 한자 쓰기를 시작하는 급수
6급Ⅱ	300	50	한자 쓰기를 시작하는 첫 급수
7급	150	-	한자 공부를 처음 시작하는 분을 위한 초급 단계
8급	50	-	미취학생 또는 초등학생의 학습 동기 부여를 위한 급수

한자의 육서

한자는 표의문자(表意文字)입니다. 표의문자란 나타내고자 하는 뜻을 그림이나 부호 등을 이용하여 구체화시킨 글자를 말합니다. 각각의 글자가 모두 그러한 뜻을 나타내게 된 방법과 과정이 있게 마련인데, 이 방법과 과정을 하나로 묶어 육서(六書)라고 하며, 이는 구체적으로 상형(象形), 지사(指事), 회의(會意), 형성(形聲), 전주(轉注), 가차(假借)로 구분됩니다. 그러나 모든 한자의 육서를 정확하게 분류할 수는 없습니다. 고대의 어원을 완벽하게 재구성하기는 어렵고 학자들 사이에서도 의견이 분분합니다. 이러한 점을 염두에 두고, 한자의 구성 원리를 알아보겠습니다.

상형(象形) – 사물의 모양을 있는 그대로 본떠서 만드는 방법.

지사(指事) – 숫자나 위치, 동작 등과 같이 구체적인 모양이 없는 것을 그림이나 부호 등으로 나타내어 글자를 만드는 방법.

회의(會意) – 이미 만들어진 글자들에서 뜻과 뜻을 합쳐서 새로운 뜻의 글자를 만드는 방법.

力(힘 력) + 口(입 구) → 加(더할 가)

門(문 문) + 日(날 일) → 間(사이 간)

형성(形聲) – 뜻한 글자에서는 소리만 빌려오고, 다른 한 글자에서는 모양을 빌려 와 새로운 뜻을 가진 글자를 만드는 방법.

雨(비 우) + 相(서로 상) → 霜(서리 상)

木(나무 목) + 同(한 가지 동) → 桐(오동나무 동)

전주(轉注) – 하나의 글자를 비슷한 의미에까지 확장해서 사용하거나 같은 뜻을 가진 비슷한 글자끼리 서로 구별 없이 사용하는 것.

- 풍류 악: 音樂(음악)
- 즐거울 락: 娛樂(오락)
- 좋아할 요: 樂山樂水(요산요수)

가차(假借) – 이미 만들어진 한자에서 모양이나 소리나 뜻을 빌려 새로 찾아낸 뜻을 대신 사용하는 방법으로, 주로 외래어를 표현하기 위한 수단으로 쓰임.

이탈리아(Italia) → 伊太利 (이태리)

한자의 부수

변 글자의 왼쪽에 위치한 부수를 '변'이라 한다.
- 亻(사람인 변) : 仁(어질 인), 仙(신선 선), 仕(섬길 사)
- 彳(두인 변) : 後(뒤 후), 徑(지름길 경), 很(어길 흔)
- 忄(심방 변) : 情(뜻 정), 性(성품 성), 惟(생각할 유)

방 글자의 오른쪽에 위치한 부수를 '방'이라 한다.
- 刂(칼도방) : 利(이로울 리), 劍(칼 검), 刻(새길 각)
- 卩(병부절) : 卯(토끼 묘), 印(도장 인), 卵(알 란)
- 阝(우부방) : 部(떼 부), 邦(나라 방), 邱(땅이름 구)

머리 글자의 위쪽에 위치한 부수를 '머리'라고 한다.
- 冖(민갓머리) : 冠(갓 관), 冥(어두울 명), 冢(무덤 총)
- 亠(돼지해머리) : 亡(망할 망), 交(사귈 교), 京(서울 경)
- 艹(초두머리) : 草(풀 초), 芒(가시랭이 망), 芳(꽃다울 방)

엄 글자의 위에서 왼쪽아래까지의 부수를 '엄'이라 한다.
- 尸(주검시엄) : 屍(주검 시), 尺(자 척), 局(판 국)
- 广(집엄) : 店(가게 점), 底(밑 저), 座(자리 좌)
- 厂(민엄호) : 厄(재앙 액), 原(언덕 원), 厭(싫을 염)

발 글자의 아래 부분에 위치한 부수를 '발'이라 한다.
- 儿(어진사람인발) : 兄(맏 형), 允(진실로 윤), 光(빛 광)
- 灬(연화발) : 熱(더울 열), 無(없을 무), 焦(그을릴 초)

책받침 글자의 왼쪽에서 아래로 걸친 부수를 '책받침'이라 한다.
- 辶(갓은책받침) : 道(길 도), 過(지날 과), 近(가까울 근)
- 廴(민책받침) : 延(늘일 연), 建(세울 건), 廷(조정 정)

몸 글자 전체를 에워싸는 부수를 '몸'이라 한다.
- 凵(위튼입구) : 凶(흉할 흉), 凹(오목할 요), 出(날 출)
- 匚(터진입구몸) : 區(구역 구), 匠(장인 장), 匱(함 궤)

제부수 글자 자체가 부수인 것을 '제부수'라고 한다.
生(날 생), 父(아비 부), 金(쇠 금), 竹(대 죽), 食(밥 식), 音(소리 음), 牛(소 우) 등

한자의 필순

한자의 필순은 반드시 이대로 써야 하는 엄격한 규정이 있는 것은 아닙니다. 오랫동안 사람들이 한자를 쓰면서 보다 쓰기 편하고, 글자의 균형미를 살려주는 규칙을 만들어 온 것입니다. 일반적으로 널리 쓰이는 필순의 원칙을 알아보겠습니다.

1 위에서 아래로 쓴다.

工 工 工

2 왼쪽에서 오른쪽으로 쓴다.

代 代 代 代 代

3 둘러싼 밖을 먼저, 안을 나중에 쓴다.

田 田 田 田 田

4 내려 긋는 획을 먼저, 삐침을 나중에 쓴다.

小 小 小

5 왼쪽 삐침을 먼저 쓴다.

① 좌우에 삐침이 있을 경우

赤 赤 赤 赤
赤 赤 赤

② 삐침 사이에 세로획이 없는 경우

六 六 六 六

6 세로획을 나중에 쓴다.

甲 甲 甲 甲 甲

7 가로 꿰뚫는 획은 나중에 쓴다.

子 子 子

8 오른쪽 위의 점은 나중에 찍는다.

犬 犬 犬 犬

9 책받침은 나중에 쓴다.

近 近 近 近 近
近 近 近

10 가로획과 세로획이 교차하는 경우 가로획을 먼저 쓴다.

古 古 古 古 古

한자능력검정시험 4급·4급II

배정한자 미리보기

- ▶ 8급 배정한자
- ▶ 7급 배정한자
- ▶ 6급·6급II 배정한자
- ▶ 5급 배정한자
- ▶ 4급II 배정한자
- ▶ 4급 배정한자

8급 배정한자

校 부수 木 10획
학교 교:
- 校長 (교장)
- 校門 (교문)

敎 부수 攵 11획
가르칠 교:
- 敎室 (교실)
- 敎生 (교생)

九 부수 乙 2획
아홉 구
- 九十 (구십)
- 九月 (구월)
- 十中八九 (십중팔구)

國 부수 囗 11획
나라 국
- 國王 (국왕)
- 國軍 (국군)
- 國外 (국외)

軍 부수 車 9획
군사 군
- 軍人 (군인)
- 女軍 (여군)
- 白軍 (백군)

金 부수 金 8획
쇠 금 / 성 김
- 年金 (연금)

南 부수 十 9획
남녘 남
- 南北 (남북)
- 南山 (남산)

女 부수 女 3획
계집 녀
- 女人 (여인)
- 女學校 (여학교)
- 女軍 (여군)

年 부수 干 6획
해 · 나이 년
- 十年 (십년)
- 年中 (연중)

大 부수 大 3획
큰 대(:)
- 大小 (대:소)
- 大人 (대:인)
- 大國 (대국)

東 부수 木 8획
동녘 동
- 東西 (동서)
- 東大門 (동대문)

六 부수 八 4획
여섯 륙
- 六十 (육십)
- 六寸 (육촌)
- 六月 (유월)

萬 부수 艹 13획
일만 만:
- 十萬 (십만)
- 萬國 (만국)
- 萬物 (만물)

母 부수 毋 5획
어머니 모:
- 母女 (모:녀)
- 母國 (모국)

木 부수 木 4획
나무 목
- 火木 (화:목)
- 生木 (생목)

門 부수 門 8획
문 문
- 校門 (교문)
- 大門 (대:문)

民 부수 氏 5획
백성 민
- 國民 (국민)

白 부수 白 5획
흰 백
- 白人 (백인)

父 부수 父 4획
아버지 부
- 父女 (부녀)
- 父王 (부왕)
- 父母 (부모)

北 부수 匕 5획
북녘 북 / 달아날 배:
- 北韓 (북한)
- 南北 (남북)

四 부수 口 5획
넉 사:
- 四十 (사십)
- 四月 (사월)
- 四寸 (사촌)

山 부수 山 3획
메 산
- 山水 (산수)
- 山中 (산중)
- 西山 (서산)

三 부수 一 3획
석 삼
- 三十 (삼십)
- 三月 (삼월)
- 三寸 (삼촌)

生 부수 生 5획
날 생
- 生日 (생일)
- 生母 (생모)
- 生年月日 (생년월일)

西 부수 襾 6획
서녘 서
- 東西 (동서)
- 西大門 (서대문)
- 西海 (서해)

한자	부수/획수	훈음	예시
先	부수 儿, 6획	먼저 선	先生(선생), 先山(선산), 先人(선인)
小	부수 小, 3획	작을 소:	小人(소:인), 小國(소:국)
水	부수 水, 4획	물 수	水中(수중), 生水(생수), 水生(수생)
室	부수 宀, 9획	집·방 실	敎室(교:실), 室外(실외), 王室(왕실)
十	부수 十, 2획	열 십	十日(십일), 十月(시월), 四十(사:십)
五	부수 二, 4획	다섯 오:	五十(오:십), 五月(오:월), 五日(오:일)
王	부수 玉, 4획	임금 왕	王國(왕국), 王子(왕자)
外	부수 夕, 5획	바깥 외:	外國(외:국), 校外(교:외), 外三寸(외:삼촌)
月	부수 月, 4획	달 월:	一月(일월), 三月(삼월), 月中(월중)
二	부수 二, 2획	두 이:	二年(이:년), 二十(이:십), 二月(이:월)
人	부수 人, 2획	사람 인	人生(인생), 韓國人(한국인)
一	부수 一, 1획	한 일	一年(일년), 一生(일생), 一月(일월)
日	부수 日, 4획	날 일	日月(일월), 日日(일일)
長	부수 長, 8획	긴 장(:)	長女(장녀), 長大(장대)
弟	부수 弓, 7획	아우 제:	兄弟(형제)
中	부수 丨, 4획	가운데 중	中國(중국), 中學校(중학교), 中年(중년)
靑	부수 靑, 8획	푸를 청	靑山(청산), 靑年(청년)
寸	부수 寸, 3획	마디 촌:	四寸(사촌), 三寸(삼촌)
七	부수 一, 2획	일곱 칠	七十(칠십), 七月(칠월)
土	부수 土, 3획	흙 토	土地(토지), 國土(국토)
八	부수 八, 2획	여덟 팔	八十(팔십), 八月(팔월)
學	부수 子, 16획	배울 학	學校(학교), 學父母(학부모), 學生(학생)
韓	부수 韋, 17획	한국·나라 한(:)	韓人(한인), 韓中(한:중), 韓日(한:일)
兄	부수 儿, 5획	형 형	兄弟(형제)
火	부수 火, 4획	불 화(:)	火力(화력), 火山(화산)

7급 배정한자

家 부宀 10획
집 가
- 家內(가내)
- 家長(가장)
- 家事(가사)

歌 부欠 14획
노래할 가
- 歌手(가수)
- 校歌(교:가)
- 軍歌(군가)

間 부門 12획
사이 간(:)
- 間食(간식)
- 空間(공간)
- 人間(인간)

江 부水 6획
강 강
- 江山(강산)
- 江南(강남)
- 江北(강북)

車 부車 7획
수레 거·차
- 車道(차도)
- 自動車(자동차)
- 人力車(인력거)

工 부工 3획
장인 공
- 工夫(공부)
- 工場(공장)
- 工事(공사)

空 부穴 8획
빌 공
- 空白(공백)
- 空軍(공군)
- 空氣(공기)

口 부口 3획
입 구:
- 食口(식구)
- 入口(입구)

記 부言 10획
기록할 기
- 記入(기입)
- 日記(일기)
- 手記(수기)

氣 부气 10획
기운 기
- 氣力(기력)
- 生氣(생기)
- 心氣(심기)

旗 부方 14획
기 기
- 國旗(국기)
- 校旗(교:기)
- 軍旗(군기)

男 부田 7획
사내 남
- 男女(남녀)
- 男子(남자)
- 長男(장남)

內 부入 4획
안 내:
- 內外(내:외)
- 內面(내면)
- 校內(교내)

農 부辰 13획
농사 농
- 農夫(농부)
- 農事(농사)
- 農土(농토)

答 부竹 12획
대답 답
- 正答(정답)

道 부辶 13획
길 도:
- 道民(도민)
- 國道(국도)
- 力道(역도)

冬 부冫 5획
겨울 동(:)
- 秋冬(추동)

洞 부水 9획
골 동: / 밝을 통:
- 洞長(동:장)
- 洞民(동민)
- 邑面洞(읍·면·동)

動 부力 11획
움직일 동:
- 動力(동:력)
- 動物(동물)
- 自動(자동)

同 부口 6획
한가지 동
- 同一(동일)
- 同時(동:시)
- 同門(동문)

登 부癶 12획
오를 등
- 登山(등산)
- 登場(등장)
- 登校(등교)

來 부人 8획
올 래(:)
- 來日(내일)
- 來韓(내:한)
- 外來語(외래어)

力 부力 2획
힘 력
- 力動(역동)
- 國力(국력)
- 電力(전력)

老 부老 6획
늙을 로:
- 老人(노:인)
- 老少(노소)
- 老母(노:모)

里 부里 7획
마을 리:
- 里長(이장)
- 三千里江山(삼천리강산)

한자	부수	획수	훈음	예시
林	木	8획	수풀 림	山林(산림), 國有林(국유림), 農林(농림)
立	立	5획	설 립	立場(입장), 立地(입지), 國立(국립)
每	母	7획	매양 매(:)	每事(매:사), 每時間(매:시간), 每日(매:일)
面	面	9획	낯 면:	面前(면전), 地面(지면), 水面(수면)
名	口	6획	이름 명	名文(명문), 名物(명물), 名所(명소)
命	口	8획	목숨 명:	命中(명중), 生命(생명), 天命(천명)
文	文	4획	글월 문	文字(문자), 文人(문인), 文學(문학)
問	口	11획	물을 문:	問答(문:답), 問安(문:안), 東問西答(동문서답)
物	牛	8획	물건 물	人物(인물)
方	方	4획	모 방	方面(방면), 東方(동방), 前後方(전후방)
百	白	6획	일백 백	百姓(백성), 百方(백방)
夫	大	4획	지아비 부	夫人(부인), 人夫(인부), 兄夫(형부)
不	一	4획	아닐 불·부	不同(부동), 不動(부동), 不便(불편)
事	亅	8획	일 사:	事物(사물), 事前(사:전), 事後(사:후)
算	竹	14획	셈 산:	電算(전산)
上	一	3획	윗 상	上下(상:하), 上空(상:공), 上衣(상:의)
色	色	6획	빛 색	色紙(색지), 一色(일색), 地方色(지방색)
夕	夕	3획	저녁 석	秋夕(추석)
姓	女	8획	성 성:	同姓(동성), 百姓(백성), 姓名(성:명)
世	一	5획	인간·세대 세:	世上(세상), 出世(출세), 萬世(만세)
少	小	4획	적을 소:	多少(다소), 少數(소수), 少女(소녀)
所	戶	8획	바 소:	所有(소유), 名所(명소), 山所(산소)
手	手	4획	손 수(:)	手足(수족), 手話(수화), 歌手(가수)
數	攵	15획	셈 수:	數年(수년), 數日(수일), 數學(수학)
市	巾	5획	저자 시:	市民(시:민), 市長(시:장), 市道(시도)

7급 배정한자

時 부日 10획 — 때 시
- 時間(시간)
- 同時(동시)
- 平時(평시)

食 부食 9획 — 밥·먹을 식
- 食事(식사)
- 食口(식구)
- 小食(소:식)

植 부木 12획 — 심을 식
- 植木(식목)
- 植物(식물)

心 부心 4획 — 마음 심
- 孝心(효심)
- 民心(민심)
- 安心(안심)

安 부宀 6획 — 편안 안
- 安心(안심)
- 安全(안전)
- 不安(불안)

語 부言 14획 — 말씀 어:
- 語學(어학)
- 國語(국어)
- 日語(일어)

然 부火 12획 — 그럴 연
- 然後(연후)
- 自然(자연)
- 天然(천연)

午 부十 4획 — 낮 오:
- 午後(오:후)
- 午前(오:전)
- 上午(상오)

右 부口 5획 — 오른쪽 우:
- 左右(좌:우)

有 부月 6획 — 있을 유:
- 有名(유명)
- 有夫女(유부녀)

育 부月 8획 — 기를 육
- 教育(교:육)
- 生育(생육)

邑 부邑 7획 — 고을 읍
- 邑內(읍내)
- 邑面(읍면)
- 邑長(읍장)

入 부入 2획 — 들 입
- 入口(입구)
- 入場(입장)
- 入門(입문)

子 부子 3획 — 아들 자
- 女子(여자)
- 男子(남자)
- 子正(자정)

字 부子 6획 — 글자 자
- 文字(문자)
- 數字(숫:자)
- 漢字(한자)

自 부自 6획 — 스스로 자
- 自力(자력)
- 自立(자립)
- 自問(자문)

場 부土 12획 — 마당 장
- 場所(장소)
- 場外(장외)
- 農場(농장)

全 부入 6획 — 온전 전
- 全面(전면)
- 全國(전국)
- 全力(전력)

前 부刀 9획 — 앞 전
- 生前(생전)
- 直前(직전)
- 前面(전면)

電 부雨 13획 — 번개 전:
- 電工(전공)
- 電氣(전기)
- 電力(전력)

正 부止 5획 — 바를 정:
- 正答(정:답)
- 正直(정:직)
- 不正直(부정직)

祖 부示 10획 — 할아비 조
- 祖父(조부)
- 祖母(조모)
- 先祖(선조)

足 부足 7획 — 발 족
- 不足(부족)
- 手足(수족)
- 自足(자족)

左 부工 5획 — 왼 좌:
- 左右(좌:우)

主 부丶 5획 — 임금·주인 주
- 主人(주인)
- 地主(지주)
- 車主(차주)

한자	부수	획수	훈음	단어
住	人	7획	살 주:	住民(주:민), 安住(안주), 入住(입주)
重	里	9획	무거울 중:	重力(중력), 重大(중대), 所重(소중)
地	土	6획	땅 지	地名(지명), 地方(지방), 土地(토지)
紙	糸	10획	종이 지	紙面(지면), 便紙(편:지), 休紙(휴지)
直	目	8획	곧을 직	剛直(강직)
千	十	3획	일천 천	千字文(천자문), 千年(천년), 千日(천일)
川	川	3획	내 천	山川(산천)
天	大	4획	하늘 천	天上(천상), 天心(천심), 天文學(천문학)
草	艸	10획	풀 초	草家(초가), 草食(초식), 花草(화초)
村	木	7획	마을 촌:	農村(농촌), 村民(촌:민), 村長(촌:장)
秋	禾	9획	가을 추	秋夕(추석), 立秋(입추)
春	日	9획	봄 춘	立春(입춘), 靑春(청춘), 春夏秋冬(춘하추동)
出	山	5획	날 출	出動(출동), 出生(출생), 出口(출구)
便	人	9획	편할 편 / 똥오줌 변:	便安(편안), 便所(변:소), 大便(대변)
平	干	5획	평평할 평	平面(평면), 平生(평생), 平民(평민)
下	一	3획	아래 하:	下山(하:산), 上下(상:하), 年下(연하)
夏	夂	10획	여름 하:	立夏(입하)
漢	水	14획	한수·한나라 한:	漢江(한:강), 漢文(한:문), 門外漢(문외한)
海	水	10획	바다 해	海軍(해군), 海女(해녀), 海外(해외)
花	艸	8획	꽃 화	花草(화초), 國花(국화), 生花(생화)
話	言	13획	말씀 화	手話(수화), 電話(전화)
活	水	9획	살 활	生活(생활), 活動(활동), 活氣(활기)
孝	子	7획	효도 효	孝道(효:도), 孝心(효:심), 不孝子(불효자)
後	彳	9획	뒤 후:	後門(후문), 後日(후일), 老後(노후)
休	人	6획	쉴 휴	休日(휴일), 休學(휴학), 休校(휴교)

6급·6급Ⅱ 배정한자

各 부수口 6획	角 부수角 7획	感 부수心 13획	強 부수弓 11획	開 부수門 12획
각각 **각**	뿔 **각**	느낄 **감:**	강할 **강**	열 **개**
·各各(각각) ·各國(각국) ·各別(각별)	·角度(각도) ·角木(각목) ·四角(사:각)	·感覺(감:각) ·感氣(감:기) ·感動(감:동)	·強力(강력) ·強弱(강약) ·強直(강직)	·開放(개방) ·開學(개학) ·開花(개화)

京 부수亠 8획	界 부수田 9획	計 부수言 9획	古 부수口 5획	苦 부수艹 9획
서울 **경**	지경 **계:**	셀 **계:**	예 **고:**	쓸 **고**
·東京(동경) ·上京(상:경) ·入京(입경)	·各界(각계) ·世界(세:계) ·業界(업계)	·計算(계:산) ·家計(가계) ·生計(생계)	·古代(고:대) ·古木(고:목) ·古文(고:문)	·苦待(고대) ·苦生(고생) ·苦心(고심)

高 부수高 10획	共 부수八 6획	公 부수八 4획	功 부수力 5획	果 부수木 8획
높을 **고**	한가지 **공:**	공평할 **공**	공 **공**	실과·열매 **과:**
·高校(고교) ·高空(고공) ·高級(고급)	·共同(공:동) ·共用(공:용) ·共有(공:유)	·公金(공금) ·公式(공식) ·公正(공정)	·功利(공리) ·功名(공명) ·成功(성공)	·果樹(과:수) ·果實(과:실) ·果然(과:연)

科 부수禾 9획	光 부수儿 6획	交 부수亠 6획	區 부수匚 11획	球 부수王 11획
과목 **과**	빛 **광**	사귈 **교**	구분할·지경 **구**	공 **구**
·科目(과목) ·科學(과학) ·教科書(교:과서)	·光明(광명) ·光線(광선) ·光速(광속)	·交代(교대) ·交信(교신) ·交通(교통)	·區間(구간) ·區內(구내) ·區別(구별)	·球場(구장) ·野球(야구) ·電球(전:구)

 부수阝 10획	近 부수辶 8획	根 부수木 10획	今 부수人 4획	級 부수糸 10획
고을 **군:**	가까울 **근:**	뿌리 **근**	이제 **금**	등급 **급**
·郡界(군:계) ·郡內(군:내) ·郡民(군:민)	·近代(근:대) ·近來(근:래) ·近方(근:방)	·根本(근본) ·木根(목근) ·草根(초근)	·今年(금년) ·今方(금방) ·今月(금월)	·級數(급수) ·高級(고급) ·等級(등:급)

急 부수 心 9획	多 부수 夕 6획	短 부수 矢 12획	堂 부수 土 11획	代 부수 人 5획
급할 급	많을 다	짧을 단(:)	집 당	대신할 대:
· 急所(급소) · 急速(급속) · 急行(급행)	· 多少(다소) · 多數(다수) · 多幸(다행)	· 短命(단:명) · 短時日(단시일) · 長短(장단)	· 堂堂(당당) · 書堂(서당) · 聖堂(성:당)	· 代身(대:신) · 代表(대:표) · 交代(교대)

對 부수 寸 14획	待 부수 彳 9획	圖 부수 囗 14획	度 부수 广 9획	讀 부수 言 22획
대할 대:	기다릴 대:	그림 도	법도 도/헤아릴 탁	읽을 독/구절 두
· 對答(대:답) · 對等(대:등) · 對話(대:화)	· 待合室(대:합실) · 苦待(고대) · 期待(기대)	· 圖書室(도서실) · 圖形(도형) · 全圖(전도)	· 強度(강도) · 高度(고도) · 速度(속도)	· 讀書(독서) · 讀者(독자) · 速讀(속독)

童 부수 立 12획	頭 부수 頁 16획	等 부수 竹 12획	樂 부수 木 15획	例 부수 人 8획
아이 동(:)	머리 두	무리 등:	즐길 락/노래 악/좋아할 요	법식 례:
· 童心(동:심) · 童子(동:자) · 童話(동:화)	· 頭角(두각) · 頭目(두목) · 書頭(서두)	· 等級(등:급) · 等分(등:분) · 同等(동등)	· 樂園(낙원) · 苦樂(고락) · 農樂(농악)	· 例文(예:문) · 例外(예:외) · 事例(사:례)

禮 부수 示 18획	路 부수 足 13획	綠 부수 糸 14획	利 부수 刀 7획	李 부수 木 7획
예도 례:	길 로:	푸를 록	이로울 리:	오얏·성 리:
· 禮物(예:물) · 禮服(예:복) · 答禮(답례)	· 路面(노:면) · 路上(노:상) · 道路(도로)	· 綠色(녹색) · 綠地(녹지) · 靑綠(청록)	· 利用(이:용) · 利子(이:자) · 有利(유리)	· 李氏(이:씨) · 李朝(이:조) · 李花(이:화)

理 부수 王 11획	明 부수 日 8획	目 부수 目 5획	聞 부수 耳 14획	米 부수 米 6획
다스릴 리:	밝을 명	눈 목	들을 문(:)	쌀 미
· 理由(이:유) · 地理(지리) · 合理(합리)	· 明白(명백) · 明月(명월) · 發明(발명)	· 目前(목전) · 科目(과목) · 面目(면목)	· 所聞(소:문) · 新聞(신문) · 後聞(후:문)	· 米食(미식) · 白米(백미)

6급 · 6급 II 배정한자

美 부羊 9획	朴 부木 6획	反 부又 4획	半 부十 5획	班 부王 10획
아름다울 미(ː)	순박할·성 박	돌아올·돌이킬 반ː	반 반ː	나눌 반
• 美女(미ː녀) • 美日(미ː일) • 八方美人(팔방미인)	• 朴氏(박씨) • 素朴(소박)	• 反感(반ː감) • 反對(반ː대) • 反動(반ː동)	• 半減(반ː감) • 半旗(반ː기) • 半年(반ː년)	• 班長(반장) • 兩班(양반) • 合班(합반)

發 부癶 12획	放 부攵 8획	番 부田 12획	別 부刀 7획	病 부疒 10획
필 발	놓을 방(ː)	차례 번	나눌·다를 별	병 병ː
• 發見(발견) • 發明(발명) • 發生(발생)	• 放心(방ː심) • 放出(방ː출) • 放學(방ː학)	• 番地(번지) • 番號(번호)	• 別名(별명) • 別世(별세) • 區別(구별)	• 病名(병ː명) • 病室(병ː실) • 問病(문ː병)

服 부月 8획	本 부木 5획	部 부阝 11획	分 부刀 4획	使 부人 8획
옷 복	근본 본	떼·거느릴 부	나눌 분	하여금·부릴 사ː
• 服用(복용) • 服從(복종) • 內服(내ː복)	• 本來(본래) • 本分(본분) • 本性(본성)	• 部門(부문) • 部分(부분) • 部長(부장)	• 分明(분명) • 分母(분모) • 分別(분별)	• 使命(사ː명) • 使用(사ː용) • 大使(대사)

社 부示 8획	死 부歹 6획	書 부曰 10획	席 부巾 10획	石 부石 5획
모일 사	죽을 사ː	글 서	자리 석	돌 석
• 社交(사교) • 社長(사장) • 社會(사회)	• 死亡(사ː망) • 死別(사ː별) • 死後(사ː후)	• 書堂(서당) • 書信(서신) • 計算書(계산서)	• 方席(방석) • 立席(입석) • 出席(출석)	• 石工(석공) • 石油(석유) • 火石(화ː석)

線 부糸 15획	雪 부雨 11획	成 부戈 7획	省 부目 9획	消 부水 10획
줄 선	눈 설	이룰 성	살필 성 / 덜 생	사라질 소
• 線路(선로) • 路線(노선) • 直線(직선)	• 雪花(설화) • 大雪(대ː설) • 春雪(춘설)	• 成功(성공) • 成果(성과) • 成長(성장)	• 反省(반ː성) • 自省(자성) • 人事不省(인사불성)	• 消風(소풍) • 消火(소화)

速 부辶 11획	孫 부子 10획	樹 부木 16획	術 부行 11획	習 부羽 11획
빠를 속	손자 손(:)	나무 수	재주 술	익힐 습
· 速記(속기) · 速度(속도) · 急速(급속)	· 孫子(손자) · 子孫(자손) · 代代孫系(대:대손손)	· 樹林(수림) · 樹木(수목) · 植樹(식수)	· 美術(미:술) · 手術(수술) · 心術(심술)	· 習作(습작) · 自習(자습) · 風習(풍습)

勝 부力 12획	始 부女 8획	式 부弋 6획	神 부示 10획	信 부人 9획
이길 승	비로소 시:	법 식	귀신 신	믿을 신:
· 勝利(승리) · 勝算(승산) · 勝者(승자)	· 始球(시:구) · 始動(시:동) · 始作(시:작)	· 方式(방식) · 書式(서식) · 新式(신식)	· 神童(신동) · 神話(신화) · 山神(산신)	· 信用(신:용) · 不信(불신) · 所信(소:신)

新 부斤 13획	身 부身 7획	失 부大 5획	愛 부心 13획	夜 부夕 8획
새 신	몸 신	잃을 실	사랑 애(:)	밤 야:
· 新聞(신문) · 新生(신생) · 新人(신인)	· 身分(신분) · 身體(신체) · 長身(장신)	· 失手(실수) · 失言(실언) · 失業(실업)	· 愛校(애:교) · 愛國(애:국) · 愛社(애:사)	· 夜間(야간) · 夜光(야광) · 夜食(야식)

野 부里 11획	弱 부弓 10획	藥 부艹 19획	陽 부阝 12획	洋 부水 9획
들 야:	약할 약	약 약	볕 양	큰바다 양
· 野山(야산) · 野生(야생) · 野外(야:외)	· 弱小(약소) · 弱體(약체) · 強弱(강약)	· 藥水(약수) · 藥草(약초) · 農藥(농약)	· 陽氣(양기) · 陽地(양지) · 夕陽(석양)	· 洋服(양복) · 洋食(양식) · 大洋(대:양)

言 부言 7획	業 부木 13획	永 부水 5획	英 부艹 9획	溫 부水 13획
말씀 언	업 업	길 영:	꽃부리 영	따뜻할 온
· 言語(언어) · 名言(명언) · 發言(발언)	· 業者(업자) · 工業(공업) · 作業(작업)	· 永生(영:생) · 永世(영:세) · 永遠(영:원)	· 英數(영수) · 英語(영어) · 英才(영재)	· 溫氣(온기) · 溫度(온도) · 溫水(온수)

6급·6급II 배정한자

用 부用 5획	勇 부力 9획	運 부辶 13획	園 부口 13획	遠 부辶 14획
쓸 용:	날랠 용:	옮길 운:	동산·울타리 원	멀 원:
· 使用(사용) · 信用(신용) · 愛用(애용)	· 勇氣(용:기) · 勇士(용:사)	· 運動(운:동) · 運行(운:행) · 幸運(행운)	· 公園(공원) · 樂園(낙원) · 果樹園(과:수원)	· 遠近(원:근) · 遠洋(원:양) · 永遠(영:원)

由 부田 5획	油 부水 8획	銀 부金 14획	音 부音 9획	飮 부食 13획
말미암을 유	기름 유	은 은	소리 음	마실 음(:)
· 由來(유래) · 事由(사유) · 理由(이:유)	· 油紙(유지) · 石油(석유) · 注油所(주유소)	· 銀色(은색) · 銀行(은행) · 金銀(금은)	· 音色(음색) · 音樂(음악) · 高音(고음)	· 飮食(음:식) · 米飮(미음) · 食飮(식음)

衣 부衣 6획	意 부心 13획	醫 부酉 18획	者 부耂 9획	作 부人 7획
옷 의	뜻 의:	의원 의	놈 자	지을 작
· 衣服(의복) · 內衣(내의) · 上衣(상의)	· 意外(의:외) · 意向(의:향) · 注意(주:의)	· 醫術(의술) · 醫學(의학) · 名醫(명의)	· 强者(강자) · 記者(기자) · 病者(병자)	· 作家(작가) · 作文(작문) · 作別(작별)

昨 부日 9획	章 부立 11획	在 부土 6획	才 부扌 3획	戰 부戈 16획
어제 작	글 장	있을 재:	재주 재	싸움 전:
· 昨今(작금) · 昨年(작년) · 昨日(작일)	· 國章(국장) · 文章(문장)	· 在學(재:학) · 現在(현:재) · 不在中(부재중)	· 多才(다재) · 手才(수재) · 英才(영재)	· 戰死(전:사) · 戰場(전:장) · 戰車(전:차)

定 부宀 8획	庭 부广 10획	第 부竹 11획	題 부頁 18획	朝 부月 12획
정할 정:	뜰 정	차례 제:	제목·표할 제	아침 조
· 內定(내정) · 安定(안정) · 不安定(불안정)	· 庭園(정원) · 家庭(가정) · 校庭(교:정)	· 第一(제:일)	· 題目(제목) · 問題(문:제) · 主題(주제)	· 朝夕(조석) · 朝會(조회) · 王朝(왕조)

한자	부수/획수	훈음	예시
族	方 / 11획	겨레 족	家族(가족), 同族(동족), 民族(민족)
注	水 / 8획	부을 주:	注目(주:목), 注文(주:문), 注油(주:유)
晝	日 / 11획	낮 주	晝間(주간), 晝夜(주야), 白晝(백주)
集	隹 / 12획	모을 집	集合(집합), 集會(집회), 文集(문집)
窓	穴 / 11획	창 창	窓門(창문), 同窓(동창), 車窓(차창)
淸	水 / 11획	맑을 청	淸明(청명), 淸算(청산), 淸風明月(청풍명월)
體	骨 / 23획	몸 체	體力(체력), 體育(체육), 體重(체중)
親	見 / 16획	친할 친	親家(친가), 親分(친분), 親子(친자)
太	大 / 4획	클 태	太古(태고), 太半(태반), 太陽(태양)
通	辶 / 11획	통할 통	通路(통로), 交通(교통), 不通(불통)
特	牛 / 10획	특별할 특	特別(특별), 特色(특색), 特出(특출)
表	衣 / 8획	겉 표	表面(표면), 表示(표시), 表現(표현)
風	風 / 9획	바람 풍	風景(풍경), 風力(풍력), 風速(풍속)
合	口 / 6획	합할 합	合計(합계), 合心(합심), 合一(합일)
行	行 / 6획	다닐 행(:)/항렬 항	行事(행사), 同行(동행), 山行(산행)
幸	干 / 8획	다행 행:	幸運(행:운), 多幸(다행), 千萬多幸(천만다행)
向	口 / 6획	향할 향:	向上(향:상), 向後(향:후), 方向(방향)
現	王 / 11획	나타날 현:	現金(현:금), 現在(현:재), 現地(현:지)
形	彡 / 7획	모양 형	形成(형성), 形式(형식), 大形(대형)
號	虍 / 13획	이름 호(:)	口號(구호), 記號(기호), 番號(번호)
和	口 / 8획	화할 화	和平(화평), 和合(화합), 不和(불화)
畫	田 / 12획	그림 화:/그을 획	畫家(화가), 畫室(화실), 名畫(명화)
黃	黃 / 12획	누를 황	黃金(황금), 黃土(황토), 黃海(황해)
會	曰 / 13획	모일 회:	會話(회:화), 大會(대:회), 面會(면회)
訓	言 / 10획	가르칠 훈:	訓放(훈:방), 家訓(가훈), 敎訓(교:훈)

5급 배정한자

加	더할 가	救	구원할 구:	歷	지날 력	寫	베낄 사
價	값 가	舊	예 구:	練	익힐 련:	思	생각 사(:)
可	옳을 가:	局	판 국	令	하여금 령(:)	査	조사할 사
改	고칠 개(:)	貴	귀할 귀:	領	거느릴 령:	産	낳을 산:
客	손 객	規	법 규	勞	일할 로	賞	상줄 상
去	갈 거:	給	줄 급	料	헤아릴 료(:)	商	장사 상
擧	들 거:	基	터 기	流	흐를 류	相	서로 상
件	물건 건	期	기약할 기	類	무리 류(:)	序	차례 서:
建	세울 건:	技	재주 기	陸	뭍 륙	仙	신선 선
健	굳셀 건:	己	몸 기	馬	말 마:	善	착할 선:
格	격식 격	汽	물 끓는김 기:	末	끝 말	選	가릴 선:
見	볼 견: / 뵈올 현:	吉	길할 길	亡	망할 망	船	배 선
決	결단할 결	念	생각 념:	望	바랄 망:	鮮	고울 선
結	맺을 결	能	능할 능	買	살 매:	說	말씀 설/기뻐할 열/달랠 세:
景	볕 경(:)	團	둥글 단	賣	팔 매(:)	性	성품 성:
敬	공경 경:	壇	단 단	無	없을 무	洗	씻을 세:
輕	가벼울 경	談	말씀 담	倍	곱 배(:)	歲	해 세:
競	다툴 경	當	마땅 당	法	법 법	束	묶을 속
固	굳을 고(:)	德	큰·덕 덕	變	변할 변:	首	머리 수
告	고할 고:	到	이를 도:	兵	군사 병	宿	잘 숙 / 별자리 수:
考	생각할 고(:)	島	섬 도	福	복 복	順	순할 순:
曲	굽을 곡	都	도읍 도	奉	받들 봉	示	보일 시:
課	공부할·과정 과(:)	獨	홀로 독	比	견줄 비:	識	알 식 / 기록할 지
過	지날 과:	落	떨어질 락	費	쓸 비:	臣	신하 신
觀	볼 관	朗	밝을 랑:	鼻	코 비:	實	열매 실
關	관계할 관	冷	찰 랭:	氷	얼음 빙	兒	아이 아
廣	넓을 광:	量	헤아릴 량	士	선비 사:	惡	악할 악 / 미워할 오
橋	다리 교	良	어질 량	仕	섬길 사(:)	案	책상 안:
具	갖출 구(:)	旅	나그네 려	史	사기 사:	約	맺을 약

한자	훈음	한자	훈음	한자	훈음	한자	훈음
養	기를 양:	偉	클 위	操	잡을 조(:)	則	법칙 칙 / 곧 즉
魚	고기 어	以	써 이:	調	고를 조	他	다를 타
漁	고기 잡을 어	耳	귀 이:	卒	마칠 졸	打	칠 타:
億	억 억	因	인할 인	種	씨 종(:)	卓	높을 탁
熱	더울 열	任	맡길 임(:)	終	마칠 종	炭	숯 탄:
葉	잎 엽	再	두 재:	罪	허물 죄:	宅	집 택·댁
屋	집 옥	材	재목 재	週	주일 주	板	널 판
完	완전할 완	財	재물 재	州	고을 주	敗	패할 패:
曜	빛날 요:	災	재앙 재	知	알 지	品	물건 품:
要	요긴할 요(:)	爭	다툴 쟁	止	그칠 지	必	반드시 필
浴	목욕할 욕	貯	쌓을 저:	質	바탕 질	筆	붓 필
友	벗 우:	的	과녁 적	着	붙을 착	河	물 하
牛	소 우	赤	붉을 적	參	참여할 참 / 석 삼	寒	찰 한
雨	비 우:	傳	전할 전	唱	부를 창:	害	해할 해:
雲	구름 운	典	법 전:	責	꾸짖을 책	許	허락할 허
雄	수컷 웅	展	펼 전:	鐵	쇠 철	湖	호수 호
元	으뜸 원	切	끊을 절 / 온통 체	初	처음 초	化	될 화(:)
院	집 원	節	마디 절	最	가장 최:	患	근심 환:
原	언덕 원	店	가게 점:	祝	빌 축	效	본받을 효:
願	원할 원:	停	머무를 정	充	채울 충	凶	흉할 흉
位	자리 위	情	뜻 정	致	이를 치:	黑	검을 흑

4급 II 배정한자

4급 II

街	거리 가(:)	單	홑 단	未	아닐 미(:)	舍	집 사
假	거짓 가:	檀	박달나무 단	味	맛 미:	殺	죽일 살 / 감할 쇄:
減	덜 감:	斷	끊을 단:	密	빽빽할 밀	常	떳떳할·항상 상
監	볼 감	端	끝·바를 단	博	넓을 박	床	평상 상
康	편안 강	達	통달할 달	防	막을 방	想	생각할 상:
講	욀 강:	擔	멜·맡을 담	訪	찾을 방:	狀	형상 상 / 문서 장:
個	낱 개(:)	黨	무리 당	房	방 방	設	베풀 설
檢	검사할 검:	帶	띠 대(:)	拜	절 배:	城	재 성
缺	이지러질 결	隊	무리 대	背	등 배:	盛	성할 성:
潔	깨끗할 결	導	인도할 도:	配	나눌·짝 배:	誠	정성 성
警	깨우칠·경계할 경:	毒	독 독	伐	칠 벌	星	별 성
境	지경 경	督	감독할 독	罰	벌할 벌	聖	성인 성:
經	지날·글 경	銅	구리 동	壁	벽 벽	聲	소리 성
慶	경사 경:	斗	말 두	邊	가 변	勢	형세 세:
係	맬 계:	豆	콩 두	保	지킬 보(:)	稅	세금 세:
故	연고 고(:)	得	얻을 득	報	갚을·알릴 보:	細	가늘 세:
官	벼슬 관	燈	등 등	寶	보배 보:	掃	쓸 소(:)
究	연구할 구	羅	벌일·그물 라	步	걸음 보:	笑	웃을 소:
句	글귀 구	兩	두 량:	復	회복할 복 / 다시 부:	素	본디·흴 소(:)
求	구할 구	麗	고울 려	府	마을·관청 부(:)	俗	풍속 속
宮	집 궁	連	이을 련	副	버금 부:	續	이을 속
權	권세 권	列	벌일 렬	富	부유할 부:	送	보낼 송:
極	극진할·다할 극	錄	기록할 록	婦	며느리 부	修	닦을 수
禁	금할 금:	論	논할 론	佛	부처 불	受	받을 수(:)
器	그릇 기	留	머무를 류	備	갖출 비:	授	줄 수
起	일어날 기	律	법칙 률	非	아닐 비(:)	守	지킬 수
暖	따뜻할 난:	滿	찰 만(:)	悲	슬플 비:	收	거둘 수
難	어려울 난(:)	脈	줄기 맥	飛	날 비	純	순수할 순
努	힘쓸 노	毛	터럭 모	貧	가난할 빈	承	이을 승
怒	성낼 노:	牧	칠 목	寺	절 사 / 관청 시:	詩	시 시
		務	힘쓸 무:	謝	사례할 사:	施	베풀 시:
		武	호반 무:	師	스승 사	是	옳을 시:

한자	훈음	한자	훈음	한자	훈음	한자	훈음
視	볼 시:	議	의논할 의(:)	衆	무리 중:	包	쌀 포(:)
試	시험 시(:)	移	옮길 이	增	더할 증	砲	대포 포:
息	쉴 식	益	더할 익	指	가리킬 지	布	베·펼 포(:) / 보시 보:
申	거듭·아홉째지지 신	認	알 인	志	뜻 지	暴	사나울 폭 / 모질 포:
深	깊을 심	印	도장 인	支	지탱할 지	票	표 표
眼	눈 안:	引	끌 인	至	이를 지	豊	풍년 풍
暗	어두울 암:	將	장수 장(:)	職	직분 직	限	한할 한:
壓	누를 압	障	막을 장	進	나아갈 진:	港	항구 항:
液	진 액	低	낮을 저:	眞	참 진	航	배 항:
羊	양 양	敵	대적할 적	次	버금 차	解	풀 해:
餘	남을 여	田	밭 전	察	살필 찰	鄕	시골 향
如	같을 여	絶	끊을 절	創	비롯할·비로소 창:	香	향기 향
逆	거스릴 역	接	이을 접	處	곳 처:	虛	빌 허
演	펼 연:	政	정사 정	請	청할 청	驗	시험 험:
煙	연기 연	精	정할 정	總	다 총:	賢	어질 현
硏	갈 연:	程	한도·길 정	銃	총 총	血	피 혈
榮	영화 영	制	절제할 제:	蓄	모을 축	協	화합할 협
藝	재주 예:	製	지을 제:	築	쌓을 축	惠	은혜 혜:
誤	그르칠 오:	提	끌 제	忠	충성 충	呼	부를 호
玉	구슬 옥	濟	건널 제:	蟲	벌레 충	好	좋을 호:
往	갈 왕:	除	덜 제	取	가질 취:	戶	집·지게 호:
謠	노래 요	祭	제사 제:	測	헤아릴 측	護	도울 호:
容	얼굴·담을 용	際	즈음·가 제:	置	둘 치:	貨	재물 화:
員	인원·관원 원	助	도울 조:	治	다스릴 치	確	굳을 확
圓	둥글 원	早	이를 조:	齒	이 치	回	돌아올 회
衛	지킬 위	造	지을 조:	侵	침노할 침	吸	마실 흡
爲	하·할 위(:)	鳥	새 조	快	쾌할 쾌	興	일 흥(:)
肉	고기 육	尊	높을 존	態	모습 태:	希	바랄 희
恩	은혜 은	宗	마루 종	統	거느릴 통:		
陰	그늘 음	走	달릴 주	退	물러날 퇴:		
應	응할 응:	竹	대 죽	波	물결 파		
義	옳을 의:	準	준할 준:	破	깨뜨릴 파:		

4급 배정한자

	4급						
暇	틈·겨를 가:	孤	외로울 고	亂	어지러울 란:	碑	비석 비
刻	새길 각	庫	곳집 고	覽	볼 람	私	사사 사
覺	깨달을 각	穀	곡식 곡	略	간략할 략	射	쏠 사(:)
干	방패 간	困	곤할 곤:	糧	양식 량	絲	실 사
看	볼 간	骨	뼈 골	慮	생각할 려	辭	말씀 사
簡	간략할·대쪽 간(:)	孔	구멍 공:	烈	매울 렬	散	흩을 산:
甘	달 감	攻	칠 공:	龍	용 룡	象	코끼리 상
敢	감히 감:	管	대롱·주관할 관	柳	버들 류(:)	傷	다칠 상
甲	갑옷 갑	鑛	쇳돌 광:	輪	바퀴 륜	宣	베풀 선
降	내릴 강:/ 항복할 항	構	얽을 구	離	떠날 리:	舌	혀 설
巨	클 거:	君	임금 군	妹	손아래 누이 매	屬	무리 속 / 이을 촉
拒	막을 거:	群	무리 군	勉	힘쓸 면:	損	덜 손
居	살 거	屈	굽힐 굴	鳴	울 명	松	소나무 송
據	근거 거:	窮	다할·궁할 궁	模	본뜰 모	頌	칭송할·기릴 송
傑	뛰어날 걸	券	문서 권	妙	묘할 묘:	秀	빼어날 수
儉	검소할 검:	卷	책 권(:)	墓	무덤 묘:	叔	아재비 숙
激	격할 격	勸	권할 권:	舞	춤출 무:	肅	엄숙할 숙
擊	칠 격	歸	돌아갈 귀:	拍	칠 박	崇	높을 숭
犬	개 견	均	고를·평평할 균	髮	터럭 발	氏	각시·성씨 씨
堅	굳을 견	劇	심할·연극 극	妨	방해할 방	額	이마 액
更	고칠 경 / 다시 갱:	筋	힘줄 근	犯	범할 범:	樣	모양 양
傾	기울 경	勤	부지런할 근(:)	範	법 범:	嚴	엄할 엄
鏡	거울 경:	奇	기이할 기	辯	말씀 변:	與	줄 여:
驚	놀랄 경	紀	벼리 기	普	넓을 보:	易	바꿀 역 / 쉬울 이:
戒	경계할 계:	寄	부칠 기	伏	엎드릴 복	域	지경 역
系	이어맬 계:	機	틀 기	複	겹칠 복	延	늘일 연
季	계절 계:	納	들일 납	否	아닐 부:	鉛	납 연
階	섬돌 계	段	층계 단	負	질 부:	緣	인연 연
繼	이을 계:	逃	도망할 도	粉	가루 분(:)	燃	탈 연
鷄	닭 계	徒	무리 도	憤	분할 분:	迎	맞을 영
		盜	도둑 도(:)	批	비평할 비:	映	비칠 영(:)
		卵	알 란:	祕	숨길 비:	營	경영할 영

豫	미리 예:	獎	장려할 장(:)	珍	보배 진	閉	닫을 폐:
郵	우편 우	底	밑 저:	陣	진칠 진	胞	세포 포(:)
遇	만날 우:	賊	도둑 적	盡	다할 진:	爆	불 터질 폭
優	넉넉할·뛰어날 우	適	맞을 적	差	다를 차	標	표할 표
怨	원망할 원(:)	積	쌓을 적	讚	기릴 찬:	疲	피곤할 피
援	도울·구원할 원:	績	길쌈 적	採	캘 채:	避	피할 피:
源	근원 원	籍	문서 적	冊	책 책	恨	한 한:
危	위태할 위	專	오로지 전	泉	샘 천	閑	한가할 한
委	맡길 위	錢	돈 전:	聽	들을 청	抗	겨룰 항:
威	위엄 위	轉	구를 전:	廳	관청 청	核	씨 핵
圍	에워쌀 위	折	꺾을 절	招	부를 초	憲	법 헌:
慰	위로할 위	點	점 점(:)	推	밀 추·퇴	險	험할 험:
乳	젖 유	占	점칠 점	縮	줄일 축	革	가죽 혁
遊	놀 유	丁	고무래·장정 정	就	나아갈 취:	顯	나타날 현:
儒	선비 유	整	가지런할 정:	趣	뜻 취:	刑	형벌 형
遺	남길 유	靜	고요할 정	層	층 층	或	혹 혹
隱	숨을 은	帝	임금 제:	針	바늘 침(:)	混	섞을 혼:
依	의지할 의	條	가지 조	寢	잘 침:	婚	혼인할 혼
疑	의심할 의	組	짤 조	稱	일컬을 칭	紅	붉을 홍
儀	거동 의	潮	조수·밀물 조	歎	탄식할 탄:	華	빛날 화
異	다를 이:	存	있을 존	彈	탄알 탄:	環	고리 환(:)
仁	어질 인	從	좇을 종(:)	脫	벗을 탈	歡	기쁠 환
姉	손윗누이 자	鍾	쇠북 종	探	찾을 탐	況	상황 황:
姿	모양 자:	座	자리 좌:	擇	가릴 택	灰	재 회
資	재물 자	朱	붉을 주	討	칠 토(:)	厚	두터울 후:
殘	남을 잔	周	두루 주	痛	아플 통:	候	기후·살필 후:
雜	섞일 잡	酒	술 주(:)	投	던질 투	揮	휘두를 휘
壯	장할 장:	證	증거 증	鬪	싸움 투	喜	기쁠 희
張	베풀 장	持	가질 지	派	갈래 파		
帳	장막 장	智	지혜 지	判	판단할 판		
裝	꾸밀 장	誌	기록할 지	篇	책 편		
腸	창자 장	織	짤 직	評	평할 평:		

부수찾기

1획

一	한 일	丨	뚫을 곤	丶	점 주
丿	삐침 별	乙	새 을	亅	갈고리 궐

2획

二	두 이	亠	돼지해머리	人(亻)	사람 인
儿	어진사람 인	入	들 입	八	여덟 팔
冂	멀 경	凵	입벌릴 감(위튼입구)	冖	덮을 멱(민갓머리)
几	안석 궤	冫	얼음 빙(이수변)	刀(刂)	칼 도(칼도방)
力	힘 력	勹	쌀 포	卜	점 복
十	열 십	匕	비수 비	匚	상자 방(터진입구몸)
匸	감출 혜(터진에운담)	卩(㔾)	병부 절	又	또 우
厂	굴바위 엄(민엄호)	厶	사사로울 사(마늘모)		

3획

口	입 구	囗	에울 위(큰입구몸)	土	흙 토
士	선비 사	夕	저녁 석	夂	뒤쳐올 치
夊	천천히 걸을 쇠	大	큰 대	女	계집 녀
子	아들 자	宀	집 면(갓머리)	寸	마디 촌
小	작을 소	尢(尣)	절름발이 왕	尸	주검 시
山	메 산	屮	왼손 좌, 싹날 철	巛(川)	개미허리 천(내 천)
工	장인 공	己	몸 기	巾	수건 건
干	방패 간	幺	작을 요	广	집 엄(엄호엄)
廴	길게걸을 인(민책받침)	廾	손맞을 공(스물입발)	弋	주살 익
弓	활 궁	彐	돼지머리 계(터진가로왈)	彡	터럭 삼

彳	걸을 척(두인변)

4획

心(忄)	마음 심(심장변)	戈	창 과	戶	지게 호
手(扌)	손 수(재방변)	攴(攵)	칠 복(등글월문)	支	지탱할 지
文	글월 문	斗	말 두	斤	도끼 근
方	모 방	无(旡)	없을 무(이미기방)	日	날 일
曰	가로 왈	月	달 월	木	나무 목
欠	하품 흠	止	그칠 지	歹(歺)	앙상한뼈 알(죽을사변)
殳	몽둥이 수(갓은등글월문)	毋	말 무	比	견줄 비
毛	터럭 모	氏	성씨 씨	气	기운 기
水(氵,氺)	물 수(삼수변)	火(灬)	불 화(연화발)	爪(爫)	손톱 조(손톱조머리)
父	아비 부	爻	점괘 효	爿	조각널 장(장수장변)
片	조각 편	牙	어금니 아	牛(牜)	소 우
犬(犭)	개 견(개사슴록변)				

5획

玉(王)	구슬 옥(구슬옥변)	玄	검을 현	瓜	오이 과
瓦	기와 와	甘	달 감	生	날 생
用	쓸 용	田	밭 전	疋	필 필
疒	병들 녁(병질엄)	癶	걸을 발(필발머리)	白	흰 백
皮	가죽 피	皿	그릇 명	目(罒)	눈 목
矛	창 모	矢	화살 시	石	돌 석
示(礻)	보일 시(보일시변)	禸	짐승발자국 유	禾	벼 화
穴	구멍 혈	立	설 립		

부수찾기

6획

竹	대 죽	米	쌀 미	糸	실 사
缶	장군 부	网(罒, 㓁)	그물 망(넉사머리)	羊	양 양
羽	깃 우	老(耂)	늙을 로(늙을로엄)	而	말 이을 이
耒	쟁기 뢰	耳	귀 이	聿	붓 율
肉(月)	고기 육(육달 월)	臣	신하 신	自	스스로 자
至	이를 지	臼	절구 구	舌	혀 설
舛	어그러질 천	舟	배 주	艮	괘이름 간
色	빛 색	艸(艹)	풀 초(초두머리)	虍	범 호
虫	벌레 충	血	피 혈	行	다닐 행
衣(衤)	옷 의(옷의변)	襾	덮을 아		

7획

見	볼 견	角	뿔 각	言	말씀 언
谷	골 곡	豆	콩 두	豕	돼지 시
豸	갖은돼지시변	貝	조개 패	赤	붉을 적
走	달아날 주	足	발 족	身	몸 신
車	수레 거	辛	매울 신	辰	별 진
辵(辶)	쉬엄쉬엄갈 착(책받침)	邑(⻏)	고을 읍(우부방)	酉	닭 유
釆	분별할 변	里	마을 리		

8획

金	쇠 금	長(镸)	긴 장	門	문 문
阜(⻏)	언덕 부(좌부변)	隶	미칠 이	隹	새 추
雨	비 우	靑	푸를 청	非	아닐 비

9획

面	낯 면	革	가죽 혁	韋	다룸가죽 위
韭	부추 구	音	소리 음	頁	머리 혈
風	바람 풍	飛	날 비	食	밥 식
首	머리 수	香	향기 향		

10획

馬	말 마	骨	뼈 골	高	높을 고
髟	머리털늘어질 표	鬥	싸울 투	鬯	술이름 창
鬲	다리굽은솥 력	鬼	귀신 귀		

11획

魚	물고기 어	鳥	새 조	鹵	소금밭 로
鹿	사슴 록	麥	보리 맥	麻	삼 마

12획

黃	누를 황	黍	기장 서	黑	검을 흑
黹	바느질할 치				

13획

黽	맹꽁이 맹	鼎	솥 정	鼓	북 고
鼠	쥐 서				

부수찾기

14획

| 鼻 | 코 비 |

| 齊 | 가지런할 제 |

15획

| 齒 | 이 치 |

16획

| 龍 | 용 룡 |

| 龜 | 거북 귀 |

17획

| 龠 | 피리 약 |

한자능력검정시험
4급·4급Ⅱ

배정한자 익히기

▶ 읽기 배정한자 500자
▶ 쓰기 배정한자 500자

> 읽기 한자

暇 틈·겨를 가:
총 13 | 부 日

시간(日)을 벌려서(叚) 쉴 **틈**을 만들다.

4급

출제단어
暇日 가일 : 한가한 날.
休暇 휴가 : 학교나 직장에서 일정한 기간 쉬는 일.

假 거짓 가:
총 11 | 부 亻

거짓말(叚)을 잘하는 사람(亻)은 **가식적인** 것이다.

동의자 僞 거짓 위   반의자 眞 참 진

4급Ⅱ

출제단어
假飾 가식 : 거짓 꾸밈.
假令 가령 : 어떤 일을 가정하고 말할 때 쓰는 말. 예를 들면.
假定 가정 : 임시로 정함.

街 거리 가(:)
총 12 | 부 行

흙(土)을 두둑하게 돋아서 다닐(行) 수 있게 만든 곳은 **길**이다.

동의자 巷 거리 항

4급Ⅱ

출제단어
街頭 가두 : 길거리.
商街 상가 : 가게가 많은 거리.
街路燈 가로등 : 거리를 밝히는 전등.
街路樹 가로수 : 길따라 심은 나무.

刻 새길 각
총 8 | 부 刂

돼지(亥)의 뼈에 칼(刂)을 대고 깎고 **새긴다**.

동의자 刊 새길 간

4급

출제단어
刻苦 각고 : 고생을 이겨내면서 무척 애씀.
板刻 판각 : 나무판자에 글씨 등을 새기는 것.

50일 완성 **01** 일째

覺 깨달을 각
총 20 | 부 見 | 4급

보고(見) 배워서(學) 깨우치며 **깨닫는다**.

동의자 悟 깨달을 오   비슷한 한자 學 배울 학

출제단어
- 覺醒각성 : 잠에서 깨어 정신을 차림. 잘못을 깨달음.
- 覺悟각오 : 앞으로 닥칠 일에 대하여 마음의 준비를 함.

干 방패 간
총 3 | 부 干 | 4급

창을 막는 방패의 모양을 본뜬 글자이다.

출제단어
- 干涉간섭 : 남의 일에 나서서 참견함.
- 如干여간 : 보통으로. 조금.
- 干潮간조 : 썰물.
- 若干약간 : 얼마 되지 않음.

看 볼 간
총 9 | 부 目 | 4급

손(手)을 올리고 눈(目)으로 살피니 **보다**.

동의자 觀 볼 관   視 볼 시   見 볼 견   監 볼 감

출제단어
- 看破간파 : 속마음을 알아차림.
- 看守간수 : 망을 봄.
- 看護간호 : 병약자를 돌보아 줌.
- 看板간판 : 상점 등에 내건 표지.

簡 간략할·대쪽 간(:)
총 18 | 부 竹 | 4급

대나무(竹) 조각 사이(間)에 글씨를 **간략하게** 쓴다.

동의자 略 간략할 략   비슷한 한자 間 사이 간

출제단어
- 簡潔간결 : 간단하고 요령이 있음.
- 簡易간이 : 간단하고 쉬움.
- 簡單간단 : 간략함. 단출함.
- 簡便간편 : 간단하고 편리함.

> 읽기 한자

敢 감히 감:
총 12 | 부 攵

손에 회초리(耳)를 들고 치는(攵) 것이니 **감히~하다**는 뜻이다.

비슷한 한자 取 취할 취

4급

敢 敢 敢 敢 敢 敢 敢 敢 敢 敢 敢

출제단어
果敢 과감 : 과단성이 있고 용감함.
敢鬪 감투 : 과감하게 싸움.
敢行 감행 : 단호히 결행함.

甘 달 감
총 5 | 부 甘

입(口)에 음식을 모아서(一) 씹으니 **단맛**이 나 감미롭다.

비슷한 한자 目 눈 목 반의자 苦 쓸 고

4급

甘 甘 甘 甘 甘

출제단어
甘味 감미 : 단맛.
甘酒 감주 : 단술.
甘受 감수 : 달게 받음. 쾌히 받음.
甘草 감초 : 약용 식물 중 하나.

減 덜 감:
총 12 | 부 氵

물(氵)의 흐름을 막으니(咸) 물의 양이 **줄어든다**.

동의자 削 깎을 삭 반의자 加 더할 가 增 더할 증

4급 II

減 減 減 減 減 減 減 減 減 減 減

출제단어
減少 감소 : 줄어서 적어짐.
減免 감면 : 감하여 면제함.
減員 감원 : 인원을 줄임.

監 볼 감
총 14 | 부 皿

신하(臣)가 다른 사람(人)의 그릇(皿) 속을 **살펴 감시한다**.

동의자 觀 볼 관 見 볼 견 看 볼 간

4급 II

監 監 監 監 監 監 監 監 監 監 監

출제단어
監督 감독 : 감시하여 감독함.
監査 감사 : 감독하고 검사함.
上監 상감 : 임금을 높이어 일컫던 말.

50일 완성 01 일째

甲 갑옷 갑
총 5 | 부 田 | 4급

씨나 심을 둘러 싼 단단한 껍질을 본뜬 글자이다.

비슷한 한자 由 말미암을 유

甲 甲 日 日 甲

출제단어
- 甲殼갑각 : 게, 새우 등의 단단한 껍데기.
- 甲板갑판 : 넓고 평평한 바닥.
- 甲富갑부 : 첫째가는 부자.
- 同甲동갑 : 같은 나이.

降 내릴 강: / 항복할 항
총 9 | 부 阝 | 4급

언덕(阝)에서 내려와(夅) 항복하다.

비슷한 한자 隆 높을 륭 반의자 昇 오를 승

降 降 降 降 降 降 降 降

출제단어
- 降等강등 : 등급을 낮춤.
- 降伏항복 : 적에게 굴복함.
- 降雨강우 : 비가 옴. 또는 내린 비.
- 投降투항 : 적에게 항복함.

康 편안 강
총 11 | 부 广 | 4급II

바위(广)에 이어(隶) 지은 집은 튼튼하고 **편안하다**.

동의자 安 편안 안 寧 편안할 녕 비슷한 한자 庚 별 경

康 康 康 康 康 康 康 康 康 康

출제단어
- 康寧강녕 : 편안함. 우환이 없음.
- 健康건강 : 정신적, 육체적으로 튼튼함.
- 康健강건 : 기력이 튼튼함.

講 욀 강:
총 17 | 부 言 | 4급II

말(言)을 짜맞추기도(冓) 하고 비교도 해보는 일이니 **외다, 연구하다**.

비슷한 한자 購 살 구

講 講 講 講 講 講 講 講 講 講 講 講 講

출제단어
- 講習강습 : 학문, 예술을 연구, 학습하는 일. 또는 지도하는 일.
- 講義강의 : 글이나 학설의 뜻을 강설함.

> 읽기 한자   50일 완성 **01** 일째

個
낱 개(:)
총 10 | 부 亻

사람(亻)의 성격이 굳으면(固) **개성**이 있는 성격이다.
비슷한 한자 固 굳을 고
4급Ⅱ

個 個 個 個 個 個 個 個 個 個

출제단어
個性 개성 : 개개인이 가지고 있는 특유의 성질.
個當 개당 : 하나하나에.   別個 별개 : 구별되는 딴 것.

居
살 거
총 8 | 부 尸

사람(尸)이 오래(古) 머무는 곳이 **살며 거주하는** 곳이다.
동의자 住 살 주
4급

居 居 居 居 居 居 居 居

출제단어
居住 거주 : 일정한 장소에 자리를 잡고 사는 것.
居處 거처 : 일정하게 자리 잡고 살거나 묵고 있는 곳.

巨
클 거:
총 5 | 부 工

손잡이가 달린 공구(工)는 **크다**.
동의자 大 큰 대   太 클 태   반의자 小 작을 소
4급

巨 巨 巨 巨 巨

출제단어
巨物 거물 : 큰 인물. 또는 큰 물건.   巨富 거부 : 큰 부자.
巨金 거금 : 많은 돈. 큰 돈.

拒
막을 거:
총 8 | 부 扌

손(扌)을 크게(巨) 들어서 물리치고 **막는다**.
동의자 抗 막을 항   障 막을 장
4급

拒 拒 拒 拒 拒 拒 拒 拒

출제단어
拒逆 거역 : 사람의 뜻이나 명령을 거스름.   拒否 거부 : 승낙하지 않고 물리침.
拒絕 거절 : 거부하여 끊어버림.

> 연습 문제

50일 완성 01일째

1. 다음 漢字語의 讀音을 써 보세요.

   (1) 餘暇 (   )   (2) 感覺 (   )   (3) 簡單 (   )

   (4) 降伏 (   )   (5) 居室 (   )   (6) 拒否 (   )

2. 다음 漢字의 음과 訓을 써 보세요.

   (1) 暇 (   )   (2) 街 (   )   (3) 刻 (   )

   (4) 覺 (   )   (5) 簡 (   )   (6) 減 (   )

3. 다음 漢字의 部首를 쓰세요.

   (1) 街 (   )   (2) 看 (   )   (3) 降 (   )

4. 다음 漢字語의 讀音을 보고 漢字를 쓰세요.

   (1) 가로수(거리에 길을 따라 줄지어 심은 나무) :

   (2) 간호(다쳤거나 앓고 있는 환자나 노약자를 보살펴 돌봄) :

   (3) 강우량(일정 기간 동안 일정한 곳에 내린 비의 분량) :

   (4) 개성(다른 사람이나 개체와 구별되는 고유의 특성) :

5. 다음 漢字의 반대어를 쓰세요.

   (1) 假 ↔ (   )   (2) 降 ↔ (   )

6. 다음 漢字의 유의어를 쓰세요.

   (1) 簡 : (   )   (2) 居 : (   )

> 쓰기 한자

加 더할 가	급5 총5 부力	加減가감 加勢가세 代加대가 參加참가
可 옳을 가:	급5 총5 부口	可望가망 可否가부 可能가능 可當가당
價 값 가	급5 총15 부亻	價格가격 價值가치 評價평가 米價미가
家 집 가	급7 총10 부宀	家系가계 家口가구 家具가구 家族가족
歌 노래 가	급7 총14 부欠	歌手가수 歌謠가요 歌曲가곡 放歌방가
各 각각 각	급6 총6 부口	各界각계 各種각종 各自각자 各別각별
角 뿔 각	급6 총7 부角	角度각도 角逐각축 頭角두각 觸角촉각
間 사이 간(:)	급7 총12 부門	間隔간격 間接간접 瞬間순간 民間민간
感 느낄 감	급6 총13 부心	感慨감개 感激감격 感想감상 直感직감
強 강할 강(:)	급6 총11 부弓	強健강건 強國강국 強調강조 富強부강

50일 완성 02일째

江 강 강	급7 총6 부氵	江山강산 江村강촌 / 江邊강변 江湖강호
改 고칠 개(:)	급5 총7 부攵	改良개량 改善개선 / 改名개명 改正개정
開 열 개	급6 총12 부門	開幕개막 開設개설 / 開始개시 展開전개
客 손 객	급5 총9 부宀	客席객석 客說객설 / 客地객지 賀客하객
去 갈 거:	급5 총5 부厶	去來거래 過去과거 / 去勢거세 除去제거
擧 들 거:	급5 총18 부手	擧皆거개 擧動거동 / 擧手거수 義擧의거
車 수레 거·차	급7 총7 부車	車馬거마 車道차도 / 汽車기차 農車농거
件 물건 건	급5 총6 부亻	件數건수 事件사건 / 無條件무조건
健 굳셀 건:	급5 총11 부亻	健康건강 健全건전 / 健壯건장 保健보건
建 세울 건:	급5 총9 부廴	建設건설 建議건의 / 建築건축 創建창건

> 연습 문제 50일 완성 02 일째

1. 다음 漢字語의 讀音을 써 보세요.

   (1) 加勢(   )   (2) 農家(   )   (3) 價額(   )

   (4) 強度(   )   (5) 痛感(   )   (6) 康健(   )

2. 다음 漢字의 음과 訓을 써 보세요.

   (1) 價(   )   (2) 建(   )   (3) 客(   )

   (4) 擧(   )   (5) 開(   )   (6) 歌(   )

3. 다음 漢字의 部首를 쓰세요.

   (1) 歌(   )   (2) 強(   )   (3) 擧(   )

4. 다음 漢字語의 讀音을 보고 漢字를 쓰세요.

   (1) 주간(먼동이 터서 해가 지기 전까지의 동안) :

   (2) 가격(물건이 지니고 있는 가치를 돈으로 나타낸 것) :

   (3) 가감(더하거나 더는 일) :

   (4) 차표(차를 타기 위하여 찻삯을 주고 사는 표) :

5. 다음 漢字의 반대어를 쓰세요.

   (1) 加 ↔ (   )   (2) 強 ↔ (   )

6. 다음 漢字의 유의어를 쓰세요.

   (1) 建 : (   )   (2) 去 : (   )

> 읽기 한자

50일 완성 03일째

據

근거 거:

총 16 | 부 扌

손(扌)으로 호랑이(虎), 돼지(豖)를 잡을 때는 **의지할 데**가 있어야 한다.

동의자 依 의지할 의

4급

據據據據據據據據據據據據據據據據

출제 단어
占據점거 : 일정한 자리를 차지하는 것.　　據點거점 : 활동의 중심이 되는 점.
依據의거 : 증거대로 함. 의지함.　　證據증거 : 증명할 수 있는 근거.

傑

뛰어날 걸

총 12 | 부 亻

사람(亻)이 걸임금(桀) 같으면 **호걸**이라 할 수 있다.

동의자 俊 준걸 준　秀 빼어날 수　반의자 劣 못할 렬

4급

傑傑傑傑傑傑傑傑傑傑傑傑

출제 단어
傑作걸작 : 썩 훌륭하게 잘된 작품. 명작.　　傑出걸출 : 남보다 훨씬 뛰어남.
豪傑호걸 : 넓은 마음과 높은 기상을 가진 사람.

儉

검소할 검:

총 15 | 부 亻

사람(亻)이 많을(僉) 때는 아끼고 **검소**해야 한다.

비슷한 한자 檢 검사할 검　險 험할 험　劍 칼 검

4급

儉儉儉儉儉儉儉儉儉儉儉儉儉儉儉

출제 단어
儉朴검박 : 검소하고 수수한 것.　　儉素검소 : 외모를 꾸미지 않고 수수한 것.
儉約검약 : 검소하고 절약하는 것.

檢

검사할 검:

총 17 | 부 木

나무(木)를 모아(僉) 놓고 쓸 수 있는 것을 **가려낸다**.

비슷한 한자 儉 검소할 검　險 험할 험　劍 칼 검

4급Ⅱ

檢檢檢檢檢檢檢檢檢檢檢檢檢檢檢檢檢

출제 단어
檢査검사 : 실상을 조사하여 시비, 우열 등을 판정함.
檢索검색 : 검사하여 찾음.　　檢定검정 : 자격 유무를 검사하여 정함.

> 읽기 한자

擊 칠 격
총 17 | 부 手

산길(殳)을 수레가 지나듯이 요란한 소리를 내며 창을 들어(手) **친다**.

동의자 攻 칠 공　伐 칠 벌　반의자 防 막을 방　守 지킬 수

擊擊擊擊車車車車軗軗軗軗擊擊擊

출제단어
- 擊破격파 : 상대방의 세력 등을 공격하여 무찌름.
- 擊滅격멸 : 쳐서 멸망시킴.
- 射擊사격 : 목표를 공격함.

激 격할 격
총 16 | 부 氵

바닷물(氵)이 세차게 배를 치는(敫) 것은 파도가 **격한** 것이다.

비슷한 한자 傲 거만할 오

激激激激激激激激激激激激激激激激

출제단어
- 激突격돌 : 심하게 부딪침.
- 感激감격 : 감정이 솟구쳐 일어나는 것.
- 激烈격렬 : 매우 맹렬함.
- 急激급격 : 급하고 격렬함.

堅 굳을 견
총 11 | 부 土

신하(臣)가 땅(土)에 손(又)을 짚고 **굳은** 충성을 맹세한다.

동의자 固 굳을 고　硬 굳을 확　確 굳을 경　반의자 柔 부드러울 유

堅堅堅堅堅堅堅堅堅堅堅

출제단어
- 堅持견지 : 주장이나 주의를 굳게 지킴.
- 堅固견고 : 굳고 단단함.
- 中堅중견 : 어떤 단체나 사회에서 중심이 되어 활동하거나 중요한 구실을 하는 사람.

犬 개 견
총 4 | 부 犬

앞발을 들고 있는 개의 모양을 본뜬 글자이다.

犬 犬 犬 犬

출제단어
- 軍犬군견 : 군사 목적에 쓰이는 특별히 훈련된 개.
- 忠犬충견 : 주인에게 충실한 개.

50일 완성 **03**일째

潔 깨끗할 결

물(氵)처럼 맑고 깨끗하니(絜) 몸이 **청결하다**.

동의자 淸 맑을 청　淨 깨끗할 정　반의자 汚 더러울 오

4급II

潔潔潔潔潔潔潔潔潔潔潔潔潔潔潔

총15 | 부 氵

출제단어
潔白 결백 : 맑고 흼. 욕심이 적고 마음이 맑음.　　淸潔 청결 : 맑고 깨끗함.
不潔 불결 : 깨끗하지 못하고 지저분하거나 더러움.

缺 이지러질 결

토기 그릇(缶)이 터져(夬) 버리니 **이지러져** 깨져 버린다.

반의자 出 날 출

4급II

缺缺缺缺缺缺缺缺缺缺

총10 | 부 缶

출제단어
缺勤 결근 : 마땅히 나가야 될 날에 출근하지 아니함.
缺格 결격 : 필요한 자격이 결여됨.　　缺席 결석 : 출석하지 않음.

傾 기울 경

사람(亻)이 귀를 **기울여**(頃) 듣는 것이 **경청**이다.

동의자 斜 비낄 사　비슷한 한자 頃 이랑 경

4급

傾傾傾傾傾傾傾傾傾傾傾

총13 | 부 亻

출제단어
傾斜 경사 : 비스듬히 기울어짐. 또는 그러한 상태.
傾聽 경청 : 귀를 기울이고 들음.

更 고칠 경 / 다시 갱:

말(曰)을 잘못하면 막대기로 때려(攴) **다시 고치도록** 한다.

동의자 改 고칠 개　비슷한 한자 吏 관리 리

4급

更更更更更更更

총7 | 부 曰

출제단어
更生 갱생 : 죽을 지경에서 다시 살아남.　　更新 갱신 : 다시 새로워짐.
更張 경장 : 거문고의 줄을 고치어 맴.

> 읽기 한자

鏡 거울 경:
총 19 | 부 金

쇠(金)를 닦으면 마침내(竟) **거울**이 된다.
동의자 鑑 거울 감

4급

출제단어
鏡臺경대 : 거울을 달아 세운 화장대의 하나.
眼鏡안경 : 시력을 돕기 위해 쓰는 것.
面鏡면경 : 얼굴을 보는 거울.
破鏡파경 : 깨어진 거울.

驚 놀랄 경
총 23 | 부 馬

말(馬)은 진실한(苟) 마음으로 쳐도 **놀라기**만 한다.
비슷한 한자 警 깨우칠·경계할 경

4급

출제단어
驚愕경악 : 몹시 놀람.
驚氣경기 : 어린아이가 경련을 일으킴.
驚歎경탄 : 놀라 탄식함.
驚異경이 : 놀랍고 이상함.

境 지경 경
총 14 | 부 土

땅(土)이 끝나는(竟) 지점은 **경계선**, **국경**이다.

4급Ⅱ

출제단어
境界경계 : 일이나 물건이 어떤 표준 밑에 맞닿는 자리.
境內경내 : 일정한 지역의 안. 구역 안.

慶 경사 경:
총 15 | 부 心

잔치에 사슴(鹿)을 잡으니 마음(心)이 가볍고(夂) **경사스럽다**.
반의자 弔 조상할 조

4급Ⅱ

출제단어
慶事경사 : 축하할 만한 즐겁고 기쁜 일.
慶祝경축 : 경사로운 일을 축하함.
國慶日국경일 : 국가적인 경사를 축하하기 위하여 나라에서 정한 기념일.

50일 완성 **03**일째

經

지날·글 경

총13 | 부 糸

물줄기(巠)처럼 늘어진 실(糸)은 **날줄**이다.

비슷한 한자 徑 지름길 경

4급Ⅱ

經 經 經 經 經 經 經 經 經 經 經 經 經

출제단어
經歷경력 : 겪어 지내온 일.
聖經성경 : 종교상 신앙의 최고 법전이 되는 책.
經費경비 : 어떤 일에 쓰는 비용.

警

깨우칠·경계할 경:

총20 | 부 言

말(言)로만 공경(敬)하는 것은 **경계**해야 한다.

동의자 戒 경계할 계   비슷한 한자 驚 놀랄 경

4급Ⅱ

警 警 警 警 警 警 警 警 警 警 警 警 警 警 警 警 警 警 警 警

출제단어
警告경고 : 경계하도록 알림.
警察경찰 : 경계하여 살핌. 국민의 안전과 재산을 보호하는 일, 또는 그 존재.
警護경호 : 경계하여 호위함.

季

계절 계:

총8 | 부 子

자식(子)과 벼(禾)는 자라는 것이 **계절**에 따라 다르다.

비슷한 한자 李 오얏 리

4급

季 季 季 季 季 季 季 季

출제단어
季刊계간 : 한 계절에 한 번씩 간행함. 또는 그 간행물.
季節계절 : 일 년을 춘하추동 넷으로 나눈 그 한동안의 철.

戒

경계할 계:

총7 | 부 戈

창(戈)을 양손에 들고(廾) 지키며 **경계**한다.

동의자 警 깨우칠·경계할 경

4급

戒 戒 戒 戒 戒 戒 戒

출제단어
戒告계고 : 행정상 의무 이행을 독촉하는 행정 주체의 통지.
警戒경계 : 잘못되는 일이 일어나지 않도록 미리 조심하는 것.

> 연습 문제

1. 다음 漢字語의 讀音을 써 보세요.

   (1) 根據 (   )   (2) 擊破 (   )   (3) 堅固 (   )

   (4) 鏡臺 (   )   (5) 驚歎 (   )   (6) 戒律 (   )

2. 다음 漢字의 음과 訓을 써 보세요.

   (1) 儉 (   )   (2) 激 (   )   (3) 潔 (   )

   (4) 傑 (   )   (5) 傾 (   )   (6) 鏡 (   )

3. 다음 漢字의 部首를 쓰세요.

   (1) 檢 (   )   (2) 慶 (   )   (3) 傾 (   )

4. 다음 漢字語의 讀音을 보고 漢字를 쓰세요.

   (1) 걸작(매우 훌륭한 작품) :

   (2) 청결(맑고 깨끗함) :

   (3) 경제(재화나 용역을 생산, 분배, 소비하는 모든 활동) :

   (4) 계절(자연현상에 따라서 일 년을 구분한 것) :

   (5) 국경일(나라의 경사를 기념하기 위하여, 국가에서 법률로 정한 경축일) :

   (6) 안경(시력이 나쁜 눈을 잘 보이게 하기 위하여 눈에 쓰는 물건) :

   (7) 결석(나가야 할 자리에 나가지 않음) :

   (8) 검찰(검사하여 살핌) :

> 쓰기 한자

50일 완성 **04** 일째

| 格 격식 격 | 급 5 총 10 부 木 | 格式 격식 格言 격언 | 價格 가격 合格 합격 |

格格格格格格格格格格
格 格 格

| 見 볼 견:/뵈올 현: | 급 5 총 7 부 見 | 見聞 견문 見學 견학 | 見本 견본 發見 발견 |

見見見見見見見
見 見 見

| 決 결단할 결 | 급 5 총 7 부 氵 | 決斷 결단 票決 표결 | 決定 결정 解決 해결 |

決決決決決決決
決 決 決

| 結 맺을 결 | 급 5 총 12 부 糸 | 結果 결과 結婚 결혼 | 結局 결국 團結 단결 |

結結結結結結結結結結
結 結 結

| 景 볕 경(:) | 급 5 총 12 부 日 | 景觀 경관 景致 경치 | 背景 배경 近景 근경 |

景景景景景景景景景景景
景 景 景

| 競 다툴 경: | 급 5 총 20 부 立 | 競技 경기 競爭 경쟁 | 競走 경주 競合 경합 |

競競競競競競競競競競競競競競
競 競 競

| 輕 가벼울 경 | 급 5 총 14 부 車 | 輕犯 경범 輕快 경쾌 | 輕音樂 경음악 |

輕輕輕輕輕輕輕輕輕輕
輕 輕 輕

| 敬 공경 경: | 급 5 총 13 부 攵 | 敬老 경로 敬意 경의 | 恭敬 공경 尊敬 존경 |

敬敬敬敬敬敬敬敬敬敬敬
敬 敬 敬

| 京 서울 경 | 급 6 총 8 부 亠 | 京鄕 경향 上京 상경 | 京城 경성 歸京 귀경 |

京京京京京京京京
京 京 京

| 界 지경 계: | 급 6 총 9 부 田 | 境界 경계 限界 한계 | 世界 세계 外界 외계 |

界界界界界界界界
界 界 界

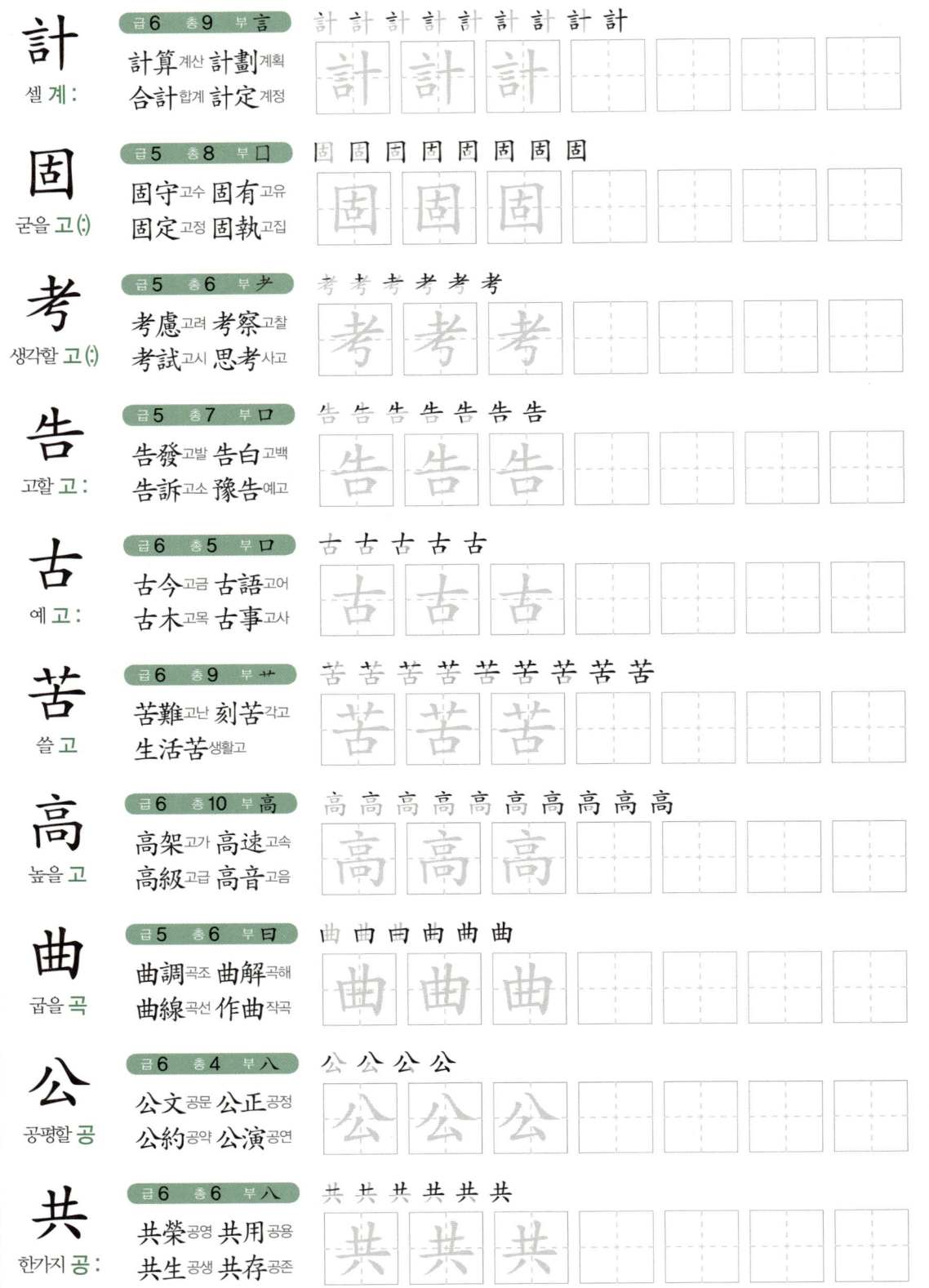

> 연습 문제

50일 완성 04일째

1. 다음 漢字語의 讀音을 써 보세요.

   (1) 格式 (   )   (2) 敬畏心 (   )   (3) 考察 (   )
   (4) 家計 (   )   (5) 屈曲 (   )   (6) 苦役 (   )

2. 다음 漢字의 음과 訓을 써 보세요.

   (1) 結 (   )   (2) 競 (   )   (3) 考 (   )
   (4) 界 (   )   (5) 輕 (   )   (6) 敬 (   )

3. 다음 漢字의 部首를 쓰세요.

   (1) 輕 (   )   (2) 結 (   )   (3) 考 (   )

4. 다음 漢字語의 讀音을 보고 漢字를 쓰세요.

   (1) 격투(서로 맞붙어 치고받으며 싸움) :

   (2) 경매(물건을 팔 때 가장 높이 부르는 사람에게 팖) :

   (3) 고시(공무원의 임용 자격을 결정하는 시험) :

   (4) 계산(수를 헤아림) :

5. 다음 漢字의 반대어를 쓰세요.

   (1) 輕 ↔ (   )   (2) 曲 ↔ (   )

6. 다음 漢字의 유의어를 쓰세요.

   (1) 古 : (   )   (2) 計 : (   )

> 읽기 한자

系 이어맬 계:
총 7 | 부 系 | 4급

실(糸)처럼 하나로 이어지는 것이니 **계통, 잇다**.

비슷한 한자 糸 실 사

系 系 系 系 系 系 系

출제단어
系列 계열 : 조직적인 서열.　　系統 계통 : 혈통. 차례를 따라 연이어 통일됨.
體系 체계 : 낱낱이 다른 것을 통일한 조직.

繼 이을 계:
총 20 | 부 糸 | 4급

실(糸)을 상자에 담아 **이어(𢇈)** 매어 쓴다.

동의자 連 이을 련　續 이을 속　承 이을 승　**반의자** 斷 끊을 단

繼 繼 繼 繼 繼 繼 繼 繼 繼 繼 繼 繼 繼 繼 繼

출제단어
繼續 계속 : 잇달아 뒤를 이음. 끊기지 않게 함.　　繼承 계승 : 뒤를 이어받음.
中繼 중계 : 중간에서 이어줌.

階 섬돌 계
총 12 | 부 阝 | 4급

언덕(阝)에 여러 개(皆)의 돌을 쌓아 **층계**를 만든다.

동의자 段 층계 단

階 階 階 階 階 階 階 階 階

출제단어
階段 계단 : 층계. 또는 그 낱낱의 단, 순서, 또는 차례.
階層 계층 : 사회를 구성하는 여러 가지 층.

鷄 닭 계
총 21 | 부 鳥 | 4급

길들여진(奚) 새(鳥)를 **닭**이라고 한다.

비슷한 한자 鶴 학 학

鷄 鷄 鷄 鷄 鷄 鷄 鷄 鷄 鷄 鷄 鷄 鷄 鷄 鷄 鷄 鷄 鷄 鷄

출제단어
鷄口 계구 : 닭의 주둥이. 작은 단체의 우두머리.　　鷄卵 계란 : 달걀.
養鷄 양계 : 닭을 기르는 일.

50일 완성 **05**일째

係 맬 계:
총 9 | 부 亻

사람(亻)이 다리를 내딛고 서 있는 모양을 본뜬 글자이다.

비슷한 한자 系 이을 계

4급 II

係 係 係 係 係 係 係 係

출제 단어
- 係員계원 : 한 계에서 사무를 갈라 맡아 보는 사람.
- 係長계장 : 관청이나 회사의 한 계의 책임자.

孤 외로울 고
총 8 | 부 子

자식(子)이 덩굴에 달린 오이(瓜)같이 **외롭고** 고독하다.

동의자 獨 홀로 독   비슷한 한자 狐 여우 호

4급

孤 孤 孤 孤 孤 孤 孤 孤

출제 단어
- 孤獨고독 : 외톨이. 의지할 곳이 없는 자. 외로움.   孤兒고아 : 부모를 잃은 아이.
- 孤立고립 : 다른 곳으로 가는 길이 막혀 벗어날 수 없는 상태.

庫 곳집 고
총 10 | 부 广

수레(車)를 넣어두는 집(广)은 **창고**다.

동의자 倉 곳집 창

4급

庫 庫 庫 庫 庫 庫 庫 庫 庫

출제 단어
- 庫房고방 : 세간을 넣어두는 방.   車庫차고 : 차를 넣어두는 곳간.
- 金庫금고 : 돈이나 재물을 넣어두는 창고.

故 연고 고(:)
총 9 | 부 攵

예부터(古) 살려고 힘쓰던(攵) 곳이 **고향**이다.

비슷한 한자 姑 시어미 고

4급 II

故 故 故 故 故 故 故 故 故

출제 단어
- 故國고국 : 남의 나라에 가 있는 처지에서 자기 나라를 일컫는 말.
- 故意고의 : 일부러 한 행위.   故鄕고향 : 태어나서 자란 곳.

> 읽기 한자

穀
곡식 곡

총 15 | 부 禾

곡식이란 껍질(殼)로 덮여 있는 벼(禾)와 같은 것을 말한다.

비슷한 한자 聲 소리 성

4급

출제단어
穀食 곡식 : 사람의 식량이 되는 쌀, 보리 등을 합쳐서 하는 말.
穀類 곡류 : 곡식과 같은 말.
米穀 미곡 : 쌀.

困
곤할 곤:

총 7 | 부 口

나무(木)가 집을 너무 둘러싸면(口) 햇빛이 안 들어 **곤란하다**.

동의자 窮 궁할 궁   비슷한 한자 因 인할 인

4급

출제단어
困境 곤경 : 어려운 지경.
貧困 빈곤 : 가난한 것.
困難 곤란 : 어떤 일에서 문제가 생기는 것.
疲困 피곤 : 몸이나 마음이 지쳐 고달픔.

骨
뼈 골

총 10 | 부 骨

관절과 근육이 붙어 있는 뼈의 모양을 본뜬 글자이다.

반의자 肉 고기 육

4급

출제단어
骨肉 골육 : 뼈와 살. 혈통이 같은 부자. 형제. 육친.
納骨 납골 : 유골을 한 곳에 모심.
骨格 골격 : 뼈의 조직. 뼈대.
骨子 골자 : 요긴한 부분.

孔
구멍 공:

총 4 | 부 子

식물의 싹(子)이 갈고리(乚)처럼 **구멍**을 뚫고 나온다는 뜻이다.

동의자 穴 구멍 혈

4급

출제단어
孔孟 공맹 : 공자와 맹자.
孔穴 공혈 : 구멍. 사람 몸의 혈도.

50일 완성 **05**일째

攻 칠 공:
총7 | 부 攵

공구(工)를 가지고 두들겨(攵) **쳐부수다**.

동의자 擊 칠 격 伐 칠 벌 반의자 防 막을 방 비슷한 한자 功 공 공

4급

攻 攻 攻 攻 攻 攻 攻

출제단어
攻擊공격: 적을 침. 시비를 가려 논란함.
侵攻침공: 침입하여 공격함.
攻守공수: 치는 일과 지키는 일.

管 대롱·주관할 관
총14 | 부 竹

관청(官)에서 대나무(竹)로 **관리하는** 도구를 만들어 썼다.

비슷한 한자 官 벼슬 관

4급

管 管 管 管 管 管 管 管 管 管 管 管 管 管

출제단어
管理관리: 일을 맡아 처리함.
保管보관: 물건을 안전하게 두는 것.
管掌관장: 맡아서 주관함.
主管주관: 책임지고 맡아 관리함.

官 벼슬 관
총8 | 부 宀

집(宀)을 언덕(阜)처럼 높이 지은 것이 **관청**이다.

동의자 爵 벼슬 작 비슷한 한자 宮 집 궁

4급Ⅱ

官 官 官 官 官 官 官 官

출제단어
官能관능: 생물의 모든 기관의 작용. 감각기관의 기능.
官職관직: 관리가 국가로부터 위임받은 일정한 범위의 직무.

鑛 쇳돌 광:
총23 | 부 金

넓은(廣) 땅에 묻혀 있는 쇠(金)를 캐는 곳이 **광산**이다.

비슷한 한자 廣 넓을 광

4급

鑛 鑛 鑛 鑛 鑛 鑛 鑛 鑛 鑛 鑛 鑛 鑛 鑛 鑛 鑛 鑛 鑛 鑛

출제단어
鑛夫광부: 광산에서 광물을 채굴하는 인부.
鑛山광산: 유용한 광물을 채굴하는 곳.

> 읽기 한자

50일 완성 05 일째

構 얽을 구
총 14 | 부 木

나무(木)를 엇걸어서(冓) 만드니 **얽었다** 한다.

비슷한 한자 購 살 구

4급

構構構構構構構構構構構構構構

출제단어
- 構想 구상 : 활동을 어떻게 할까 계획을 세움.
- 構造 구조 : 꾸밈새.
- 構內 구내 : 큰 건물에 딸린 울안.
- 機構 기구 : 얽어 잡은 구조.

句 글귀 구
총 5 | 부 口

말(口)을 문장으로 묶으니(勹) 이것이 **글귀**이다.

비슷한 한자 旬 열흘 순

4급 II

句句句句句

출제단어
- 句節 구절 : 구와 절. 한 토막의 말이나 글.
- 名句 명구 : 뛰어나게 잘 지은 글귀. 유명한 글귀.

求 구할 구
총 7 | 부 水

한(一) 방울의 물(水)도 **구해서** 쓴다.

비슷한 한자 救 구원할 구

4급 II

求求求求求求求

출제단어
- 求愛 구애 : 이성의 사랑을 구함.
- 要求 요구 : 필요하여 달라고 강력히 청함.
- 求職 구직 : 직업을 구함.

究 연구할 구
총 7 | 부 穴

굴(穴) 안에서 많은(九) 시간을 공부하며 **연구하다**.

비슷한 한자 空 빌 공

4급 II

究究究究究究究

출제단어
- 研究 연구 : 열심히 조사해서 밝히는 것.
- 探究 탐구 : 학문 등을 깊게 연구하는 것.
- 講究 강구 : 문제해결의 대책을 세우는 것.
- 究明 구명 : 사리를 궁리하여 밝힘.

> 연습 문제

50일 완성 **05**일째

1. 다음 漢字語의 讀音을 써 보세요.

   (1) 直系 (   )   (2) 鷄卵 (   )   (3) 孤兒 (   )

   (4) 穀食 (   )   (5) 管理 (   )   (6) 硏究 (   )

2. 다음 漢字의 음과 訓을 써 보세요.

   (1) 繼 (   )   (2) 孤 (   )   (3) 庫 (   )

   (4) 故 (   )   (5) 困 (   )   (6) 骨 (   )

3. 다음 漢字의 部首를 쓰세요.

   (1) 鷄 (   )   (2) 孤 (   )   (3) 管 (   )

4. 다음 漢字語의 讀音을 보고 漢字를 쓰세요.

   (1) 계승(조상의 전통이나 문화유산, 업적 따위를 물려받아 이어 나감) :

   (2) 금고(귀중품 따위를 간수하여 보관하는 데 쓰는 궤) :

   (3) 구조(부분이나 요소가 어떤 전체를 짜 이룸) :

   (4) 관직(국가로부터 위임받은 일정한 직무) :

   (5) 공격(나아가 적을 침) :

   (6) 골절(뼈가 부러짐) :

   (7) 광산(광물을 캐내는 곳) :

   (8) 구혼(결혼할 상대자를 구함) :

> 쓰기 한자

功 공 공
- 급6 총5 부力
- 功勞공로 功績공적
- 功名공명 成功성공

功功功功功
功 功 功

工 장인 공
- 급7 총3 부工
- 工夫공부 工場공장
- 工事공사 竣工준공

工工工
工 工 工

空 빌 공
- 급7 총8 부穴
- 空間공간 空想공상
- 空軍공군 空氣공기

空空空空空空空空
空 空 空

課 공부할·과정 과(ː)
- 급5 총15 부言
- 課稅과세 課業과업
- 課外과외 課長과장

課課課課課課課課課課課課
課 課 課

過 지날 과ː
- 급5 총13 부辶
- 過去과거 過程과정
- 過多과다 經過경과

過過過過過過過過過過
過 過 過

果 실과·열매 과ː
- 급6 총8 부木
- 果敢과감 果然과연
- 百果백과 效果효과

果果果果果果果果
果 果 果

科 과목 과
- 급6 총9 부禾
- 科擧과거 科目과목
- 敎科書교과서

科 科 科 科 科 科 科 科
科 科 科

觀 볼 관
- 급5 총25 부見
- 觀客관객 觀望관망
- 觀相관상 觀察관찰

觀觀觀觀觀觀觀觀觀觀觀觀觀觀觀觀觀觀
觀 觀 觀

關 관계할 관
- 급5 총19 부門
- 關係관계 關心관심
- 稅關세관 機關기관

關關關關關關關關關關關關關關關關
關 關 關

廣 넓을 광ː
- 급5 총15 부广
- 廣告광고 廣場광장
- 廣範圍광범위

廣廣廣廣廣廣廣廣廣廣廣廣
廣 廣 廣

50일 완성 06일째

光 빛 광	급6 총6 부儿	光明광명 光景광경 光復節광복절
橋 다리 교	급5 총16 부木	橋脚교각 陸橋육교 大橋대교 石橋석교
交 사귈 교	급6 총6 부亠	交涉교섭 交友교우 交換교환 交通교통
敎 가르칠 교:	급8 총11 부攴	敎授교수 敎育교육 敎務교무 敎化교화
校 학교 교:	급8 총10 부木	校舍교사 校友교우 校歌교가 母校모교
救 구원할 구:	급5 총11 부攴	救國구국 救護구호 救援구원 自救자구
具 갖출 구(:)	급5 총8 부八	具備구비 具色구색 具現구현 道具도구
舊 예 구:	급5 총18 부臼	舊面구면 舊式구식 復舊복구 舊典구전
區 구분할·지경 구	급6 총11 부匸	區間구간 區域구역 區分구분 區別구별
球 공 구	급6 총11 부王	球技구기 球形구형 地球村지구촌

> 연습 문제

1. 다음 漢字語의 讀音을 써 보세요.

(1) 功績 (　　　)　　(2) 過誤 (　　　)　　(3) 觀測 (　　　)

(4) 教育 (　　　)　　(5) 舊習 (　　　)　　(6) 救護 (　　　)

2. 다음 漢字의 음과 訓을 써 보세요.

(1) 課 (　　　)　　(2) 科 (　　　)　　(3) 關 (　　　)

(4) 橋 (　　　)　　(5) 敎 (　　　)　　(6) 具 (　　　)

3. 다음 漢字의 部首를 쓰세요.

(1) 果 (　　　)　　(2) 交 (　　　)　　(3) 區 (　　　)

4. 다음 漢字語의 讀音을 보고 漢字를 쓰세요.

(1) 공복(배 속이 비어 있는 상태) :

(2) 과정(학과 과정) :

(3) 관절(뼈가 서로 맞닿아 움직일 수 있게 연결되어 있는 부분) :

(4) 전구(전류를 통하여 빛을 내는 기구) :

5. 다음 漢字의 반대어를 쓰세요.

(1) 舊 ↔ (　　　)　　(2) 敎 ↔ (　　　)

6. 다음 漢字의 유의어를 쓰세요.

(1) 果 : (　　　)　　(2) 光 : (　　　)

> 읽기 한자

50일 완성 **07**일째

君 임금 군
총 7 | 부 口

임금은 입(口)으로 나라를 다스리는(尹) 사람이다.

동의자 王 임금 왕　皇 임금 황　帝 임금 제　반의자 臣 신하 신

君君君君君君君

출제단어
君子군자 : 배움과 덕행이 높은 사람.　聖君성군 : 성스러운 임금.
君主군주 : 나라를 다스리는 최고 지위에 있는 사람.

群 무리 군
총 13 | 부 羊

임금(君)이 양떼(羊)를 몰듯 백성의 **무리**를 다스린다.

동의자 衆 무리 중　반의자 獨 홀로 독　비슷한 한자 郡 고을 군

群群群群群群群群群群群群群

출제단어
群小군소 : 많은 자잘한 것.　群衆군중 : 무리지어 모여 있는 많은 사람들.
群像군상 : 많은 사람들.　大群대군 : 많은 무리.

屈 굽힐 굴
총 8 | 부 尸

사람이 집(尸)을 나고(出) 들 때는 몸을 **굽혀야** 한다.

동의자 曲 굽을 곡　반의자 直 곧을 직

屈屈屈屈屈屈屈屈

출제단어
屈服굴복 : 힘이 미치지 못하여 복종함.　屈伸굴신 : 몸의 굽힘과 폄.
不屈불굴 : 온갖 고난에도 굽히지 않고 꿋꿋이 나아감.

다할·궁할 궁
총 15 | 부 穴

활(弓)처럼 몸(身)을 구부려야 사는 굴(穴) 속은 **궁색**하다.

동의자 乏 가난할 핍　困 곤할 곤　貧 가난할 빈

窮窮窮窮窮窮窮窮窮窮窮窮窮窮窮

출제단어
窮相궁상 : 빈궁한 꼴상.　窮色궁색 : 아주 가난함.
窮理궁리 : 헤아리며 이치를 깊이 연구함.　追窮추궁 : 끝까지 따져 밝힘.

> 읽기 한자

宮 집 궁
총 10 | 부 宀

사람의 등뼈(呂)처럼 이어진 큰 집(宀)은 **궁전**이다.
동의자 家 집 가 戶 집 호 堂 집 당 館 집 관
4급 II

宮宮宮宮宮宮宮宮宮宮

출제단어
宮闕 궁궐 : 임금이 거처하는 집.
宮女 궁녀 : 내전을 모시는 내명부.
宮中 궁중 : 대궐 안.
王宮 왕궁 : 임금이 사는 궁전.

券 문서 권
총 8 | 부 刀

구부려(𢎨) 앉아 칼(刀)로 새기는 것이 **문서**이다.
비슷한 한자 卷 책 권
4급

券券券券券券券券

출제단어
福券 복권 : 제비를 뽑아서 맞으면 일정한 상금을 타게 되는 표.
旅券 여권 : 외국 여행 하는 것을 승인하는 증서.

勸 권할 권:
총 20 | 부 力

풀밭에서 새(雚)가 먹이를 찾듯이 힘들여서(力) 일할 것을 **권장**한다.
동의자 奬 장려할 장
4급

勸勸勸勸勸勸勸勸勸勸勸勸勸勸

출제단어
勸勉 권면 : 타일러 힘쓰게 함.
勸告 권고 : 하도록 권하여 말함.
勸誘 권유 : 권하고 달램.
勸善 권선 : 착한 일을 권함.

卷 책 권(:)
총 8 | 부 㔾

무릎(㔾)처럼 폈다 접었다(𢎨) 할 수 있게 만든 것이 **책**이다.
동의자 冊 책 책 비슷한 한자 券 문서 권
4급

卷卷卷卷卷卷卷卷

출제단어
席卷 석권 : 무서운 기세로 세력을 펼치거나 휩쓺.
全卷 전권 : 책 한권의 전부.

50일 완성 **07**일째

權

권세 **권**

총 22 | 부 木

황새(雚)가 나무(木) 위에 앉아 있는 것은 **저울**처럼 균형이 잡혔기 때문이다.

비슷한 한자 勸 권할 권

4급 II

權權權權權權權權權權權權權權權權

출제단어
權能권능 : 권리를 주장하고 행사할 수 있는 능력.
權勢권세 : 남을 굴복시키는 힘. 政權정권 : 정치상의 권력.

歸

돌아갈 **귀:**

총 18 | 부 止

빗자루(帚)를 들고 언덕(阜)에 머물러(止) 있으니 **돌아온** 것이다.

동의자 還 돌아올 환   回 돌아올 회   復 회복할 복/다시 부

4급

歸歸歸歸歸歸歸歸歸歸歸歸歸歸歸歸

출제단어
歸家귀가 : 집으로 돌아옴.   歸國귀국 : 본국으로 돌아옴.
歸順귀순 : 적이 굴복하고 순종함.   復歸복귀 : 본디 상태로 다시 돌아감.

均

고를·평평할 **균**

총 7 | 부 土

울퉁불퉁한 땅(土)을 가지런히 하니(勻) **고르다**.

동의자 平 평평할 평

4급

均均均均均均均

출제단어
均等균등 : 차별 없이 가지런히 고름.   均分균분 : 여럿이 똑같도록 나눔.
均一균일 : 차이가 없이 한결같이 고름.   平均평균 : 중간의 값을 갖는 수.

劇

심할·연극 **극**

총 15 | 부 刂

원숭이(豦)가 칼(刂)을 들고 있으니 **연극하다, 심하다**.

동의자 甚 심할 심

4급

劇劇劇劇劇劇劇劇劇劇劇

출제단어
劇場극장 : 연극, 영화, 무용 등을 감상할 수 있는 곳.
劇團극단 : 연극하려고 모인 단체.   悲劇비극 : 슬프고 불행한 경우.

> 읽기 한자

極 극진할·다할 극
총 13 | 부 木 | 4급 II

나무(木)로 앞뒤가 막혀(亟) 있으니 **극단**의 지경이다.

동의자 盡 다할 진

極 極 極 極 極 極 極 極 極 極 極 極 極

출제 단어
- 極口 극구 : 온갖 말을 다하여.
- 極度 극도 : 궁극의 한도. 더할 나위 없이 극심한 정도.
- 極秘 극비 : 매우 중요한 비밀.
- 至極 지극 : 극도에 이름.

勤 부지런한 근(:)
총 13 | 부 力 | 4급

진흙(堇)에서 힘껏(力) 일하니 **부지런한** 사람이다.

동의자 勉 힘쓸 면 반의자 怠 게으를 태 비슷한 한자 僅 겨우 근

勤 勤 勤 勤 勤 勤 勤 勤 勤 勤 勤

출제 단어
- 勤儉 근검 : 부지런하고 검소함.
- 勤勉 근면 : 부지런히 노력함.
- 勤學 근학 : 부지런하고 학문에 힘씀.
- 勤務 근무 : 직무에 종사하는 것.

筋 힘줄 근
총 12 | 부 竹 | 4급

대나무(竹)같이 근육이 생기니 **힘줄**.

비슷한 한자 箱 상자 상

筋 筋 筋 筋 筋 筋 筋 筋 筋 筋

출제 단어
- 筋肉 근육 : 힘줄과 살을 합하여 이르는 말.
- 鐵筋 철근 : 콘크리트 속에 뼈대로 삼는 쇠막대.
- 筋力 근력 : 근육의 힘.
- 筋脈 근맥 : 심줄과 핏줄.

禁 금할 금:
총 13 | 부 示 | 4급 II

수풀(林)이 우거진 곳에서 제사(示)를 올리니 **금지** 구역이다.

비슷한 한자 楚 초나라 초

禁 禁 禁 禁 禁 禁 禁 禁 禁 禁 禁

출제 단어
- 禁斷 금단 : 어떤 행위를 못하게 막음.
- 禁止 금지 : 못 가게 막음.
- 禁煙 금연 : 담배를 끊음.

50일 완성 **07**일째

奇 기이할 기

너무 커서(大) 누구나 가히(可) **기이하고** 진귀하다고 본다.

동의자 怪 괴이할 괴

4급

奇 奇 奇 奇 奇 奇 奇 奇

총8 | 부 大

출제단어
- 奇怪 기괴 : 기이하고 괴상함.
- 奇拔 기발 : 유달리 뛰어남.
- 奇妙 기묘 : 기이하고 교묘함.
- 新奇 신기 : 새롭고 기이함.

寄 부칠 기

신기한(奇) 물건은 집(宀)으로 **부쳐야** 한다.

동의자 附 붙을 부

4급

寄 寄 寄 寄 寄 寄 寄 寄 寄 寄 寄

총11 | 부 宀

출제단어
- 寄居 기거 : 임시로 머물러 있음.
- 寄生 기생 : 남에게 얹혀 삶.
- 寄與 기여 : 보태어 줌.
- 寄託 기탁 : 부탁하여 맡겨둠.

機 틀 기

베틀을 움직이는 자잘한 장치에서 유래한 글자이다.

동의자 械 기계 계

4급

機 機 機 機 機 機 機 機 機 機 機 機 機 機 機 機

총16 | 부 木

출제단어
- 機智 기지 : 어떤 일에 재치 있게 대처하는 지혜.
- 機會 기회 : 어떤 일을 하는 데 적당한 시기나 경우.

紀 벼리 기

자기(己)를 실(糸)그물과 엮은 줄을 **벼리**라고 한다.

동의자 綱 벼리 강

4급

紀 紀 紀 紀 紀 紀 紀 紀 紀

총9 | 부 糸

출제단어
- 紀元 기원 : 햇수를 세는 시작이 되는 해.
- 紀念 기념 : 어떤 일을 잊지 않고 마음에 간직함.
- 半世紀 반세기 : 50년.
- 紀綱 기강 : 규율과 법도.

> ## 연습 문제

50일 완성 07일째

1. 다음 漢字語의 讀音을 써 보세요.

(1) 群衆 (　　　)　　(2) 宮殿 (　　　)　　(3) 權勢 (　　　)

(4) 歸嫁 (　　　)　　(5) 演劇 (　　　)　　(6) 機能 (　　　)

2. 다음 漢字의 음과 訓을 써 보세요.

(1) 群 (　　　)　　(2) 屈 (　　　)　　(3) 窮 (　　　)

(4) 紀 (　　　)　　(5) 勸 (　　　)　　(6) 卷 (　　　)

3. 다음 漢字의 部首를 쓰세요.

(1) 筋 (　　　)　　(2) 屈 (　　　)　　(3) 均 (　　　)

4. 다음 漢字語의 讀音을 보고 漢字를 쓰세요.

(1) 복권(번호나 그림 따위의 특정 표시를 기입한 표) :

(2) 귀성(부모를 뵙기 위하여 객지에서 고향으로 돌아가거나 돌아옴) :

(3) 근육(힘줄과 살을 통틀어 이르는 말) :

(4) 금연(담배를 피우는 것을 금함) :

5. 다음 漢字의 반대어를 쓰세요.

(1) 君 ↔ (　　　)　　(2) 屈 ↔ (　　　)

6. 다음 漢字의 유의어를 쓰세요.

(1) 勸 : (　　　)　　(2) 歸 : (　　　)

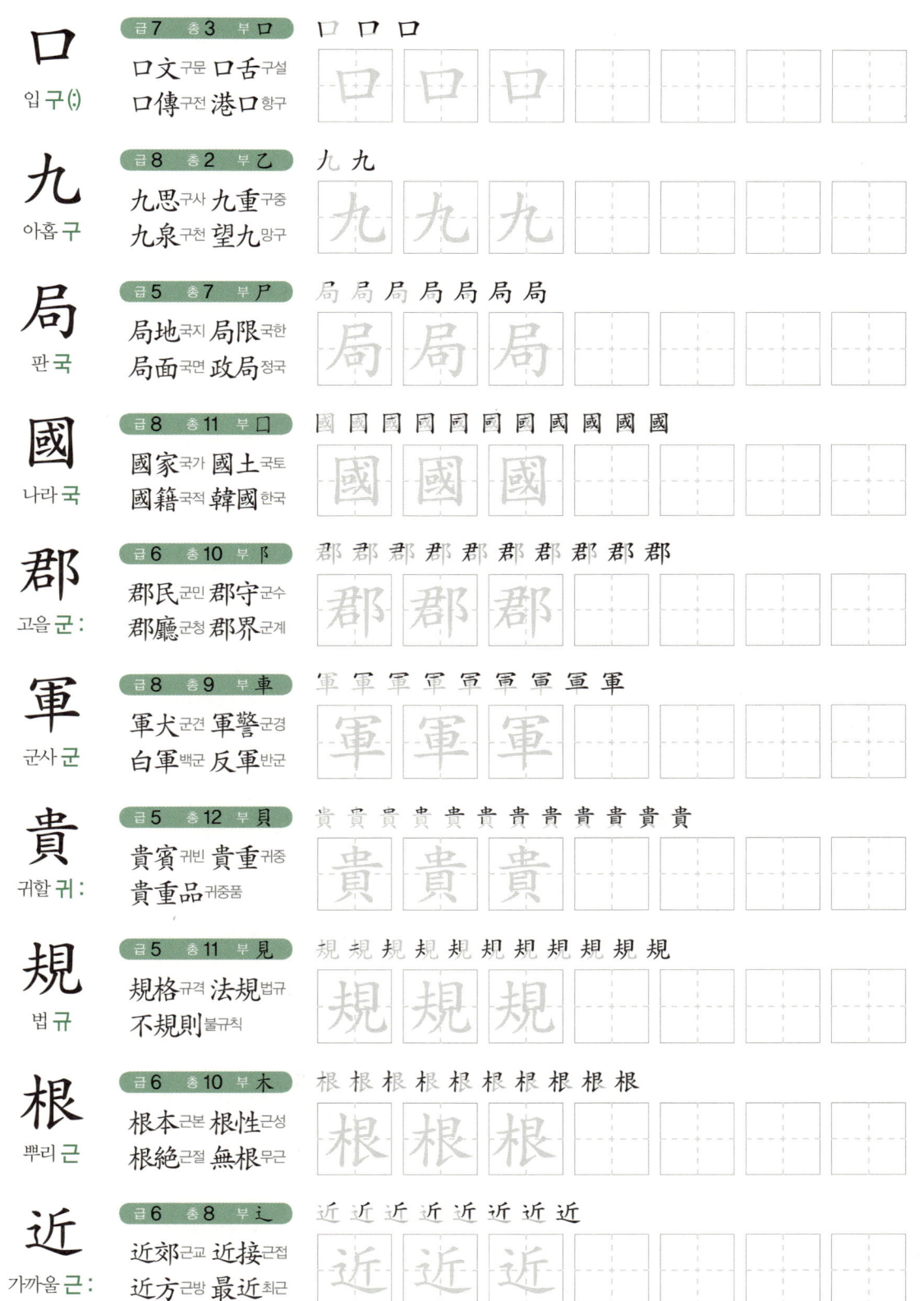

> 연습 문제

1. 다음 漢字語의 讀音을 써 보세요.

(1) 九九段 (　　　) (2) 國境 (　　　) (3) 特技 (　　　)

(4) 規範 (　　　) (5) 根源 (　　　) (6) 基準 (　　　)

2. 다음 漢字의 음과 訓을 써 보세요.

(1) 貴 (　　　) (2) 給 (　　　) (3) 技 (　　　)

(4) 汽 (　　　) (5) 國 (　　　) (6) 局 (　　　)

3. 다음 漢字의 部首를 쓰세요.

(1) 郡 (　　　) (2) 級 (　　　) (3) 汽 (　　　)

4. 다음 漢字語의 讀音을 보고 漢字를 쓰세요.

(1) 군청(군의 행정 사무를 맡아보는 기관) :

(2) 규범(본보기가 될 만한 제도) :

(3) 금액(돈의 액수) :

(4) 급료(일에 대한 대가로 고용주가 지급하는 돈) :

5. 다음 漢字의 반대어를 쓰세요.

(1) 己 ↔ (　　　) (2) 近 ↔ (　　　)

6. 다음 漢字의 유의어를 쓰세요.

(1) 根 : (　　　) (2) 金 : (　　　)

> 읽기 한자

器 그릇 기
총 16 | 부 口 | 4급 II

여러 사람(口)이 모여 개고기(犬)를 나누어 먹는 **그릇**이다.

비슷한 한자 哭 울 곡

출제단어:
- 器機 기기 : 기구. 기계의 총칭.
- 武器 무기 : 전쟁에 쓰이는 온갖 기구.
- 器量 기량 : 재능과 덕량.
- 土器 토기 : 진흙으로 만든 그릇.

起 일어날 기
총 10 | 부 走 | 4급 II

자기 몸(己)을 달리려고(走) 하면 **일어서야** 한다.

반의자 臥 누울 와 伏 엎드릴 복 비슷한 한자 赴 다다를 부

출제단어:
- 起工 기공 : 일을 시작함.
- 起源 기원 : 일정한 사물이나 결과가 생긴 근원.
- 起動 기동 : 몸을 일으켜 움직임.
- 起點 기점 : 사물의 첫머리.

暖 따뜻할 난:
총 13 | 부 日 | 4급 II

햇빛(日)을 들이면(爰) **따뜻한** 기운이 흐른다.

동의자 溫 따뜻할 온 반의자 寒 찰 한 冷 찰 랭

출제단어:
- 暖氣 난기 : 따뜻한 기운.
- 暖房 난방 : 방을 덥게 함.
- 暖爐 난로 : 난방 기구의 하나.
- 寒暖 한난 : 추움과 따뜻함.

難 어려울 난(:)
총 19 | 부 隹 | 4급 II

진흙(菫)속에 빠진 새(隹)는 구하기가 **어렵다**.

반의자 易 쉬울 이 비슷한 한자 離 떠날 리

출제단어:
- 難局 난국 : 어려운 고비.
- 難關 난관 : 일을 해 나가기가 어려움.
- 難色 난색 : 난처한 기색.
- 危難 위난 : 위험한 재난.

50일 완성 **09**일째

納 들일 납
총10 | 부 糸 | 4급

안(內)에서 실(糸)을 잡아드리니 **드리다, 바치다.**

동의자 入 들 입

納 納 納 納 納 納 納 納 納

출제단어
納得 납득 : 사리를 잘 알아 차려 이행함.
納入 납입 : 세금, 공과금 따위를 냄.
納稅 납세 : 세금을 바침.
完納 완납 : 전부 납부함.

努 힘쓸 노
총7 | 부 力 | 4급Ⅱ

종(奴)들이 힘(力)들여 일하는 것이 **노력**이다.

동의자 務 힘쓸 무 비슷한 한자 怒 성낼 노

努 努 努 努 努 努 努

출제단어
努力 노력 : 힘을 다해 애써 일함.
努肉 노육 : 궂은 살.
努目 노목 : 눈을 부라림.

怒 성낼 노:
총9 | 부 心 | 4급Ⅱ

종(奴)의 마음(心)은 항상 **성이 나** 있다.

동의자 憤 분할 분 비슷한 한자 努 힘쓸 노

怒 怒 怒 怒 怒 怒 怒 怒 怒

출제단어
怒氣 노기 : 성낸 얼굴빛.
激怒 격노 : 몹시 성을 냄.
怒濤 노도 : 무섭게 밀려오는 큰 물결.
憤怒 분노 : 분하여 성을 냄.

段 층계 단
총9 | 부 殳 | 4급

몽둥이(殳)를 짚고 층을 오르는 곳은 **계단**이다.

동의자 階 섬돌 계

段 段 段 段 段 段 段 段 段

출제단어
段階 단계 : 일의 차례를 따라 나아가는 과정. 순서.
段數 단수 : 바둑, 유도 등의 단수.
段落 단락 : 일이 다 된 끝.

> 읽기 한자

單 홀 단
총 12 | 부 口

사람들(口)이 밭(田)에서 많은(十) 일을 **혼자** 하긴 어렵다.

동의자 獨 홀로 독　반의자 複 겹칠 복

4급 II

출제 단어
- 單色 단색 : 한 가지 빛.
- 單獨 단독 : 단 하나.
- 單語 단어 : 뜻을 가진 언어의 최소 단위.
- 單式 단식 : 단순한 방식.

斷 끊을 단:
총 18 | 부 斤

상자에 있는 헝클어진 실(糸)을 도끼(斤) 모양의 칼로 **끊어서** 절단한다.

동의자 絕 끊을 절　반의자 繼 이을 계　連 이을 련

4급 II

출제 단어
- 斷念 단념 : 품었던 생각을 버림.
- 斷髮 단발 : 머리털을 짧게 자름.
- 斷食 단식 : 먹기를 끊음.
- 分斷 분단 : 잘라서 동강을 냄.

檀 박달나무 단
총 17 | 부 木

크고(亶) 단단한 나무(木)는 **박달나무**다.

비슷한 한자 壇 단 단

4급 II

출제 단어
- 檀紀 단기 : 단군의 기원.
- 檀香 단향 : 단향목의 목재.
- 檀木 단목 : 박달나무.
- 眞檀 진단 : 단향목.

端 끝·바를 단
총 14 | 부 立

산(山)에서 서(立)있는 나무가 수염(耑)처럼 단정해 보인다.

동의자 末 끝 말　반의자 初 처음 초　비슷한 한자 瑞 상서 서

4급 II

출제 단어
- 端緖 단서 : 일의 처음. 일의 실마리.
- 極端 극단 : 맨 끝. 맨 끄트머리.
- 端正 단정 : 얌전하고 바름.
- 末端 말단 : 사물의 맨 끝.

50일 완성 09일째

達 통달할 달
총 13 | 부 辶

양(羊)이 땅(土) 위를 걸어(辶) 풀밭에 **이른다**.

동의자 通 통할 통

4급 II

출제단어
- 達辯 달변 : 썩 능란한 변설.
- 發達 발달 : 진보함.
- 達成 달성 : 목적한 바를 이루게 함.
- 通達 통달 : 막힘없이 통함.

擔 멜·맡을 담
총 16 | 부 扌

무거운(詹) 것을 손(扌)으로 올려 **멘다**.

동의자 負 질 부

4급 II

출제단어
- 擔當 담당 : 일을 맡아 함.
- 加擔 가담 : 거들어 도와줌.
- 擔任 담임 : 책임지고 맡아 봄.
- 專擔 전담 : 전문적으로 담당하는 것.

黨 무리 당
총 20 | 부 黑

암흑(黑) 세상에서 높은(尙) 뜻을 품고 **무리**를 이룬 사람들이다.

동의자 群 무리 군 徒 무리 도 衆 무리 중

4급 II

출제단어
- 黨論 당론 : 당의 의견이나 의론.
- 野黨 야당 : 정권을 잡은 정당의 상대 정당.
- 黨首 당수 : 당의 우두머리.
- 黨類 당류 : 끼리끼리.

帶 띠 대(:)
총 11 | 부 巾

허리에 덮어 두른 천(巾)을 **허리띠**라 한다.

4급 II

출제단어
- 連帶 연대 : 서로 결속되어 있는 것.
- 携帶 휴대 : 물건을 손에 들고 다니거나 몸에 지님.
- 帶同 대동 : 함께 데리고 감.
- 腰帶 요대 : 허리띠.

> 읽기 한자

50일 완성 **09**일째

隊
무리 대
총 12 | 부 阝

갈라진(八) 언덕(阝)에 돼지(豕)가 **무리**지어 다닌다.

동의자 群 무리 군 徒 무리 도 衆 무리 중 비슷한 한자 遂 드디어 수

隊隊隊隊隊隊隊隊隊隊隊

4급 II

출제단어
隊列대열 : 떼를 지어 늘어선 행렬.
入隊입대 : 군대에 들어가 군인이 됨.
隊員대원 : 무리의 구성원.
橫隊횡대 : 가로줄을 지어 늘어선 대오.

徒
무리 도
총 10 | 부 彳

여러 사람(彳)이 달려(走) **무리**지어 간다.

동의자 群 무리 군 衆 무리 중 隊 무리 대 黨 무리 당

徒徒徒徒徒徒徒徒徒

4급

출제단어
徒黨도당 : 떼를 지은 무리.
教徒교도 : 종교를 믿는 사람이나 그 무리.
暴徒폭도 : 난폭한 짓을 하는 무리.
生徒생도 : 학생.

盜
도둑 도(:)
총 12 | 부 皿

그릇(皿)에 있던 음식(氵)이 모자라니(欠) **도둑**맞은 것이다.

동의자 賊 도둑 적

盜盜盜盜盜盜盜盜盜盜盜

4급

출제단어
盜犯도범 : 도둑질로 인하여 성립되는 범죄.
盜用도용 : 남의 명의나 물건을 몰래 씀.
盜難도난 : 도둑을 맞는 재난.
盜賊도적 : 도둑.

逃
도망할 도
총 10 | 부 辶

조짐(兆)을 보니 도망가(辶) **달아난다**.

동의자 避 피할 피 비슷한 한자 挑 돋울 도

逃逃逃逃逃逃逃逃逃

4급

출제단어
逃亡도망 : 피해서 달아나는 것.
逃避도피 : 도망하여 몸을 피함.
逃走도주 : 피하거나 쫓겨서 달아남.

> 연습 문제 50일 완성 **09**일째

1. 다음 漢字語의 讀音을 써 보세요.

   (1) 溫暖 (   )   (2) 努力 (   )   (3) 檀君 (   )

   (4) 達成 (   )   (5) 黨論 (   )   (6) 逃走 (   )

2. 다음 漢字의 음과 訓을 써 보세요.

   (1) 器 (   )   (2) 暖 (   )   (3) 納 (   )

   (4) 怒 (   )   (5) 段 (   )   (6) 斷 (   )

3. 다음 漢字의 部首를 쓰세요.

   (1) 單 (   )   (2) 徒 (   )   (3) 難 (   )

4. 다음 漢字語의 讀音을 보고 漢字를 쓰세요.

   (1) 난이도(어려움과 쉬움의 정도) :

   (2) 분담(나누어서 맡음) :

   (3) 도용(남의 물건이나 명의를 몰래 씀) :

   (4) 달인(학문이나 기예에 통달하여 남달리 뛰어난 역량을 가진 사람) :

5. 다음 漢字의 반대어를 쓰세요.

   (1) 黨 ↔ (   )   (2) 端 ↔ (   )

6. 다음 漢字의 유의어를 쓰세요.

   (1) 擔 : (   )   (2) 盜 : (   )

> 쓰기 한자

旗 기 **기**
급7 총14 부方
旗手기수 旗幟기치
太極旗태극기
旗 旗 旗 旗 旗 旗 旗 旗 旗 旗 旗

氣 기운 **기**
급7 총10 부기
氣槪기개 氣溫기온
氣力기력 濕氣습기
氣 氣 氣 氣 氣 氣 氣 氣 氣 氣

記 기록할 **기**
급7 총10 부言
記錄기록 記事기사
記號기호 登記등기
記 記 記 記 記 記 記 記 記 記

吉 길할 **길**
급5 총6 부口
吉運길운 吉凶길흉
吉年길년 吉日길일
吉 吉 吉 吉 吉 吉

男 사내 **남**
급7 총7 부田
男妹남매 男性남성
男女남녀 長男장남
男 男 男 男 男 男 男

南 남녘 **남**
급8 총9 부十
南北남북 南山남산
南風남풍 越南월남
南 南 南 南 南 南 南 南 南

內 안 **내:**
급7 총4 부入
內科내과 內容내용
內面내면 校內교내
內 內 內 內

女 계집 **녀**
급8 총3 부女
女權여권 女優여우
女人여인 少女소녀
女 女 女

年 해·나이 **년**
급8 총6 부干
年內연내 年初연초
年輩연배 幼年유년
年 年 年 年 年 年

念 생각 **념:**
급5 총8 부心
念慮염려 念願염원
觀念관념 信念신념
念 念 念 念 念 念 念

50일 완성 10일째

農 농사 농
- 급 7 총 13 부 辰
- 農民 농민　農事 농사
- 農夫 농부　農土 농토

能 능할 능
- 급 5 총 10 부 月
- 能力 능력　能通 능통
- 可能 가능　萬能 만능

多 많을 다
- 급 6 총 6 부 夕
- 多量 다량　多忙 다망
- 多數 다수　多幸 다행

壇 단 단
- 급 5 총 16 부 土
- 壇上 단상　壇享 단향
- 敎壇 교단　花壇 화단

團 둥글 단
- 급 5 총 14 부 口
- 團束 단속　團員 단원
- 團結 단결　團體 단체

短 짧을 단(:)
- 급 6 총 12 부 矢
- 短期 단기　短文 단문
- 短命 단명　長短 장단

談 말씀 담
- 급 5 총 15 부 言
- 談笑 담소　談合 담합
- 談話 담화　面談 면담

答 대답 답
- 급 7 총 12 부 竹
- 答案 답안　答狀 답장
- 答辭 답사　對答 대답

當 마땅 당
- 급 5 총 13 부 田
- 當選 당선　當直 당직
- 當時 당시　當然 당연

堂 집 당
- 급 6 총 11 부 土
- 堂堂 당당　書堂 서당
- 聖堂 성당　食堂 식당

> 연습 문제 50일 완성 **10**일째

1. 다음 漢字語의 讀音을 써 보세요.

    (1) 太極旗 (   )   (2) 氣候 (   )   (3) 男性 (   )

    (4) 念願 (   )   (5) 登壇 (   )   (6) 談合 (   )

2. 다음 漢字의 음과 訓을 써 보세요.

    (1) 氣 (   )   (2) 吉 (   )   (3) 南 (   )

    (4) 年 (   )   (5) 念 (   )   (6) 農 (   )

3. 다음 漢字의 部首를 쓰세요.

    (1) 氣 (   )   (2) 農 (   )   (3) 堂 (   )

4. 다음 漢字語의 讀音을 보고 漢字를 쓰세요.

    (1) 답안(문제의 해답) :

    (2) 단점(잘못되고 모자라는 점) :

    (3) 염원(마음에 간절히 생각하고 기원함) :

    (4) 기록(주로 후일에 남길 목적으로 어떤 사실을 적음) :

5. 다음 漢字의 반대어를 쓰세요.

    (1) 吉 ↔ (   )   (2) 多 ↔ (   )

6. 다음 漢字의 유의어를 쓰세요.

    (1) 年 : (   )   (2) 團 : (   )

> 읽기 한자

50일 완성 **11** 일째

導
인도할 도:
총16 | 부寸

길(道)을 헤아려(寸) 주는 것이 **인도하는** 것이다.

동의자 引 끌 인   비슷한 한자 道 길 도

4급Ⅱ

출제단어
- 善導선도 : 올바른 길로 인도함.
- 指導지도 : 목적이나 방향에 따라 가르쳐 이끎.
- 引導인도 : 가르쳐 이끎.
- 導入도입 : 인도하여 들임.

毒
독 독
총8 | 부毋

새싹이 나온 풀(屮)을 함부로 먹지 마라(毋). **독**(毒)이 있는 것이 많다.

4급Ⅱ

출제단어
- 毒氣독기 : 독이 있는 기운.
- 毒舌독설 : 남을 해치는 모진 말.
- 飮毒음독 : 독약을 마심.
- 解毒해독 : 독을 푸는 일.

督
감독할 독
총13 | 부目

아저씨(叔)가 눈(目)으로 보니 **감독하다**.

동의자 監 볼 감

4급Ⅱ

출제단어
- 督勵독려 : 감독하여 격려함.
- 提督제독 : 함대의 총사령관.
- 督促독촉 : 빨리 하도록 재촉함.
- 督稅독세 : 세금을 바치도록 독촉함.

銅
구리 동
총14 | 부金

금(金)과 한 가지(同) 색을 가진 것은 **구리**다.

비슷한 한자 銘 새길 명   針 바늘 침

4급Ⅱ

출제단어
- 銅鏡동경 : 구리쇠로 만든 거울.
- 銅像동상 : 구리쇠로 만든 동물이나 사람의 형상.

> 읽기 한자

斗 말 두
총 4 | 부 斗

물건의 양을 측정하는 자루가 달린 국자의 모양을 본떠서 만든 글자이다.

4급 II

斗斗斗斗

출제단어
斗量두량 : 곡식을 되나 말로 셈하는 것. 斗護두호 : 남을 두둔하여 보호함.
北斗七星북두칠성 : 북쪽 하늘에 있는 일곱 개의 별. 斗穀두곡 : 많은 양식.

豆 콩 두
총 7 | 부 豆

제사에 쓰인 제기의 모양을 본떠서 만든 글자이다.

비슷한 한자 豈 어찌 기

4급 II

豆豆豆豆豆豆豆

출제단어
豆乳두유 : 콩을 끓여 만든 우유 같은 액체.
豆腐두부 : 콩으로 만든 음식의 하나.

得 얻을 득
총 11 | 부 彳

아침(旦) 일찍부터 손(寸)을 놀려(彳) 일하면 **얻는** 것이 많다.

동의자 獲 얻을 획 반의자 失 잃을 실

4급 II

得得得得得得得得得得得

출제단어
得男득남 : 아들을 낳음. 所得소득 : 자기 것으로 얻어짐.
得點득점 : 점수를 얻음. 取得취득 : 자기 소유로 함.

燈 등 등
총 16 | 부 火

불(火)을 켜서 매달아(登) 놓은 것이 **등불**이다.

비슷한 한자 登 오를 등

4급 II

燈燈燈燈燈燈燈燈燈燈燈燈燈燈燈燈

출제단어
燈盞등잔 : 등불을 켜는 그릇. 燈燭등촉 : 등과 촛불.
點燈점등 : 등심지에 불을 켜 당김. 照明燈조명등 : 밝게 비추는데 쓰는 등.

50일 완성 **11** 일째

羅
벌일·그물 라
총 19 | 부 ⽹

실(糸)로 그물(罒)을 짜서 새(隹)를 잡기 위해 **벌여** 놓는다.

동의자 列 벌일 렬 網 그물 망

4급 Ⅱ

출제단어
羅城 나성 : 큰 성의 바깥 주위.
羅針盤 나침반 : 방향 지시 계기.
羅列 나열 : 죽 줄을 지어 서 있음.
徐羅伐 서라벌 : 신라의 옛 이름.

亂
어지러울 란:
총 13 | 부 乙

군사가 손(爫)에 창을 들고 성(冂)으로 들어가 사사로운(厶) 욕심을 계속(又) 부리니 **어지럽다**.

비슷한 한자 辭 말씀 사

4급

출제단어
亂刀 난도 : 칼을 함부로 벰.
亂局 난국 : 어지러운 판국.
亂動 난동 : 함부로 행동함.
混亂 혼란 : 어지럽고 질서가 없음.

卵
알 란:
총 7 | 부 卩

물고기의 알주머니 두 개의 모양을 본뜬 글자이다.

비슷한 한자 卯 토끼 묘

4급

출제단어
卵子 난자 : 암컷의 생식 세포.
卵管 난관 : 나팔관.
産卵 산란 : 알을 낳는 것.
卵形 난형 : 달걀과 같은 모양.

覽
볼 람
총 21 | 부 見

위에서 내려다보고(監) 아래서 올려다보니(見) 두루 **살펴볼** 수 있다.

동의자 見 볼 견 觀 볼 관 視 볼 시

4급

출제단어
觀覽 관람 : 영화, 연극 같은 것을 구경함.
便覽 편람 : 보기에 편하도록 간명하게 만든 책.
回覽 회람 : 차례로 돌려봄.
閱覽 열람 : 책 등을 내리 훑어봄.

> 읽기 한자

略 간략할 략
총 11 | 부 田

밭(田)이 각각(各) 떨어져 있으니 **대략** 몇 평인지 모른다.

동의자 簡 간략할 간

4급

출제단어
- 略圖약도 : 간략하게 그린 도면.
- 略式약식 : 절차를 생략한 의식.
- 略歷약력 : 대강 적은 이력.
- 大略대략 : 대강의 줄거리.

糧 양식 량
총 18 | 부 米

쌀(米)을 먹을 만큼 헤아려(量) **양식**으로 쓴다.

비슷한 한자 精 정할 정

4급

출제단어
- 糧穀양곡 : 양식으로 사용하는 곡식.
- 糧米양미 : 양식으로 쓰는 쌀.
- 食糧식량 : 먹을 양식.

兩 두 량:
총 8 | 부 入

좌우가 평형을 이루는 저울의 모양을 본뜬 글자이다.

비슷한 한자 雨 비 우

4급Ⅱ

출제단어
- 兩家양가 : 두 집. 양편 집.
- 兩面양면 : 양쪽.
- 兩親양친 : 부모. 아버지와 어머니.
- 兩側양측 : 양쪽의 옆면.

慮 생각할 려:
총 15 | 부 心

범(虎)은 생각(思)만 해도 **염려**되고 **우려**된다.

동의자 思 생각 사   念 생각 념   想 생각 상   考 생각할 고

4급

출제단어
- 思慮사려 : 일에 관한 깊은 생각과 근심.
- 憂慮우려 : 잘못되지 않을까 걱정하는 것.
- 考慮고려 : 생각하여 봄.
- 配慮배려 : 이리저리 마음을 씀.

50일 완성 **11** 일째

麗 고울 려

총 19 | 부 鹿 | 4급 II

사슴(鹿)의 뿔(丽)이 나란히 있으니 **화려하다**.

동의자 鮮 고울 선　美 아름다울 미

출제단어
- 麗句 여구 : 아름답게 표현된 문구.
- 美麗 미려 : 아름답고 고움.
- 秀麗 수려 : 빼어나게 아름다움.
- 華麗 화려 : 빛나고 아름다움.

連 이을 련

총 11 | 부 辶 | 4급 II

수레(車) 뒤를 따라 가니(辶) 줄이 **이어졌다**.

동의자 繼 이을 계　續 이을 속　絡 이을 락　반의자 絶 끊을 절

출제단어
- 連發 연발 : 계속하여 발생함.
- 連結 연결 : 서로 이어 맺음.
- 連續 연속 : 연달아 계속 함.
- 連絡 연락 : 서로 관련을 지음.

烈 매울 렬

총 10 | 부 灬 | 4급

불(灬)에 타서 튀긴다는 뜻으로 **맹렬하다**는 의미를 지닌다.

동의자 辛 매울 신

출제단어
- 熱烈 열렬 : 태도나 행동이 걷잡을 수 없이 세참.
- 烈火 열화 : 맹렬하게 타는 불.
- 烈女 열녀 : 정절이 곧은 여자.

列 벌일 렬

총 6 | 부 刂 | 4급 II

칼(刂)로 뼈(歹)와 살을 **벌여** 놓다.

동의자 羅 벌일·그물 라

출제단어
- 列擧 열거 : 여러 가지 실례들을 들어서 말함.
- 列島 열도 : 연달아 있는 섬.
- 序列 서열 : 순서를 좇아 늘어섬.

> 연습 문제

1. 다음 漢字語의 讀音을 써 보세요.

    (1) 所得 (   )   (2) 毒感 (   )   (3) 豆乳 (   )

    (4) 電燈 (   )   (5) 亂動 (   )   (6) 連結 (   )

2. 다음 漢字의 음과 訓을 써 보세요.

    (1) 督 (   )   (2) 銅 (   )   (3) 得 (   )

    (4) 燈 (   )   (5) 羅 (   )   (6) 亂 (   )

3. 다음 漢字의 部首를 쓰세요.

    (1) 亂 (   )   (2) 列 (   )   (3) 麗 (   )

4. 다음 漢字語의 讀音을 보고 漢字를 쓰세요.

    (1) 북두성(북두칠성) :

    (2) 신라(우리나라 삼국 시대의 삼국 가운데 기원전 57년 박혁거세가 지금의 영남 지방을 중심으로 세운 나라) :

    (3) 양면(사물의 두 면) :

    (4) 도화선(폭약이 터지도록 불을 붙이는 심지) :

    (5) 동전(구리로 만든 돈) :

    (6) 난자(알) :

    (7) 사려(여러 가지 일에 대하여 깊게 생각함) :

    (8) 고려(왕건이 궁예를 내쫓고 개성에 도읍하여 세운 나라) :

> 쓰기 한자

50일 완성 **12**일째

代 대신할 대:	급 6 총 5 부 亻	代價대가 代身대신 代表대표 交代교대
對 대할 대:	급 6 총 14 부 寸	對決대결 對話대화 對照대조 對策대책
待 기다릴 대:	급 6 총 9 부 彳	待望대망 待遇대우 苦待고대 期待기대
大 큰 대(:)	급 8 총 3 부 大	大家대가 大道대도 大綱대강 大槪대개
德 큰·덕 덕	급 5 총 15 부 彳	德談덕담 德分덕분 德行덕행 美德미덕
島 섬 도	급 5 총 10 부 山	島民도민 列島열도 韓半島한반도
都 도읍 도	급 5 총 12 부 阝	都心도심 都邑도읍 都市도시 古都고도
到 이를 도:	급 5 총 8 부 刂	到來도래 到達도달 到着도착 當到당도
圖 그림 도	급 6 총 14 부 囗	圖書도서 圖形도형 全圖전도 地圖지도
度 법도 도(:) / 헤아릴 탁	급 6 총 9 부 广	強度강도 高度고도 速度속도 頻度빈도

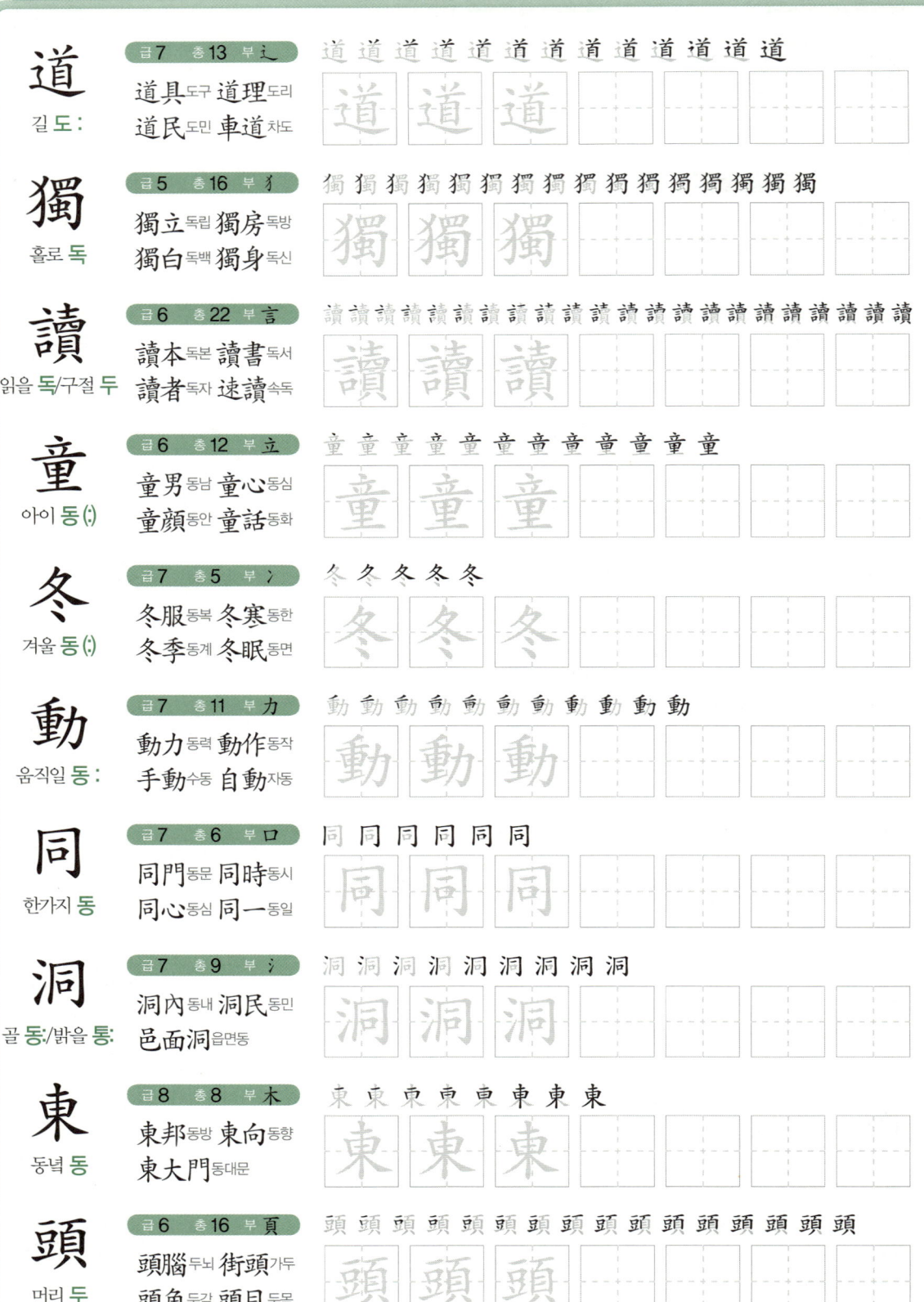

> 연습 문제

50일 완성 12일째

1. 다음 漢字語의 讀音을 써 보세요.

   (1) 對話 (   )   (2) 代案 (   )   (3) 德望 (   )

   (4) 無人島 (   )   (5) 獨斷 (   )   (6) 頭痛 (   )

2. 다음 漢字의 음과 訓을 써 보세요.

   (1) 對 (   )   (2) 德 (   )   (3) 到 (   )

   (4) 圖 (   )   (5) 度 (   )   (6) 道 (   )

3. 다음 漢字의 部首를 쓰세요.

   (1) 待 (   )   (2) 島 (   )   (3) 冬 (   )

4. 다음 漢字語의 讀音을 보고 漢字를 쓰세요.

   (1) 대장(한 무리의 우두머리) :

   (2) 도안(그림으로 설계하여 나타낸 것) :

   (3) 동화(어린이를 위하여 동심을 바탕으로 지은 이야기) :

   (4) 동물(생물계의 두 갈래 가운데 하나) :

5. 다음 漢字의 반대어를 쓰세요.

   (1) 動 ↔ (   )   (2) 同 ↔ (   )

6. 다음 漢字의 유의어를 쓰세요.

   (1) 到 : (   )   (2) 頭 : (   )

> 읽기 한자

錄 기록할 록
총 16 | 부 金

쇠(金)에다 글자를 새겨(彔) **기록한다**.

동의자 記 기록할 기   비슷한 한자 綠 푸를 록

4급 II

출제단어
- 目錄목록 : 일정한 차례로 적은 기록.
- 收錄수록 : 일정한 계통의 것 등을 모아서 적음.
- 記錄기록 : 사실을 적음.
- 錄音녹음 : 소리를 기록함.

論 논할 론
총 15 | 부 言

여럿이 순서대로(侖) 말하는(言) 것이 **의논**이다.

동의자 議 의논할 의   비슷한 한자 倫 인륜 륜

4급 II

출제단어
- 論理논리 : 말 혹은 글의 짜임새와 이치.
- 論議논의 : 서로 의견을 나누고 토의하는 것.

龍 용 룡
총 16 | 부 龍

몸(月)을 세워(立) 구불구불하는 용의 모습을 본뜬 글자이다.

4급

출제단어
- 龍宮용궁 : 용왕이 산다고 하는 궁전.
- 龍尾용미 : 용의 꼬리.
- 龍床용상 : 임금이 앉는 평상.
- 龍顔용안 : 임금의 얼굴.

柳 버들 류(:)
총 9 | 부 木

나무(木)가 토끼(卯) 귀처럼 길게 늘어지니 **버드나무**이다.

동의자 楊 버들 양

4급

출제단어
- 細柳세류 : 가지가 가늘고 긴 버들.
- 柳眉유미 : 미인의 눈썹을 가리키는 말.
- 花柳화류 : 꽃과 버들을 함께 부르는 말.
- 楊柳양류 : 갈잎큰키나무.

50일 완성 **13**일째

留
머무를 **류**
총 10 | 부 田

토끼(卯)가 밭(田)에서 내려와 **머물며** 곡식을 먹는다.

동의자 停 머무를 정

4급 II

留留留留留留留留留留

출제단어
- 留級유급 : 진급하지 않고 그대로 남음.
- 留學유학 : 외국에서 공부함.
- 留念유념 : 마음에 기억해 둠.
- 留意유의 : 마음에 둠.

輪
바퀴 **륜**
총 15 | 부 車

수레(車) **바퀴** 전체를 뜻한다.

비슷한 한자 輸 보낼 수

4급

輪輪輪輪輪輪輪輪輪輪輪輪輪輪輪

출제단어
- 輪廓윤곽 : 겉모양. 테두리.
- 競輪경륜 : 자전거로 하는 경기.
- 輪作윤작 : 농작물을 해마다 바꿔 심음.
- 輪番윤번 : 돌아가는 차례.

律
법칙 **률**
총 9 | 부 彳

사람이 지켜 나갈(彳) 것을 붓(聿)으로 적은 **규율**이다.

동의자 規 법 규 法 법 법 비슷한 한자 津 나루 진

4급 II

律律律律律律律律律

출제단어
- 律動율동 : 규칙적인 몸의 움직임.
- 法律법률 : 국민이 지켜야할 규율.
- 規律규율 : 일정한 질서와 차례.
- 音律음률 : 음악의 가락.

離
떠날 **리:**
총 19 | 부 隹

새(隹)가 흉한 짐승(离)의 발자국을 보면 그곳을 **떠난다**.

동의자 別 다를 별

4급

출제단어
- 離間이간 : 둘 사이를 멀어지게 함.
- 離別이별 : 서로 갈려 떼어짐.
- 離散이산 : 사이가 떨어져 헤어짐.
- 離職이직 : 직장이나 직업을 옮김.

> 읽기 한자

滿 찰 만(ː)
총 14 | 부 氵

물(氵)이 **가득**(滿)**하다**.
[동의자] 充 채울 충

滿滿滿滿滿滿滿滿滿滿滿滿滿滿

4급Ⅱ

[출제단어]
滿了 만료 : 한도가 차서 끝남.
滿開 만개 : 꽃이 활짝 다 핌.
滿員 만원 : 정원이 가득 참.
滿期 만기 : 기한이 다 참.

妹 손아래 누이 매
총 8 | 부 女

여자(女) 형제 중에서 아직 미숙한(未) 사람은 **누이동생**이다.
[반의자] 姉 손윗누이 자

妹妹妹妹妹妹妹妹

4급

[출제단어]
妹家 매가 : 시집간 누이의 집.
妹夫 매부 : 누이의 남편.
妹弟 매제 : 손아래 누이의 남편.
妹兄 매형 : 손윗누이의 남편.

脈 줄기 맥
총 10 | 부 月

몸(月)속에 피가 흘러가는 곳이 맥, 즉 **혈관**을 나타낸다.
[동의자] 幹 줄기 간   [비슷한 한자] 派 물결 파

脈脈脈脈脈脈脈脈脈脈

4급Ⅱ

[출제단어]
人脈 인맥 : 같은 계열에 속하는 사람들의 유대.
脈絡 맥락 : 혈맥의 연락. 사물이 이어져 있는 연관.
脈理 맥리 : 문맥에 통하는 이치.

勉 힘쓸 면ː
총 9 | 부 力

어려움에서 벗어나려고(免) 전력(力)을 다해 **힘쓴다**.
[동의자] 勵 힘쓸 려   務 힘쓸 무

勉勉勉勉勉勉勉勉勉

4급

[출제단어]
勉學 면학 : 학문에 힘씀.
勉勵 면려 : 고무하여 힘쓰게 함.
勤勉 근면 : 아주 부지런함.
勸勉 권면 : 타일러 힘쓰게 함.

50일 완성 **13**일째

鳴
울 명
총 14 | 부 鳥

새(鳥)가 입(口)으로 **울며** 지저귄다.

동의자 哭 울 곡 泣 울 읍   반의자 笑 웃을 소

4급

鳴 鳴 鳴 鳴 鳴 鳴 鳴 鳴 鳴 鳴 鳴 鳴 鳴 鳴

출제단어
- 鳴動명동 : 울리어 진동함.
- 悲鳴비명 : 갑작스러운 위험이나 두려움 때문에 지르는 소리.
- 自鳴鐘자명종 : 시간을 알리는 시계.

模
본뜰 모
총 15 | 부 木

나무(木)를 깎아서(莫) 모양을 **본뜬다**.

동의자 倣 본뜰 방

4급

模 模 模 模 模 模 模 模 模 模 模 模 模 模 模

출제단어
- 模樣모양 : 상태. 사람이나 물건의 형태.
- 模型모형 : 똑같은 물건을 만들기 위한 틀.
- 模範모범 : 본보기.
- 模造모조 : 본떠서 만듦.

毛
터럭 모
총 4 | 부 毛

털이 숭숭 나 있는 모양을 본뜬 글자이다.

동의자 髮 터럭 발   비슷한 한자 手 손 수

4급II

毛 毛 毛 毛

출제단어
- 毛根모근 : 털이 피부에 박힌 부분.
- 毛織모직 : 털실로 짠 피륙.
- 毛髮모발 : 사람의 머리털.
- 脫毛탈모 : 털이 빠짐.

牧
칠 목
총 8 | 부 牛

소(牛)를 치며(攵) **기르다**.

비슷한 한자 物 물건 물

4급II

牧 牧 牧 牧 牧 牧 牧 牧

출제단어
- 牧童목동 : 말이나 소를 먹이는 아이.
- 放牧방목 : 가축을 놓아 기름.
- 牧場목장 : 가축을 놓아 기르는 곳.

> 읽기 한자

50일 완성 **13** 일째

墓

무덤 **묘:**

총 14 | 부 土

어두운(莫) 흙(土) 속에 묻히는 **무덤**.

동의자 墳 무덤 분 비슷한 한자 募 뽑을 모

4급

출제단어
墓碑묘비 : 무덤 앞에 세우는 비석.
墓木묘목 : 무덤 근처에 가꾼 나무.
墓所묘소 : 산소. 무덤. 묘지.
省墓성묘 : 산소를 살피는 일.

妙

묘할 **묘:**

총 7 | 부 女

여자(女)는 젊었을(少) 때는 **예쁘고 아름답다**.

비슷한 한자 妨 방해할 방

4급

출제단어
妙技묘기 : 교묘한 기술과 재주.
妙案묘안 : 썩 잘된 생각.
妙味묘미 : 신비하고 훌륭한 맛.
絶妙절묘 : 매우 기묘한 것.

舞

춤출 **무:**

총 14 | 부 舛

발이 없는 것처럼 엇갈려(舛) 움직이니 **춤추다**.

4급

출제단어
舞曲무곡 : 춤을 위해 작곡된 악곡의 총칭.
歌舞가무 : 노래와 춤.
舞姬무희 : 춤추는 여자.

務

힘쓸 **무:**

총 11 | 부 力

창(矛)을 들고 힘들여(力) 치니(攵) **힘쓰다**.

동의자 勞 일할 로

4급 II

출제단어
業務업무 : 직장에서 직분에 따라 맡아 하는 일.
勤務근무 : 직장에서 일을 하는 것.
義務의무 : 반드시 해야 하는 주어진 일.

> 연습 문제   50일 완성 **13**일째

1. **다음 漢字語의 讀音을 써 보세요.**

   (1) 錄音 (   )   (2) 登龍門 (   )   (3) 滿開 (   )

   (4) 法律 (   )   (5) 姉妹 (   )   (6) 毛孔 (   )

2. **다음 漢字의 음과 訓을 써 보세요.**

   (1) 論 (   )   (2) 柳 (   )   (3) 留 (   )

   (4) 離 (   )   (5) 滿 (   )   (6) 脈 (   )

3. **다음 漢字의 部首를 쓰세요.**

   (1) 牧 (   )   (2) 龍 (   )   (3) 妹 (   )

4. **다음 漢字語의 讀音을 보고 漢字를 쓰세요.**

   (1) 유학(외국에 가서 공부함) :

   (2) 목장(일정한 시설을 갖추어 소나 말, 양 따위를 놓아 기르는 곳) :

   (3) 묘기(교묘한 기술과 재주) :

   (4) 기록(주로 후일에 남길 목적으로 어떤 사실을 적음) :

5. **다음 漢字의 반대어를 쓰세요.**

   (1) 妹 ↔ (   )   (2) 鳴 ↔ (   )

6. **다음 漢字의 유의어를 쓰세요.**

   (1) 毛 : (   )   (2) 模 : (   )

> 쓰기 한자

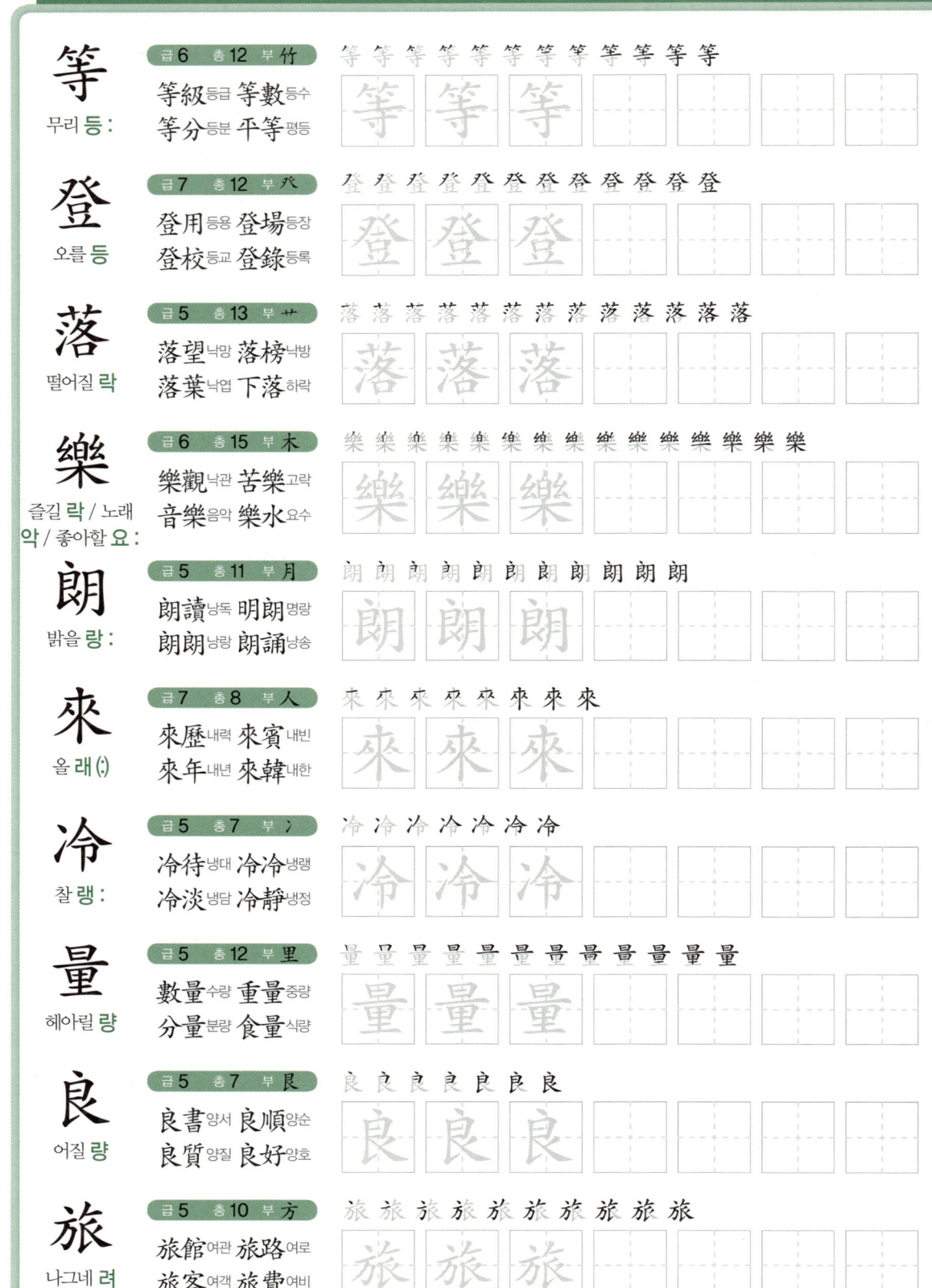

50일 완성 14일째

歷 지날 력
- 급5 총16 부止
- 歷史 역사 歷程 역정
- 歷代 역대 學歷 학력

力 힘 력
- 급7 총2 부力
- 力量 역량 力走 역주
- 力動 역동 電力 전력

練 익힐 련:
- 급5 총15 부糸
- 練習 연습 訓練 훈련
- 練祥 연상 敎練 교련

令 하여금 령(:)
- 급5 총5 부人
- 口令 구령 命令 명령
- 法令 법령 縣令 현령

領 거느릴 령:
- 급5 총14 부頁
- 領導 영도 領土 영토
- 綱領 강령 受領 수령

例 법식 례:
- 급6 총8 부亻
- 例文 예문 例事 예사
- 例外 예외 事例 사례

禮 예도 례:
- 급6 총18 부示
- 禮法 예법 禮儀 예의
- 禮物 예물 答禮 답례

勞 일할 로
- 급5 총12 부力
- 勞苦 노고 勞力 노력
- 勞動 노동 勞使 노사

路 길 로:
- 급6 총13 부足
- 路面 노면 路祭 노제
- 道路 도로 水路 수로

老 늙을 로:
- 급7 총6 부老
- 老齡 노령 老妄 노망
- 老母 노모 老少 노소

> 연습 문제   50일 완성 **14**일째

1. 다음 漢字語의 讀音을 써 보세요.

   (1) 登場 (   )   (2) 樂山樂水 (   )   (3) 歷程 (   )

   (4) 冷待 (   )   (5) 旅客船 (   )   (6) 禮儀 (   )

2. 다음 漢字의 음과 訓을 써 보세요.

   (1) 落 (   )   (2) 樂 (   )   (3) 量 (   )

   (4) 旅 (   )   (5) 練 (   )   (6) 令 (   )

3. 다음 漢字의 部首를 쓰세요.

   (1) 樂 (   )   (2) 旅 (   )   (3) 老 (   )

4. 다음 漢字語의 讀音을 보고 漢字를 쓰세요.

   (1) 등교(학생이 학교에 감) :

   (2) 명랑(흐린 데 없이 밝고 환함) :

   (3) 연습(익숙하도록 되풀이하여 익힘) :

   (4) 노선(어느 지점에서 다른 지점에 이르는 도로나 선로 따위) :

5. 다음 漢字의 반대어를 쓰세요.

   (1) 冷 ↔ (   )   (2) 老 ↔ (   )

6. 다음 漢字의 유의어를 쓰세요.

   (1) 良 : (   )   (2) 令 : (   )

> 읽기 한자

50일 완성 **15**일째

武

호반 무:

총8 | 부 止

창(戈)으로 난리를 막는(止) 것이 **무사**.

4급 II

武 武 武 武 武 武 武 武

| 武 | 武 | 武 | | | | | |

출제단어
武器무기 : 전쟁에 쓰는 병기.
武術무술 : 무도에 관한 기술.
武力무력 : 군사상의 힘.

味

맛 미:

총8 | 부 口

입(口)으로 아직 익지 않은(未) 과일의 **맛**을 본다.

비슷한 한자 **未** 아닐 미

4급 II

味 味 味 味 味 味 味 味

| 味 | 味 | 味 | | | | | |

출제단어
味感미감 : 맛을 느끼는 감각.
甘味감미 : 당분이 있는 것에서 느끼는 맛.
珍味진미 : 음식의 썩 좋은 맛.
別味별미 : 유달리 좋은 맛.

未

아닐 미(:)

총5 | 부 木

나무(木)에서 끝(一)이 뾰족한 부분은 **아직** 덜 자랐다.

동의자 **不** 아닐 불 **否** 아닐 부 **非** 아닐 비 비슷한 한자 **末** 끝 말

4급 II

未 未 未 未 未

| 未 | 未 | 未 | | | | | |

출제단어
未決미결 : 아직 결정하지 못함.
未滿미만 : 정한 수효나 정도에 차지 못함.
未收미수 : 다 거두지 못함.

密

빽빽할 밀

신전 깊숙히 은밀하게 신을 모시는 모습에서 유래했다.

비슷한 한자 **蜜** 꿀 밀

4급 II

密 密 密 密 密 密 密 密 密 密

| 密 | 密 | 密 | | | | | |

출제단어
密告밀고 : 남몰래 넌지시 일러바침.
密林밀림 : 빽빽하게 들어선 수풀.
密語밀어 : 비밀스러운 말.

> 읽기 한자

拍 칠 박
총8 | 부 扌

하얀(白) 손(扌)을 마주치니 손뼉**치다**.

동의자 打 칠 타

출제단어
- 拍車박차 : 말을 탈 때 신 뒤축에 댄 쇠로 된 물건.
- 拍手박수 : 두 손뼉을 마주 치는 것.
- 拍子박자 : 리듬의 근본이 되는 시간적 단위.

4급

博 넓을 박
총12 | 부 十

여러(十) 방면에 걸쳐 널리(尃) 아는 것이니 지식이 **넓다**.

동의자 廣 넓을 광

출제단어
- 博士박사 : 학문이 훌륭한 학자.
- 博識박식 : 견문이 넓어 아는 것이 많음.
- 博愛박애 : 온 사람을 널리 평등하게 사랑함.

4급 II

髮 터럭 발
총15 | 부 髟

달아날 때 길게 휘날리는(犮) 털(髟)이 **머리카락**이다.

동의자 毛 터럭 모

출제단어
- 削髮삭발 : 머리털을 깎음.
- 散髮산발 : 머리를 풀어 헤침.
- 毛髮모발 : 머리카락.

4급

妨 방해할 방
총7 | 부 女

여자(女)의 마음은 모(方)가 나서 **방해하는** 일이 많다.

비슷한 한자 防 막을 방

출제단어
- 妨害방해 : 남의 일에 헤살을 놓아 해를 끼침.
- 無妨무방 : 방해될 게 없음.
- 妨電방전 : 전파를 방해함.

4급

50일 완성 **15**일째

房 방 방
총8 | 부 戶

집(戶)의 한쪽 모서리(方)를 차지한 **방**.
비슷한 한자 屋 집 옥
4급 II

房房房房房房房房

출제단어
房門방문 : 방에 드나드는 문.
冊房책방 : 서점.
房貰방세 : 방을 빌린 세.
房中방중 : 방안.

訪 찾을 방:
총11 | 부 言

좋은 방법(方)을 의논(言)하기 위해 **찾아간다**.
동의자 尋 찾을 심
4급 II

訪訪訪訪訪訪訪訪訪訪

출제단어
訪問방문 : 남을 찾아봄.
毁謗훼방 : 남의 일을 방해함.
誹謗비방 : 남을 헐뜯어 말함.

防 막을 방
총7 | 부 阝

사방(方)을 깎아 세운 언덕(阝)은 적을 **막기** 위해서이다.
동의자 守 지킬 수 衛 지킬 위 반의자 攻 칠 공
4급 II

防防防防防防防

출제단어
豫防예방 : 일어날 일을 미리 대처하여 막는 일.
防音방음 : 소리가 바깥으로 새는 것을 막음. 防犯방범 : 범죄가 생기지 않게 막음.

拜 절 배:
총9 | 부 手

두 손(手)을 맞잡고 머리를 숙여 **절하다**.
4급 II

拜拜拜拜拜拜拜拜拜

출제단어
拜禮배례 : 절하는 예. 절을 함.
歲拜세배 : 정초에 웃어른께 인사로 하는 절.
拜謁배알 : 삼가 찾아 뵈옴.

> 읽기 한자

背

등 배:

총9 | 부 月

사람이 등을 맞댄 모양으로 **등, 등지다**의 의미를 지닌다.

반의자 腹 배 복

4급 II

背背背背背背背背背

출제단어
背反 배반 : 믿음과 의리를 저버리고 돌아감.
背後 배후 : 겉으로 드러나지 않는 뒤편.
背景 배경 : 뒤의 경치.

配

나눌·짝 배:

총10 | 부 酉

사람(己)은 합환주(酉)를 마시고 혼례를 치러야 **짝**이 된다.

동의자 匹 짝 필 伴 짝 반 侶 짝 려

4급 II

配配配配配配配配配配

출제단어
配達 배달 : 물건을 가져다 줌.
配給 배급 : 분배하여 공급함.
配偶 배우 : 부부로서 알맞은 짝.
配匹 배필 : 부부가 될 짝.

伐

칠 벌

총6 | 부 亻

사람(亻)이 연장(戈)을 가지고 풀을 **친다**.

동의자 征 칠 정 討 칠 토

4급 II

伐伐伐伐伐伐

출제단어
伐木 벌목 : 나무를 벰.
伐草 벌초 : 봄, 가을 두 차례 무덤의 잡초를 베는 일.
殺伐 살벌 : 사람을 죽이고 들이침.

罰

벌할 벌

총14 | 부 罒

눈(罒)을 부라리고 칼날(刂) 같은 말(言)로 잘못을 **벌주다**.

동의자 罪 허물 죄   반의자 賞 상줄 상

4급 II

罰罰罰罰罰罰罰罰罰罰罰罰罰罰

출제단어
罰責 벌책 : 처벌하여 꾸짖음.
處罰 처벌 : 형벌에 처함.
罰則 벌칙 : 죄를 범한 자의 처벌 규칙.

50일 완성 **15**일째

犯

범할 범:

총 5 | 부 犭

개(犭)가 사람을 해친다고 해서 널리 해쳐 **범하다**는 뜻을 지닌다.

비슷한 한자 狗 개 구

4급

犯 犯 犯 犯 犯

출제단어
- 犯人 범인 : 죄를 범한 사람.
- 防犯 방범 : 범죄가 생기지 않도록 미리 막음.
- 犯行 범행 : 범죄의 행위.
- 侵犯 침범 : 침노하여 범함.

範

법 범:

총 15 | 부 竹

벼슬아치(㔾)는 책(竹)의 글씨대로 군사(車)를 다스리니 곧 **법**이다.

동의자 規 법 규 律 법칙 률 法 법 법

4급

範 範 範 範 範 範 範 範 範 範 範 範 範 範 範

출제단어
- 模範 모범 : 본받아 배울 만함.
- 範圍 범위 : 테두리가 정해진 구역.
- 示範 시범 : 모범을 보임.
- 文範 문범 : 글의 모범.

壁

벽 벽

총 16 | 부 土

흙(土)으로 바람을 피하기(辟)위해 만든 **벽**.

4급Ⅱ

壁 壁 壁 壁 壁 壁 壁 壁 壁 壁 壁 壁 壁 壁 壁 壁

출제단어
- 壁報 벽보 : 벽에 써 붙여서 알리는 것.
- 盲壁 맹벽 : 창이나 구멍이 없는 벽.
- 城壁 성벽 : 성곽의 벽.
- 滿壁 만벽 : 벽에 가득함.

辯

말씀 변:

총 21 | 부 辛

송사에 말(言)로 답변하니 말(辞)을 잘한다.

동의자 言 말씀 언 語 말씀 어

4급

辯 辯

출제단어
- 辯士 변사 : 연설이나 변설에 능한 사람.
- 辯論 변론 : 옳고 그른 것을 가려서 따짐.
- 辯護 변호 : 남의 이익을 위해 변명함.
- 雄辯 웅변 : 힘차고 거침없는 연설.

> **연습 문제**　　　　　　　　　　　　　50일 완성 **15**일째

1. 다음 漢字語의 讀音을 써 보세요.

   (1) 武藝 (　　　)　　(2) 密閉 (　　　)　　(3) 妨害 (　　　)

   (4) 背景 (　　　)　　(5) 配慮 (　　　)　　(6) 規範 (　　　)

2. 다음 漢字의 음과 訓을 써 보세요.

   (1) 味 (　　　)　　(2) 拍 (　　　)　　(3) 博 (　　　)

   (4) 髮 (　　　)　　(5) 妨 (　　　)　　(6) 訪 (　　　)

3. 다음 漢字의 部首를 쓰세요.

   (1) 密 (　　　)　　(2) 伐 (　　　)　　(3) 拜 (　　　)

4. 다음 漢字語의 讀音을 보고 漢字를 쓰세요.

   (1) 박수(두 손뼉을 마주 침) :

   (2) 모발(사람의 몸에 난 털을 통틀어 이르는 말) :

   (3) 참배(신이나 부처에게 절함) :

   (4) 변론(사리를 밝혀 옳고 그름을 따짐) :

5. 다음 漢字의 반대어를 쓰세요.

   (1) 背 ↔ (　　　)　　(2) 罰 ↔ (　　　)

6. 다음 漢字의 유의어를 쓰세요.

   (1) 博 : (　　　)　　(2) 未 : (　　　)

쓰기 한자 — 50일 완성 16일째

綠 푸를 록	급6 총14 부糸	綠色녹색 綠化녹화 靑綠청록 草綠초록
料 헤아릴 료(:)	급5 총10 부斗	料金요금 料理요리 無料무료 原料원료
流 흐를 류	급5 총10 부氵	流浪유랑 流水유수 流動유동 流通유통
類 무리 류(:)	급5 총19 부頁	類似유사 類型유형 分類분류 種類종류
陸 뭍 륙	급5 총11 부阝	陸路육로 陸地육지 陸上육상 着陸착륙
六 여섯 륙	급8 총4 부八	六甲육갑 六寸육촌 六十육십 六月유월
利 이로울 리:	급6 총7 부刂	利己心이기심 利得이득 便利편리
李 오얏·성 리:	급6 총7 부木	李花이화 桃李도리 大行李대행리
理 다스릴 리:	급6 총11 부王	理論이론 理致이치 地理지리 合理합리
里 마을 리:	급7 총7 부里	里長이장 洞里동리 里程標이정표

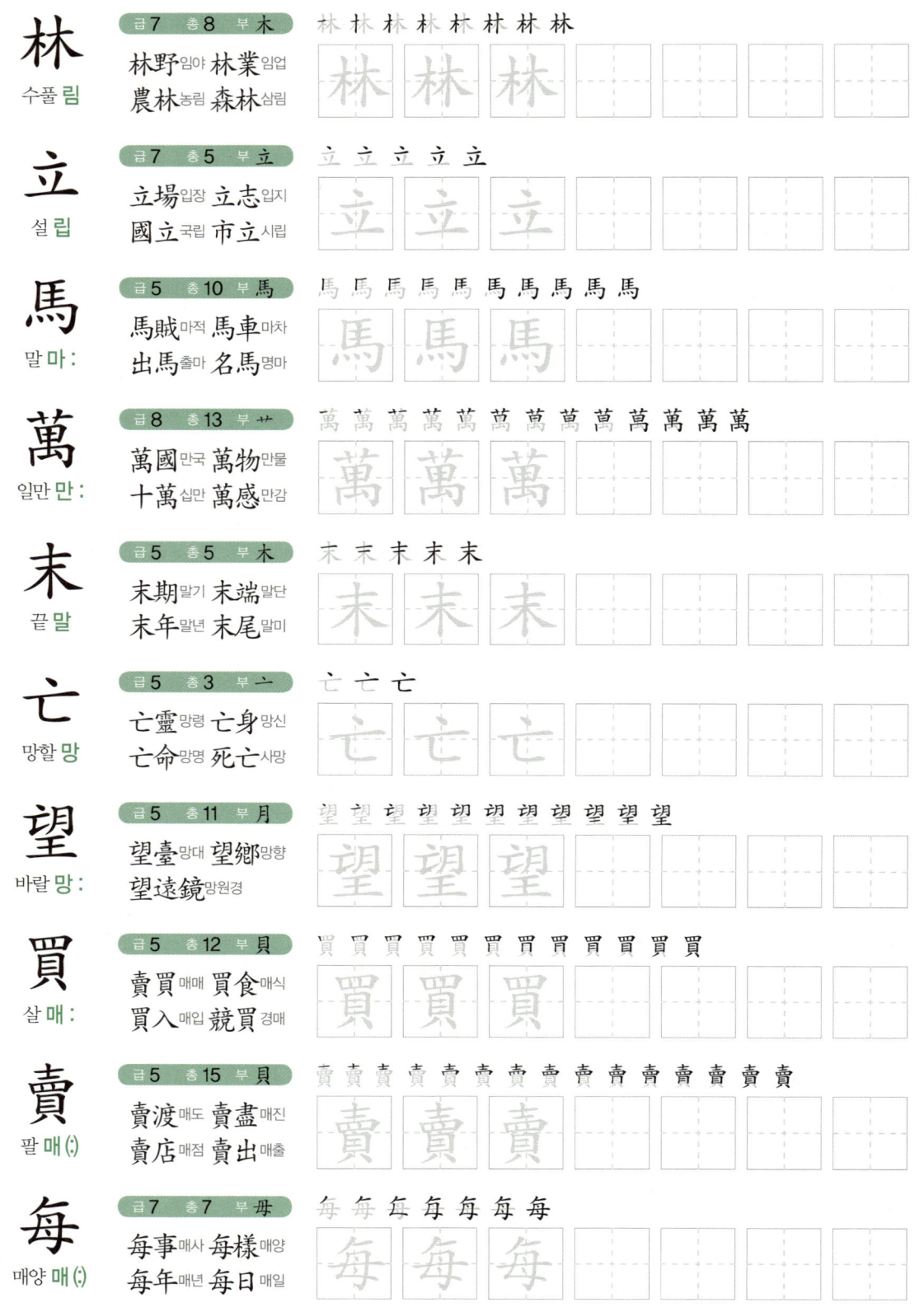

> 연습 문제

50일 완성 **16**일째

1. 다음 漢字語의 讀音을 써 보세요.

   (1) 綠陰 (   )   (2) 流通 (   )   (3) 萬能 (   )

   (4) 利益 (   )   (5) 立法 (   )   (6) 賣盡 (   )

2. 다음 漢字의 음과 訓을 써 보세요.

   (1) 料 (   )   (2) 陸 (   )   (3) 利 (   )

   (4) 理 (   )   (5) 林 (   )   (6) 馬 (   )

3. 다음 漢字의 部首를 쓰세요.

   (1) 陸 (   )   (2) 萬 (   )   (3) 理 (   )

4. 다음 漢字語의 讀音을 보고 漢字를 쓰세요.

   (1) 요리(맛을 돋구어 조리함) :

   (2) 임업(임산물에서 이득을 목적으로 경영하는 사업) :

   (3) 만물(갖가지 수많은 물건) :

   (4) 매국노(나라를 팔아먹는 사람) :

5. 다음 漢字의 반대어를 쓰세요.

   (1) 陸 ↔ (   )   (2) 買 ↔ (   )

6. 다음 漢字의 유의어를 쓰세요.

   (1) 望 : (   )   (2) 理 : (   )

> 읽기 한자

邊
가 변
총 19 | 부 辶

보이지 않는 먼 곳으로 가서(辶) **변방**을 지킨다.

4급Ⅱ

邊 邊 邊 邊 邊 邊 邊 邊 邊 邊 邊 邊 邊 邊 邊
邊 邊 邊

출제단어
周邊 주변 : 둘레의 언저리.
江邊 강변 : 강의 주변.
海邊 해변 : 바닷가.
路邊 노변 : 길가.

普
넓을 보:
총 12 | 부 日

해(日)가 평평히(並) 퍼져 **두루** 비친다.

비슷한 한자 晉 진나라 진

4급

普 普 普 普 普 普 普 普 普 普 普
普 普 普

출제단어
普及 보급 : 널리 미침.
普遍 보편 : 모든 것에 두루 미치거나 통함.
普通 보통 : 예사로운 것.

保
지킬 보(:)
총 9 | 부 亻

어른(亻)이 아이를 지키고(呆) 보살핀다는 데서 **보전**한다는 의미를 지닌다.

비슷한 한자 條 가지 조

4급Ⅱ

保 保 保 保 保 保 保 保 保
保 保 保

출제단어
保健 보건 : 건강을 지켜 나가는 일.
保障 보장 : 일이 잘 되도록 보호하거나 뒷받침함.
保護 보호 : 잘 보살피고 지킴.
確保 확보 : 확실히 보유함.

報
갚을·알릴 보:
총 12 | 부 土

죄를 짓고(幸) 다스림을 받은(服) 사람이 원수를 **갚다**.

비슷한 한자 服 옷 복

4급Ⅱ

報 報 報 報 報 報 報 報 報 報 報
報 報 報

출제단어
報道 보도 : 신문 따위의 뉴스.
報告 보고 : 일러바치거나 알림.
報恩 보은 : 은혜를 갚음.
速報 속보 : 빨리 알리는 것.

50일 완성 17일째

寶
보배 보:
총20 | 부 宀

집(宀) 안에 있는 구슬(玉)과 재물(貝)을 그릇(缶)에 담아 간수하니 **보배**이다.

[동의자] 珍 보배 진

4급Ⅱ

출제단어
- 寶物 보물 : 보배로운 물건.
- 寶石 보석 : 귀중한 광물.
- 寶位 보위 : 임금의 자리.
- 國寶 국보 : 나라의 보배로 정한 물체.

步
걸음 보:
총7 | 부 止

양발(止)로 조금씩(少) 옮기는 것이 **걸음**이다.

[비슷한 한자] 涉 건널 섭

4급Ⅱ

출제단어
- 步兵 보병 : 걸어 다니며 전투하는 병사.
- 步幅 보폭 : 발자국과 발자국 사이의 거리.
- 步哨 보초 : 감시의 임무를 맡은 사병.
- 闊步 활보 : 활개치고 걷는 걸음.

伏
엎드릴 복
총6 | 부 亻

개(犬)가 주인(亻) 앞에서 숨을 죽이고 **엎드려** 있다.

[동의자] 屈 굽힐 굴 [반의자] 起 일어날 기 [비슷한 한자] 休 쉴 휴

4급

출제단어
- 伏兵 복병 : 요긴한 목에 군사를 숨겨 두었다가 불시에 내치는 군사.
- 伏拜 복배 : 엎드려 절함.
- 屈伏 굴복 : 머리를 굽혀 꿇어 엎드림.

複
겹칠 복
총14 | 부 衤

옷(衤) 속에 옷을 거듭(復) 입으니 **겹쳐** 입는다.

[반의자] 單 홑 단

4급

출제단어
- 複線 복선 : 둘 이상을 나란히 부설한 선.
- 複合 복합 : 두 가지 이상이 거듭하여 합침.
- 複利 복리 : 이자에 이자가 붙음.
- 複式 복식 : 둘 이상으로 겹치는 방식.

> 읽기 한자

復 회복할 복 / 다시 부:
총 12 | 부 彳

가던(彳) 길을 되돌아가니(夊) **다시 돌아오는** 것이다.

`비슷한 한자` 腹 배 복

4급Ⅱ

復復復復復復復復復復復

`출제 단어`
復習복습 : 한 번 배운 것을 다시 익혀 공부함.
復活부활 : 죽었다가 다시 살아남.
復歸복귀 : 본래의 상태로 되돌아감.
反復반복 : 같은 일을 되풀이 함.

否 아닐 부:
총 7 | 부 口

아니라고(不) 말하니(口) **부정하는** 것이다.

`동의자` 非 아닐 비 `반의자` 可 옳을 가

4급

否否否否否否否

`출제 단어`
否定부정 : 아니라고 함.
否認부인 : 그렇지 않다고 보거나 주장함.
拒否權거부권 : 거부할 수 있는 권리.

負 질 부:
총 9 | 부 貝

사람(人)이 재물(貝)을 빌리면 **빚**이 된다.

4급

負負負負負負負負負

`출제 단어`
負傷부상 : 상처를 입음.
自負心자부심 : 자부하는 마음.
負債부채 : 남에게 진 빚.
抱負포부 : 마음 속에 지닌 계획.

副 버금 부:
총 11 | 부 刂

술(畐)을 나누어(刂) 지신께 제사 지냄은 종묘사직에 지내는 제사에 **버금**간다.

`동의자` 次 버금 차 `비슷한 한자` 福 복 복

4급Ⅱ

副副副副副副副副副副副

`출제 단어`
副賞부상 : 상장과 정식 상품 외에 따로 주는 상품.
副食부식 : 주식에 딸려 먹게 되는 음식물.
副應부응 : 무엇에 쫓아서 응함.

50일 완성 **17**일째

婦 며느리 부
총 11 | 부 女

빗자루(帚)를 들고 있는 여자(女)는 **며느리**이다.

반의자 姑 시어미 고   비슷한 한자 掃 쓸 소

4급 II

출제단어
- 婦德부덕 : 여자가 지켜야 할 옳은 도리.
- 婦人부인 : 결혼한 여자.
- 婦女子부녀자 : 부인. 일반 여자.
- 孝婦효부 : 효행이 있는 며느리.

富 부유할 부:
총 12 | 부 宀

집(宀) 안에 재물이 가득(畐) 차 있으니 **부유하다**.

동의자 裕 넉넉할 유   반의자 貧 가난할 빈

4급 II

출제단어
- 富者부자 : 재산이 많은 사람.
- 富貴榮華부귀영화 : 부귀와 영화.
- 富村부촌 : 살기가 넉넉한 마을.
- 甲富갑부 : 첫째 가는 부자.

府 마을·관청 부(:)
총 8 | 부 广

큰 집(广)이 여럿 붙어(付) 있으니 **관청**이다.

동의자 廳 관청 청   衙 마을 아   비슷한 한자 附 붙을 부

4급 II

출제단어
- 府庫부고 : 문서나 재물을 넣어두는 창고.
- 政府정부 : 통치권을 행사하는 기관.

憤 분할 분:
총 15 | 부 忄

마음(忄)이 끓어오르니(賁) **성난** 것이다.

동의자 怒 노할 노   慨 슬퍼할 개

4급

출제단어
- 憤激분격 : 몹시 분하여 성을 냄.
- 憤痛분통 : 몹시 분하여 마음이 아픔.
- 憤怒분노 : 분하여 몹시 성을 냄.
- 憤敗분패 : 분하게 짐.

> 읽기 한자

50일 완성 **17**일째

粉
가루 **분(:)**

총10 | 부 米

쌀(米)을 쪼개서 나누면(分) **가루**가 된다.

비슷한 한자 紛 어지러울 분

粉 粉 粉 粉 粉 粉 粉 粉 粉 粉

4급

출제 단어
粉筆분필 : 칠판에 글을 쓰는 필기구.
粉塵분진 : 티끌.
粉乳분유 : 가루 우유.
粉紅분홍 : 흰 빛이 섞인 붉은 빛.

佛
부처 **불**

총7 | 부 亻

사람(亻)이 아니면서(弗) 사람과 흡사한 형상이 **부처**이다.

비슷한 한자 拂 떨칠 불

佛 佛 佛 佛 佛 佛 佛

4급Ⅱ

출제 단어
佛經불경 : 불교의 경문.
念佛염불 : 부처의 모습이나 그 공덕을 생각하면서 부처의 이름을 외는 일.
佛心불심 : 부처처럼 착한 마음.

批
비평할 **비:**

총7 | 부 扌

손(扌)으로 한 일을 견주어(比) 보며 **비평한다**.

동의자 評 평할 평

批 批 批 批 批 批 批

4급

출제 단어
批難비난 : 남의 잘못을 꾸짖음.
批評비평 : 좋고 나쁨을 갈라 말함.
批判비판 : 비평하여 판정함.

碑
비석 **비**

총13 | 부 石

돌(石)을 낮고(卑) 평평하게 다듬어 세운 것이 **비석**이다.

비슷한 한자 卑 낮을 비

碑 碑 碑 碑 碑 碑 碑 碑 碑 碑

4급

출제 단어
碑文비문 : 비석에 새긴 글.
詩碑시비 : 시를 새긴 비석.
碑石비석 : 석조로 된 빗돌.
碑銘비명 : 비석에 새긴 글.

> 연습 문제

50일 완성 **17**일째

1. 다음 漢字語의 讀音을 써 보세요.

   (1) 周邊 (   )   (2) 保護 (   )   (3) 複雜 (   )

   (4) 憤痛 (   )   (5) 粉乳 (   )   (6) 批評 (   )

2. 다음 漢字의 음과 訓을 써 보세요.

   (1) 報 (   )   (2) 步 (   )   (3) 伏 (   )

   (4) 復 (   )   (5) 否 (   )   (6) 負 (   )

3. 다음 漢字의 部首를 쓰세요.

   (1) 富 (   )   (2) 複 (   )   (3) 粉 (   )

4. 다음 漢字語의 讀音을 보고 漢字를 쓰세요.

   (1) 보통(흔히 볼 수 있어 평범함) :

   (2) 부귀(재산이 많고 지위가 높음) :

   (3) 신부(갓 결혼하였거나 결혼하는 여자) :

   (4) 보물(보배로운 물건) :

5. 다음 漢字의 반대어를 쓰세요.

   (1) 富 ↔ (   )   (2) 婦 ↔ (   )

6. 다음 漢字의 유의어를 쓰세요.

   (1) 寶 : (   )   (2) 批 : (   )

> 쓰기 한자

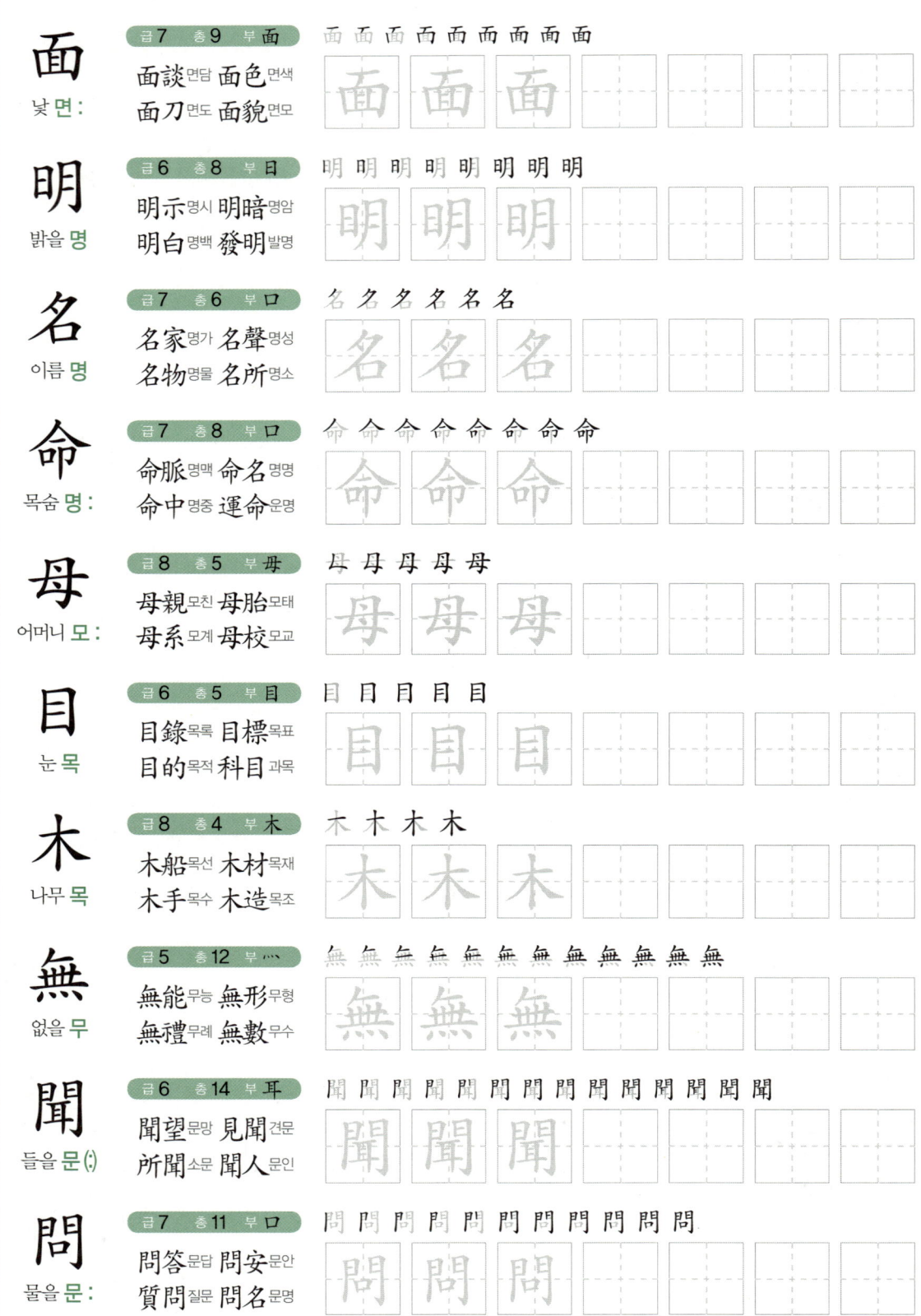

50일 완성 **18**일째

한자	급/총/부	예시	쓰기
文 글월 문	급 7 총 4 부 文	文盲문맹 文學문학 文身문신 漢文한문	文 文 文 文
門 문 문	급 8 총 8 부 門	門前문전 大門대문 門中문중 門物문물	門 門 門 門 門 門 門
物 물건 물	급 7 총 8 부 牛	物理물리 物慾물욕 物件물건 財物재물	物 物 物 物 物 物 物
米 쌀 미	급 6 총 6 부 米	米色미색 米飮미음 白米백미 米泔미감	米 米 米 米 米 米
美 아름다울 미(ː)	급 6 총 9 부 羊	美談미담 美德미덕 美人미인 美術미술	美 美 美 美 美 美 美 美 美
民 백성 민	급 8 총 5 부 氏	民家민가 民衆민중 民心민심 農民농민	民 民 民 民 民
朴 순박할·성 박	급 6 총 6 부 木	淳朴순박 素朴소박 質朴질박 朴氏박씨	朴 朴 朴 朴 朴 朴
半 반 반ː	급 6 총 5 부 十	半面반면 半額반액 半切반절 折半절반	半 半 半 半 半
反 돌아올·돌이킬 반ː	급 6 총 4 부 又	反擊반격 反共반공 反省반성 背反배반	反 反 反 反
班 나눌 반	급 6 총 10 부 王	班白반백 班長반장 武班무반 兩班양반	班 班 班 班 班 班 班 班

> 연습 문제　　　　　　　　　　　　　　　50일 완성 18일째

1. 다음 漢字語의 讀音을 써 보세요.

　(1) 面接 (　　　)　　(2) 母乳 (　　　)　　(3) 風聞 (　　　)

　(4) 物質 (　　　)　　(5) 米穀 (　　　)　　(6) 內務班 (　　　)

2. 다음 漢字의 음과 訓을 써 보세요.

　(1) 明 (　　　)　　(2) 問 (　　　)　　(3) 文 (　　　)

　(4) 物 (　　　)　　(5) 米 (　　　)　　(6) 美 (　　　)

3. 다음 漢字의 部首를 쓰세요.

　(1) 聞 (　　　)　　(2) 美 (　　　)　　(3) 民 (　　　)

4. 다음 漢字語의 讀音을 보고 漢字를 쓰세요.

　(1) 명제(시문 따위의 글에 제목을 정함. 또는 그 제목) :

　(2) 문학(사상이나 감정을 언어로 표현한 예술) :

　(3) 미식가(음식에 대하여 특별한 기호를 가진 사람) :

　(4) 민족(일정한 지역에서 동안 공동생활을 하면서 언어와 문화상의 공통성에 기초하여 역사적으로 형성된 사회 집단) :

5. 다음 漢字의 반대어를 쓰세요.

　(1) 班 ↔ (　　　)　　(2) 明 ↔ (　　　)

6. 다음 漢字의 유의어를 쓰세요.

　(1) 文 : (　　　)　　(2) 木 : (　　　)

> 읽기 한자

50일 완성 **19**일째

祕
숨길 비:
총10 | 부 示

소중한 물건은 남이 볼(示) 수 없게 반드시(必) **숨겨야** 한다.

4급

祕 祕 祕 祕 祕 祕 祕 祕 祕

출제 단어
祕密비밀 : 숨기고 남에게 공개하지 않음. 祕方비방 : 비법.
神祕신비 : 보통 이론과 인식을 초월한 일.

備
갖출 비:
총12 | 부 亻

무사(亻)는 화살을 늘 화살 통에 **갖추고** 있다.

4급Ⅱ

동의자 具 갖출 구 該 갖출 해

備 備 備 備 備 備 備 備 備 備

출제 단어
備置비치 : 갖추어 마련해 둠.   備品비품 : 비치하는 물품.
備蓄비축 : 미리 장만하여 모아 둠.

悲
슬플 비:
총12 | 부 心

마음(心)이 기쁘지 아니하니(非) **슬프다**.

4급Ⅱ

동의자 哀 슬플 애 **반의자** 喜 기쁠 희 歡 기쁠 환

悲 悲 悲 悲 悲 悲 悲 悲 悲 悲 悲

출제 단어
悲感비감 : 슬프게 느껴짐.   悲話비화 : 슬픈 이야기.
喜悲희비 : 기쁨과 슬픔.

非
아닐 비(:)
총8 | 부 非

새의 날개가 좌우로 나누어져 반대로 된 모양을 본뜬 글자이다.

4급Ⅱ

동의자 否 아닐 부 **반의자** 是 옳을 시

非 非 非 非 非 非 非 非

출제 단어
非情비정 : 인간다운 정을 가지지 못함.   非行비행 : 그릇된 짓.
非難비난 : 남의 잘못을 책잡아서 나쁘게 말함.   是非시비 : 잘잘못.

> 읽기 한자

飛 날 비
총 9 | 부 飛
4급 II

새가 날개를 좌우로 편 모양을 나타낸 글자이다.

飛飛飛飛飛飛飛飛飛

출제단어
飛禽비금 : 날짐승.
飛上비상 : 날아오름.
飛躍비약 : 상태가 갑자기 향상, 발전함.
飛虎비호 : 용맹스럽고 날래다는 비유.

貧 가난할 빈
총 11 | 부 貝
4급 II

돈이나 재물(貝)을 나누면(分) 적어져서 **가난하게** 된다.

동의자 窮 궁할 궁 困 곤할 곤 반의자 富 부자 부 비슷한 한자 貪 탐할 탐

貧貧貧貧貧貧貧貧貧貧貧

출제단어
貧民빈민 : 가난한 백성.
貧困빈곤 : 가난하여 살기 어려움.
貧富빈부 : 가난과 넉넉함.
極貧극빈 : 몹시 가난함.

射 쏠 사(:)
총 10 | 부 寸
4급

법도(寸)를 갖춘 자세(身)로 활을 **쏘아야** 한다.

射射射射射射射射射射

출제단어
射殺사살 : 쏘아 죽임.
射擊사격 : 총, 대포 따위를 쏨.
射手사수 : 활, 총을 쏘는 사람.
發射발사 : 총포, 활 따위를 쏨.

私 사사 사
총 7 | 부 禾
4급

곡식(禾)을 자기(厶)만 가지려는 것은 **사사로운** 욕심이다.

반의자 公 공평할 공

私私私私私私私

출제단어
私感사감 : 사사로운 감정.
私見사견 : 개인적인 혼자의 생각.
私談사담 : 사사로이 하는 말.
無私무사 : 사심이 없이 공평함.

50일 완성 **19**일째

絲
실 **사**
총 12 | 부 糸
4급

누에고치에서 나온 줄(糸)이 겹쳐(糸) **실**이 되었다.

출제단어
毛絲모사 : 털실.
銀絲은사 : 거죽에 은을 얇게 입힌 실.
生絲생사 : 삶지 않은 명주실.
鐵絲철사 : 가늘고 길게 만든 금속의 줄.

辭
말씀 **사**
총 19 | 부 辛
4급

죄 지은 사람(辛)을 다스릴(𤔔) 때는 **말**로 다스려야 한다.

동의자 語 말씀 어　說 말씀 설　言 말씀 언

출제단어
辭意사의 : 사임할 의사.
辭任사임 : 맡아보던 책임을 그만두고 물러남.
答辭답사 : 회답하는 말.
辭讓사양 : 양보함.

寺
절 **사** / 관청 **시:**
총 6 | 부 寸
4급 II

법도(寸)에 따라 일하는 곳(土)이 **절, 관청**이다.

동의자 刹 절 찰　**비슷한 한자** 侍 모실 시

출제단어
寺畓사답 : 절에 딸린 논밭.
內寺내사 : 궁궐 안에서 불도를 닦던 집.
寺院사원 : 절. 사찰.
山寺산사 : 산 속에 있는 절.

師
스승 **사**
총 10 | 부 巾
4급 II

많은 사람이 둘러선(帀) 곳에서 가르치는 **스승**이다.

비슷한 한자 帥 장수 수

출제단어
師事사사 : 스승으로 섬기며 가르침을 받음.
師傅사부 : 스승.
師恩사은 : 스승의 은혜.
教師교사 : 학술을 가르치는 선생.

> 읽기 한자

舍 집 사
총8 | 부 舌

사람(人)이 말(舌)을 하며 살아가는 곳이니 **집**이다.

동의자 館 집 관 屋 집 옥 堂 집 당

4급Ⅱ

舍舍舍舍舍舍舍舍

출제단어
舍宅사택 : 단체나 기관에서 직원을 위해 마련한 집.
館舍관사 : 관리가 살도록 관청에서 지은 집.   舍監사감 : 기숙사 감독.

謝 사례할 사:
총17 | 부 言

활을 쏘듯(射) 말(言)을 딱 잘라 **거절하며** 사과의 말을 하다.

비슷한 한자 射 쏠 사

4급Ⅱ

謝謝謝謝謝謝謝謝謝謝謝謝謝謝謝謝謝

출제단어
謝絶사절 : 요구를 받아들이지 않는 것.   謝罪사죄 : 죄를 사과함.
謝過사과 : 잘못에 대하여 용서를 빎.   厚謝후사 : 두둑하게 사례함.

散 흩을 산:
총12 | 부 攵

고기(月)를 힘써(攵) 잘라 여러 조각을 내니 **흩어져** 있다.

동의자 解 풀 해 반의자 集 모을 집 會 모일 회

4급

散散散散散散散散散散散散

출제단어
散步산보 : 바람을 쐬기 위하여 거닒.   散在산재 : 이곳저곳 흩어져 있음.
散策산책 : 이리저리 걸어 다님.   散髮산발 : 머리를 풀어 헤침.

殺 죽일 살 / 감할 쇄:
총11 | 부 殳

몽둥이(殳)로 죽일 듯이 치니 **죽였다**.

반의자 生 날 생 活 살 활

4급

殺殺殺殺殺殺殺殺殺殺殺

출제단어
殺傷살상 : 죽이고 상처를 입힘.   相殺상쇄 : 둘이 서로 비김.
自殺자살 : 자기 목숨을 스스로 끊어서 죽음.   殺到쇄도 : 세차게 몰려듦.

50일 완성 **19**일째

傷 다칠 상
총 13 | 부 亻 | 4급

사람(亻)이 상처(瘍)가 났으니 **다친** 것이다.
동의자: 害 해할 해

傷傷傷傷傷傷傷傷傷傷傷

출제단어:
傷害 상해 : 남의 몸에 상처를 내어 해를 입힘.
重傷 중상 : 심한 부상.
傷處 상처 : 몸의 다친 자리.

象 코끼리 상
총 12 | 부 豕 | 4급

코끼리의 코와 이빨과 몸통을 본뜬 글자이다.
비슷한 한자: 像 모양 상

象象象象象象象象象象

출제단어:
象牙 상아 : 코끼리의 윗턱에 뻗은 두 개의 앞니.
象徵 상징 : 말로는 설명하기 힘든 추상.
象形 상형 : 사물의 형상을 본뜸.

常 떳떳할·항상 상
총 11 | 부 巾 | 4급Ⅱ

천(巾)으로 고상하게(尙) 옷을 만들어 **항상** 입고 있다.
동의자: 恒 항상 항

常常常常常常常常常常常

출제단어:
常例 상례 : 두루 많이 있는 사례.
常識 상식 : 공통의 지식.
正常 정상 : 바르고 떳떳함.

床 평상 상
총 7 | 부 广 | 4급Ⅱ

집(广) 안에서 나무(木)로 만든 **평상**에 앉는다.

床床床床床床床

출제단어:
寢床 침상 : 누워 잘 수 있게 만든 평상.
平床 평상 : 나무로 만든 침상.
冊床 책상 : 읽고 쓸 때 받치고 쓰는 상.
交子床 교자상 : 큰 음식상.

> 연습 문제   50일 완성 **19**일째

1. 다음 漢字語의 讀音을 써 보세요.

   (1) 祕密 (   )   (2) 悲觀 (   )   (3) 發射 (   )

   (4) 辭退 (   )   (5) 象牙塔 (   )   (6) 謝禮 (   )

2. 다음 漢字의 음과 訓을 써 보세요.

   (1) 備 (   )   (2) 非 (   )   (3) 絲 (   )

   (4) 私 (   )   (5) 舍 (   )   (6) 散 (   )

3. 다음 漢字의 部首를 쓰세요.

   (1) 床 (   )   (2) 殺 (   )   (3) 師 (   )

4. 다음 漢字語의 讀音을 보고 漢字를 쓰세요.

   (1) 빈곤(가난하여 살기가 어려움) :

   (2) 상처(몸을 다쳐서 부상을 입은 자리) :

   (3) 책상(앉아서 책을 읽거나 할 때에 앞에 놓고 쓰는 상) :

   (4) 사표(학식과 덕행이 높아 남의 모범이 될 만한 인물) :

5. 다음 漢字의 반대어를 쓰세요.

   (1) 貧 ↔ (   )   (2) 悲 ↔ (   )

6. 다음 漢字의 유의어를 쓰세요.

   (1) 床 : (   )   (2) 貧 : (   )

> 쓰기 한자 50일 완성 **20**일째

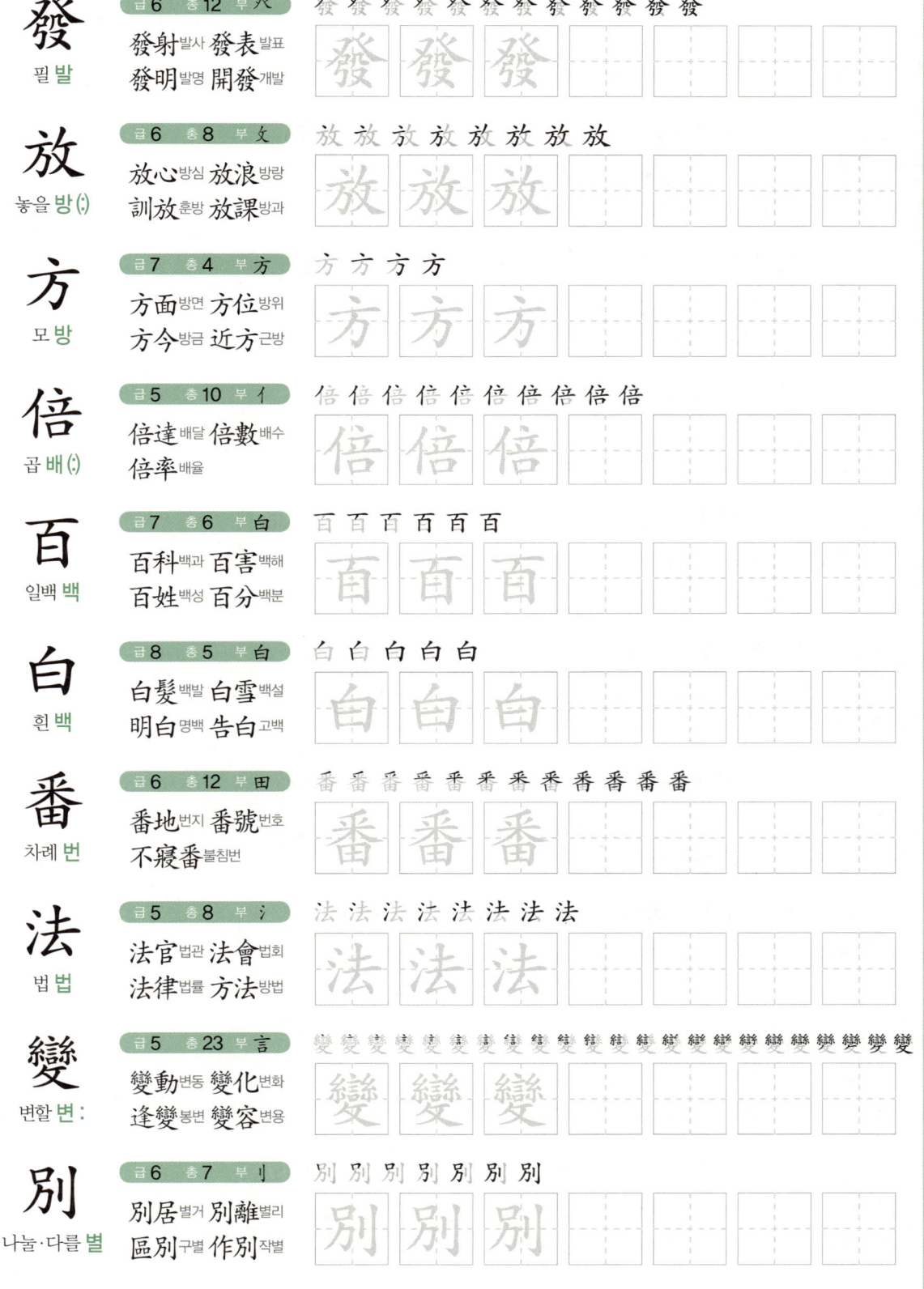

發 필 발	급6 총12 부癶	發射발사 發表발표 / 發明발명 開發개발
放 놓을 방(:)	급6 총8 부攵	放心방심 放浪방랑 / 訓放훈방 放課방과
方 모 방	급7 총4 부方	方面방면 方位방위 / 方今방금 近方근방
倍 곱 배(:)	급5 총10 부亻	倍達배달 倍數배수 / 倍率배율
百 일백 백	급7 총6 부白	百科백과 百害백해 / 百姓백성 百分백분
白 흰 백	급8 총5 부白	白髮백발 白雪백설 / 明白명백 告白고백
番 차례 번	급6 총12 부田	番地번지 番號번호 / 不寢番불침번
法 법 법	급5 총8 부氵	法官법관 法會법회 / 法律법률 方法방법
變 변할 변:	급5 총23 부言	變動변동 變化변화 / 逢變봉변 變容변용
別 나눌·다를 별	급6 총7 부刂	別居별거 別離별리 / 區別구별 作別작별

> 쓰기 한자

50일 완성 **20**일째

한자	급수/총획/부수	예시 단어	쓰기
兵 군사 **병**	급 5 총 7 부 八	兵力병력 兵士병사 兵役병역 強兵강병	兵兵兵兵兵兵兵
病 병 **병:**	급 6 총 10 부 疒	病菌병균 病院병원 病室병실 問病문병	病病病病病病病病病病
福 복 **복**	급 5 총 14 부 示	福券복권 幸福행복 祝福축복 起福기복	福福福福福福福福福福福
服 옷 **복**	급 6 총 8 부 月	服從복종 衣服의복 旣成服기성복	服服服服服服服
本 근본 **본**	급 6 총 5 부 木	本能본능 根本근본 本來본래 日本일본	本本本本本
奉 받들 **봉**	급 5 총 8 부 大	奉養봉양 奉仕봉사 信奉신봉 參奉참봉	奉奉奉奉奉奉奉奉
部 떼·거느릴 **부**	급 6 총 11 부 阝	部類부류 部署부서 部品부품 本部본부	部部部部部部部部部部
夫 지아비 **부**	급 7 총 4 부 大	夫君부군 夫婦부부 夫人부인 人夫인부	夫夫夫夫
父 아버지 **부**	급 8 총 4 부 父	父親부친 父系부계 父母부모 神父신부	父父父父
北 북녘 **북**/달아날 **배**	급 8 총 5 부 匕	北極북극 敗北패배 越北월북 北魚북어	北北北北北

> ## 연습 문제

50일 완성 **20**일째

1. 다음 漢字語의 讀音을 써 보세요.

(1) 發展 (　　　)　　(2) 倍數 (　　　)　　(3) 法律 (　　　)

(4) 病院 (　　　)　　(5) 本能 (　　　)　　(6) 北極 (　　　)

2. 다음 漢字의 음과 訓을 써 보세요.

(1) 放 (　　　)　　(2) 發 (　　　)　　(3) 百 (　　　)

(4) 倍 (　　　)　　(5) 法 (　　　)　　(6) 變 (　　　)

3. 다음 漢字의 部首를 쓰세요.

(1) 法 (　　　)　　(2) 病 (　　　)　　(3) 北 (　　　)

4. 다음 漢字語의 讀音을 보고 漢字를 쓰세요.

(1) 백성(나라의 근본을 이루는 일반 국민을 예스럽게 이르는 말) :

(2) 병환(병의 높임말) :

(3) 복종(남의 명령이나 의사를 그대로 따라서 좇음) :

(4) 숙부(작은아버지) :

5. 다음 漢字의 반대어를 쓰세요.

(1) 白 ↔ (　　　)　　(2) 夫 ↔ (　　　)

6. 다음 漢字의 유의어를 쓰세요.

(1) 變 : (　　　)　　(2) 服 : (　　　)

> 읽기 한자

想 생각할 상:
총 13 | 부 心

서로(相) 마주 보듯이 마음(心) 속으로 상대방을 **생각하다**.

동의자 思 생각 사　考 생각할 고　慮 생각 려

4급 II

출제 단어
- 想念상념 : 마음에 떠오른 생각.
- 回想회상 : 지난 일을 돌이켜 생각함.
- 感想감상 : 느낀 생각. 소감.
- 發想발상 : 어떤 일을 생각해 내는 것.

狀 형상 상 / 문서 장:
총 8 | 부 犬

널판 조각(爿)으로 만든 개(犬)집의 **모양**은 집과 같다.

비슷한 한자 壯 장할 장

4급 II

출제 단어
- 狀態상태 : 현재의 모양이나 형편.
- 情狀정상 : 있는 그대로의 상태.
- 令狀영장 : 명령의 뜻을 적은 문서.
- 答狀답장 : 회답하여 보내는 편지.

宣 베풀 선
총 9 | 부 宀

집(宀)마다 모두 뻗치니(亘) **베풀다**.

비슷한 한자 宜 마땅 의

4급

출제 단어
- 宣誓선서 : 성실할 것을 맹세함.
- 宣言선언 : 일방적 의사표시.
- 宣布선포 : 널리 펴서 알림.
- 宣傳선전 : 널리 인식시킴.

舌 혀 설
총 6 | 부 舌

입(口)으로 천(千)가지 일을 하는 것은 **혀**로 하는 말이다.

비슷한 한자 活 살 활

4급

출제 단어
- 舌戰설전 : 말다툼.
- 口舌數구설수 : 구설을 듣게 되는 운수.
- 舌禍설화 : 말로 인해 입는 화.
- 毒舌독설 : 남을 해치는 말.

50일 완성 21일째

設 베풀 설
총 11 | 부 言 | 4급 II

열심히 하도록 말(言)로 지시하고 타이르니 **베풀다**.

비슷한 한자: 說 말씀 설

設設設設設設設設設設設

출제단어:
- 設立 설립 : 베풀어 세움.
- 設令 설령 : 가령. 그렇다고 하더라도.
- 設置 설치 : 베풀어 놓음.
- 設計 설계 : 계획하여 세움.

城 재 성
총 10 | 부 土 | 4급 II

나라를 위해 흙(土)을 쌓아 이룬(成) 것이 **성**이다.

비슷한 한자: 誠 정성 성, 成 이룰 성

城城城城城城城城城城

출제단어:
- 城郭 성곽 : 내성과 외성의 전부. 성의 둘레.
- 守城 수성 : 산성을 지킴.
- 城門 성문 : 성의 출입구에 만든 문.

星 별 성
총 9 | 부 日 | 4급 II

해(日)가 진 뒤에 나오는(生) 것은 **별**이다.

동의자: 辰 별 진

星星星星星星星星

출제단어:
- 星座 성좌 : 별 위치를 표시하는 성군의 구역.
- 占星術 점성술 : 하늘의 별을 보고 점치는 복술의 한 가지.
- 流星 유성 : 별똥별 운성.

盛 성할 성:
총 12 | 부 皿 | 4급 II

그릇(皿)에 음식을 만들어(成) 담으니 **성대하다**.

비슷한 한자: 成 이룰 성

盛盛盛盛盛盛盛盛盛盛盛

출제단어:
- 盛大 성대 : 성하고 큼.
- 盛業 성업 : 사업이 잘됨.
- 盛行 성행 : 매우 성하게 유행함.
- 全盛期 전성기 : 한창 왕성한 때.

> 읽기 한자

聖
성인 성: | 총 13 | 부 耳 | 4급 II

귀(耳)가 밝고 옳은 말(口)을 하는 큰(壬) 뜻을 가진 사람은 **성인**이다.

비슷한 한자 取 취할 취

출제단어:
- 聖經성경 : 성인의 말씀을 엮은 경전.
- 聖職者성직자 : 종교적 직분을 맡은 교역자.
- 聖德성덕 : 가장 뛰어난 지덕.
- 詩聖시성 : 역사상 위대한 시인.

聲
소리 성 | 총 17 | 부 耳 | 4급 II

작은 소리(殸)라도 귀(耳)를 기울이면 **소리**가 들린다.

동의자 音 소리 음

출제단어:
- 聲帶성대 : 후두의 중앙부에 있는 발성 기관.
- 高聲고성 : 높은 소리.
- 聲優성우 : 목소리로 연기하는 배우.
- 發聲발성 : 소리를 냄.

誠
정성 성 | 총 14 | 부 言 | 4급 II

말한(言)대로 꼭 이루려면(成) **정성**이 필요하다.

비슷한 한자 城 재 성　試 시험 시

출제단어:
- 誠金성금 : 성의로 낸 돈.
- 誠實성실 : 정성스럽게 참되어 거짓이 없음.
- 精誠정성 : 온갖 성의를 다하려는 마음.

勢
형세 세: | 총 13 | 부 力 | 4급 II

힘차게(力) 심은 나무가 자라는 모습이 **기세**가 좋다.

동의자 權 권세 권

출제단어:
- 勢力세력 : 권세의 힘.
- 優勢우세 : 남보다 나은 형세.
- 勢道세도 : 권세를 장악함.

50일 완성 21일째

稅 세금 세:
총12 | 부 禾

벼(禾)를 거두어 탈곡하여(兌) **조세**를 바친다.

4급Ⅱ

동의자 租 조세 조   비슷한 한자 脫 벗을 탈

稅 稅 稅 稅 稅 稅 稅 稅 稅 稅 稅 稅

출제단어
- 稅金세금 : 조세로 바치는 돈.
- 免稅면세 : 조세를 면제함.
- 稅率세율 : 세금을 매기는 비율.
- 國稅廳국세청 : 국유재산을 관리하는 관청.

細 가늘 세:
총11 | 부 糸

밭(田)에서 기른 목화의 실(糸)은 **가늘고** 섬세하다.

4급Ⅱ

동의자 微 작을 미

細 細 細 細 細 細 細 細 細

출제단어
- 細部세부 : 자세한 부분.
- 細筆세필 : 잔글씨를 쓰는 굵기가 가느다란 붓.
- 細心세심 : 주의 깊게 마음을 씀.

掃 쓸 소(:)
총11 | 부 扌

손(扌)에 빗자루(帚)를 들고 **쓰는** 것이 청소이다.

4급Ⅱ

동의자 蕩 쓸어버릴 탕   비슷한 한자 婦 며느리 부

掃 掃 掃 掃 掃 掃 掃 掃 掃

출제단어
- 掃射소사 : 기관총 등을 휘둘러 잇달아 쏨.
- 一掃일소 : 모조리 쓸어버림.
- 掃除소제 : 쓸어서 깨끗하게 함.

笑 웃을 소:
총10 | 부 竹

대나무(竹)로 만든 피리 소리가 예뻐(夭) 사람들이 **웃는다**.

4급Ⅱ

반의자 哭 울 곡   泣 울 읍

笑 笑 笑 笑 笑 笑 笑 笑 笑 笑

출제단어
- 笑談소담 : 웃으며 이야기 함.
- 可笑가소 : 어처구니없음.
- 微笑미소 : 소리를 내지 않고 빙긋이 웃는 웃음.
- 爆笑폭소 : 폭발하듯 갑자기 웃는 웃음.

> 읽기 한자

50일 완성 **21**일째

素
본디·흴 **소(ː)**

총 10 | 부 糸

실(糸)을 빼면(主) **흰 바탕**이 된다.

동의자 朴 성·소박할 박

4급 II

출제단어
素質 소질 : 어떤 일에 적합한 재질.
儉素 검소 : 치레하지 않고 수수함.
素朴 소박 : 꾸밈없이 그대로임.
素服 소복 : 상복.

屬
무리 **속** / 이을 **촉**

총 21 | 부 尸

동물들끼리 꼭 **붙어있는** 것에서 유래했다.

동의자 附 붙을 부   着 붙을 착

4급

출제단어
屬望 촉망 : 바라고 기대함.
屬性 속성 : 사물의 특징이나 성질.
附屬 부속 : 주되는 것에 딸려 있는 것.
族屬 족속 : 같은 종문의 겨레붙이.

俗
풍속 **속**

총 9 | 부 亻

사람(亻)들이 평범한 골짜기(谷)에 살면서 **풍속**을 갖게 된다.

비슷한 한자 谷 골 곡

4급 II

출제단어
俗談 속담 : 옛적부터 내려오는 민간의 격언.
俗世 속세 : 일반인이 사는 세상.

續
이을 **속**

총 21 | 부 糸

팔고(賣) 사는 사람이 실(糸)처럼 **이어져** 끊이지 않는다.

동의자 繼 이을 계   連 이을 련   반의자 絶 끊을 절   斷 끊을 단

4급 II

출제단어
續開 속개 : 멈추었던 회의를 다시 계속함.
續篇 속편 : 이미 발간된 책에 잇대어 발간한 책.
續行 속행 : 계속하여 행함.

> 연습 문제

50일 완성 **21**일째

1. 다음 漢字語의 讀音을 써 보세요.

(1) 想念 (　　　)　　(2) 設定 (　　　)　　(3) 不夜城 (　　　)

(4) 聖賢 (　　　)　　(5) 稅金 (　　　)　　(6) 素質 (　　　)

2. 다음 漢字의 음과 訓을 써 보세요.

(1) 盛 (　　　)　　(2) 宣 (　　　)　　(3) 聲 (　　　)

(4) 誠 (　　　)　　(5) 勢 (　　　)　　(6) 細 (　　　)

3. 다음 漢字의 部首를 쓰세요.

(1) 細 (　　　)　　(2) 狀 (　　　)　　(3) 盛 (　　　)

4. 다음 漢字語의 讀音을 보고 漢字를 쓰세요.

(1) 상장(상을 주는 뜻을 표하여 주는 증서) :

(2) 설계(계획을 세움. 또는 그 계획) :

(3) 행성(해의 둘레를 각자의 궤도에 따라서 돌아다니는 별) :

(4) 청소(더럽거나 어지러운 것을 쓸고 닦아서 깨끗하게 함) :

(5) 세력(권력이나 기세의 힘) :

(6) 성실(정성스럽고 참됨) :

(7) 성업(사업이 잘됨) :

(8) 세밀(자세하고 빈틈없이 꼼꼼함) :

> 쓰기 한자

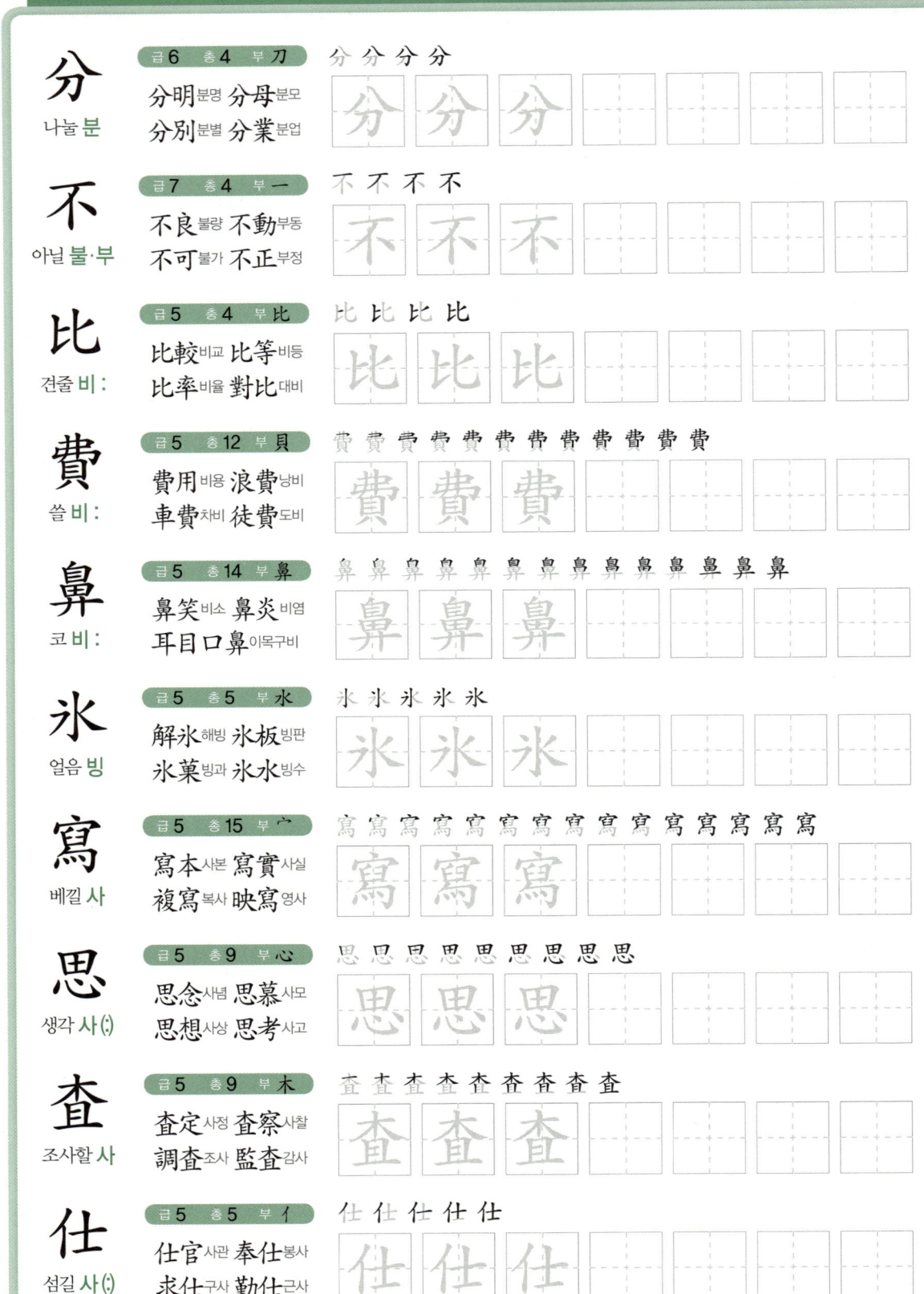

史 사기 사:	급5 총5 부口	史料사료 史實사실 史官사관 歷史역사
士 선비 사:	급5 총3 부士	士官사관 士兵사병 勇士용사 壯士장사
使 하여금·부릴 사:	급6 총8 부亻	使臣사신 使用사용 牧使목사 使徒사도
死 죽을 사:	급6 총6 부歹	死亡사망 死守사수 必死的필사적
社 모일 사	급6 총8 부示	社交사교 社屋사옥 會社회사 社長사장
事 일 사:	급7 총8 부亅	事件사건 事後사후 事業사업 事實사실
四 넉 사:	급8 총5 부口	四方사방 四邊사변 四季節사계절
産 낳을 산:	급5 총11 부生	産母산모 生産생산 物産물산 遺産유산
算 셈 산:	급7 총14 부竹	算定산정 算出산출 算數산수 豫算예산
山 메 산	급8 총3 부山	山林산림 山蔘산삼 山神산신 鑛山광산

50일 완성 22일째

> 연습 문제

50일 완성 22일째

1. 다음 漢字語의 讀音을 써 보세요.

   (1) 分離 (   )   (2) 鼻祖 (   )   (3) 寫眞 (   )

   (4) 史觀 (   )   (5) 死境 (   )   (6) 山脈 (   )

2. 다음 漢字의 음과 訓을 써 보세요.

   (1) 比 (   )   (2) 費 (   )   (3) 寫 (   )

   (4) 氷 (   )   (5) 査 (   )   (6) 史 (   )

3. 다음 漢字의 部首를 쓰세요.

   (1) 費 (   )   (2) 思 (   )   (3) 算 (   )

4. 다음 漢字語의 讀音을 보고 漢字를 쓰세요.

   (1) 학비(공부하며 학문을 닦는 데에 드는 비용) :

   (2) 사춘기(육체적, 정신적으로 성인이 되는 시기) :

   (3) 사망(사람이 죽음) :

   (4) 산업(인간의 생활을 경제적으로 풍요롭게 하기 위하여 재화나 서비스를 창출하는 생산적 기업이나 조직) :

5. 다음 漢字의 반대어를 쓰세요.

   (1) 分 ↔ (   )   (2) 死 ↔ (   )

6. 다음 漢字의 유의어를 쓰세요.

   (1) 算 : (   )   (2) 仕 : (   )

> 읽기 한자

50일 완성 **23** 일째

損 덜 손
총 13 | 부 扌

손(扌)으로 인원(員)을 조정하니 **덜다**.

동의자 減 덜 감 반의자 益 더할 익 비슷한 한자 員 인원 원

4급

출제단어
- 損失 손실 : 축나서 없어짐.
- 損傷 손상 : 손실이 되게 함.
- 損害 손해 : 손해를 봄. 손실.
- 破損 파손 : 깨어져 못 쓰게 됨.

松 소나무 송
총 8 | 부 木

재목(木)으로 널리(公) 쓰이는 나무는 **소나무**다.

4급

출제단어
- 松津 송진 : 소나무 줄기에서 분비되는 진.
- 松板 송판 : 소나무를 켜서 만든 널빤지.
- 松林 송림 : 소나무 숲.
- 靑松 청송 : 푸른 솔.

頌 칭송할·기릴 송:
총 13 | 부 頁

누구에게나 공평하게(公) 대하는(頁) 것은 **기릴** 일이다.

동의자 稱 일컬을 칭

4급

출제단어
- 頌德 송덕 : 공덕을 칭찬함.
- 稱頌 칭송 : 공덕을 칭찬하여 기림.
- 頌祝 송축 : 칭송하고 축하함.

送 보낼 송:
총 10 | 부 辶

가는(辶) 사람은 웃으며 **보내야** 한다.

동의자 輸 보낼 수 반의자 迎 맞을 영

4급 II

출제단어
- 送別 송별 : 떠나는 사람을 이별하여 보냄.
- 配送 배송 : 배달과 발송.
- 送金 송금 : 돈을 부쳐 보냄.
- 返送 반송 : 도로 돌려 보냄.

> 읽기 한자

秀 빼어날 수
총7 | 부禾

벼(禾)이삭이 알이 꽉 차니(乃) **빼어나게** 자랐다.

동의자 優 넉넉할·뛰어날 우   비슷한 한자 季 계절 계

4급

秀秀秀秀秀秀秀

출제단어
秀麗수려 : 산수의 경치가 뛰어나고 아름다움.
秀才수재 : 학문과 재능이 매우 뛰어난 사람.
優秀우수 : 뛰어나고 빼어남.

修 닦을 수
총10 | 부亻

흐르는 물(攸)에 머리(彡)를 감듯 마음을 **닦는다**.

비슷한 한자 條 가지 조

4급Ⅱ

修修修修修修修修修修

출제단어
修理수리 : 고장난 데를 손으로 고침.
修養수양 : 심신을 단련하여 품성을 닦음.
修飾수식 : 겉모양을 꾸밈.
必修필수 : 반드시 학습하여야 함.

受 받을 수(:)
총8 | 부又

손(爫)에서 손(又)으로 물건을 주고 **받는** 모양의 글자이다.

반의자 授 줄 수

4급Ⅱ

受受受受受受受受

출제단어
受納수납 : 받아 넣음.
受講수강 : 강습을 받음.
受侮수모 : 남에게 모욕을 당함.
引受인수 : 물건이나 권리를 넘겨 받음.

守 지킬 수
총6 | 부宀

집(宀) 안에는 법도(寸)가 있어야 가정을 잘 **지킬** 수 있다.

동의자 保 지킬 보   防 막을 방

4급Ⅱ

守守守守守守

출제단어
守門수문 : 문을 지킴.
郡守군수 : 한 군의 으뜸 벼슬.
守備수비 : 힘써 지켜 막음.
看守간수 : 망을 봄.

50일 완성 23일째

授 줄 수

손(扌)으로 물건을 내밀어 받게(受)하니 **주는** 것이다.

동의자 賜 줄 사 반의자 受 받을 수

4급 II

총 11 | 부 扌

출제단어
- 授賞 수상 : 상을 줌.
- 授與 수여 : 증서, 상장, 상품 등을 줌.
- 授業 수업 : 학업을 가르쳐 줌.
- 敎授 교수 : 학술이나 기예를 가르침.

收 거둘 수

낱알이 얽혀(丩)있는 곡식을 막대기로 쳐서(攵) **거둬**들인다.

동의자 穫 거둘 확 비슷한 한자 攻 칠 공

4급 II

총 6 | 부 攵

출제단어
- 收金 수금 : 돈을 받아들임.
- 收拾 수습 : 어수선한 상태를 바로 잡음.
- 收入 수입 : 돈이나 물건을 벌어들임.
- 買收 매수 : 물건을 사들이기.

叔 아재비 숙

콩 싹(朩)을 손(又)보는 일은 **아재비**가 한다.

반의자 姪 조카 질 비슷한 한자 淑 맑을 숙

4급

총 8 | 부 又

출제단어
- 叔父 숙부 : 아버지의 동생.
- 堂叔 당숙 : 종숙의 친근한 일컬음.
- 叔姪 숙질 : 아저씨와 조카.

肅 엄숙할 숙

손(聿)을 놀려 붓에 먹물을 묻히는 모습이 **엄숙하다**.

동의자 嚴 엄할 엄

4급

총 13 | 부 聿

출제단어
- 靜肅 정숙 : 고요하고 엄숙함.
- 嚴肅 엄숙 : 장엄하고 정숙함.
- 肅淸 숙청 : 잘못된 것을 바로 잡는 일.
- 自肅 자숙 : 스스로 행동을 조심하는 것.

> 읽기 한자

純 순수할 순
총10 | 부 糸 | 4급II

실(糸)같은 새싹(屯)은 **순수하다**.

동의자 粹 순수할 수 潔 깨끗할 결 **비슷한 한자** 鈍 둔할 둔

출제단어
- 純潔 순결 : 잡것이 섞이지 않고 깨끗함.
- 純然 순연 : 섞임이 없이 제대로 온전함.
- 純眞 순진 : 순박하고 진실함.
- 單純 단순 : 복잡하지 않고 간단함.

崇 높을 숭
총11 | 부 山 | 4급

크게(宗) 보이는 산(山)을 높이 우러러 **숭배한다**.

동의자 高 높을 고 隆 높을 륭

출제단어
- 崇高 숭고 : 뜻이 존엄하고 고상함.
- 崇拜 숭배 : 거룩하게 높여 공경함.
- 崇尙 숭상 : 공경하여 높임.

承 이을 승
총8 | 부 手 | 4급II

손(手)을 써서 도와주는(丞) 사람을 받들며 **이어간다**.

동의자 繼 이을 계 連 이을 련 **반의자** 斷 끊을 단 絶 끊을 절

출제단어
- 承服 승복 : 잘 이해하여 복종함.
- 繼承 계승 : 조상이나 전임자의 뒤를 이어받음.
- 承認 승인 : 옳다고 승낙함.

施 베풀 시:
총9 | 부 方 | 4급II

깃발(㫃)이 펼쳐진(也) 곳에서 **베풀어서** 시상한다.

동의자 設 베풀 설 **비슷한 한자** 旅 나그네 려

출제단어
- 施賞 시상 : 상품. 또는 상금을 줌.
- 實施 실시 : 실제로 시행함.
- 施設 시설 : 베풀어 놓은 설비.
- 施行 시행 : 실제로 행함.

50일 완성 **23**일째

是
옳을 시:
총 9 | 부 日
4급 II

태양(日)은 어김없이 바르게 순회하니 **옳다**.

동의자 此 이 차   반의자 彼 저 피 非 아닐 비

是 是 是 是 是 是 是 是 是

출제단어
是非시비 : 옳음과 그름.
亦是역시 : 마찬가지로.
是認시인 : 옳다고 인정함.
或是혹시 : 만일에.

視
볼 시:
총 12 | 부 見
4급 II

남에게 보이고(示) 자기가 보아(見) **살펴본다**.

동의자 監 볼 감 覽 볼 람   비슷한 한자 親 친할 친

視 視 視 視 視 視 視 視 視 視

출제단어
視界시계 : 눈에 보이는 힘이 미치는 범위.
視聽시청 : 눈으로 봄과 들음.
視線시선 : 눈이 가는 방향.
重視중시 : 중요시.

試
시험 시(:)
총 13 | 부 言
4급 II

방식(式)을 정해 물어(言)보는 것이 **시험**이다.

동의자 驗 시험 험

試 試 試 試 試 試 試 試 試 試

출제단어
試案시안 : 시험적으로 만든 안건.
試合시합 : 무술이나 운동 경기 등에서 재주를 겨루어 승부를 다툼.
入試입시 : 입학 시험.

詩
시 시
총 13 | 부 言
4급 II

말(言)하는 사람이 절(寺)에서 독경하듯 **시**를 읊는다.

비슷한 한자 時 때 시

詩 詩 詩 詩 詩 詩 詩 詩 詩 詩 詩

출제단어
詩論시론 : 시에 대한 평가.
詩集시집 : 시를 여러 편 모아서 엮은 책.
詩作시작 : 시를 창작함.
童詩동시 : 어린이가 지은 시.

> 연습 문제

50일 완성 23일째

1. 다음 漢字語의 讀音을 써 보세요.

   (1) 送別 (   )   (2) 秀麗 (   )   (3) 受難 (   )

   (4) 叔母 (   )   (5) 靜肅 (   )   (6) 施設 (   )

2. 다음 漢字의 음과 訓을 써 보세요.

   (1) 松 (   )   (2) 頌 (   )   (3) 修 (   )

   (4) 收 (   )   (5) 純 (   )   (6) 崇 (   )

3. 다음 漢字의 部首를 쓰세요.

   (1) 秀 (   )   (2) 承 (   )   (3) 純 (   )

4. 다음 漢字語의 讀音을 보고 漢字를 쓰세요.

   (1) 손해(물질적으로나 정신적으로 밑짐) :

   (2) 수문장(각 궁궐이나 성의 문을 지키던 무관 벼슬) :

   (3) 교수(학문이나 기예를 가르침) :

   (4) 시인(시를 전문적으로 짓는 사람) :

5. 다음 漢字의 반대어를 쓰세요.

   (1) 崇 ↔ (   )   (2) 受 ↔ (   )

6. 다음 漢字의 유의어를 쓰세요.

   (1) 承 : (   )   (2) 秀 : (   )

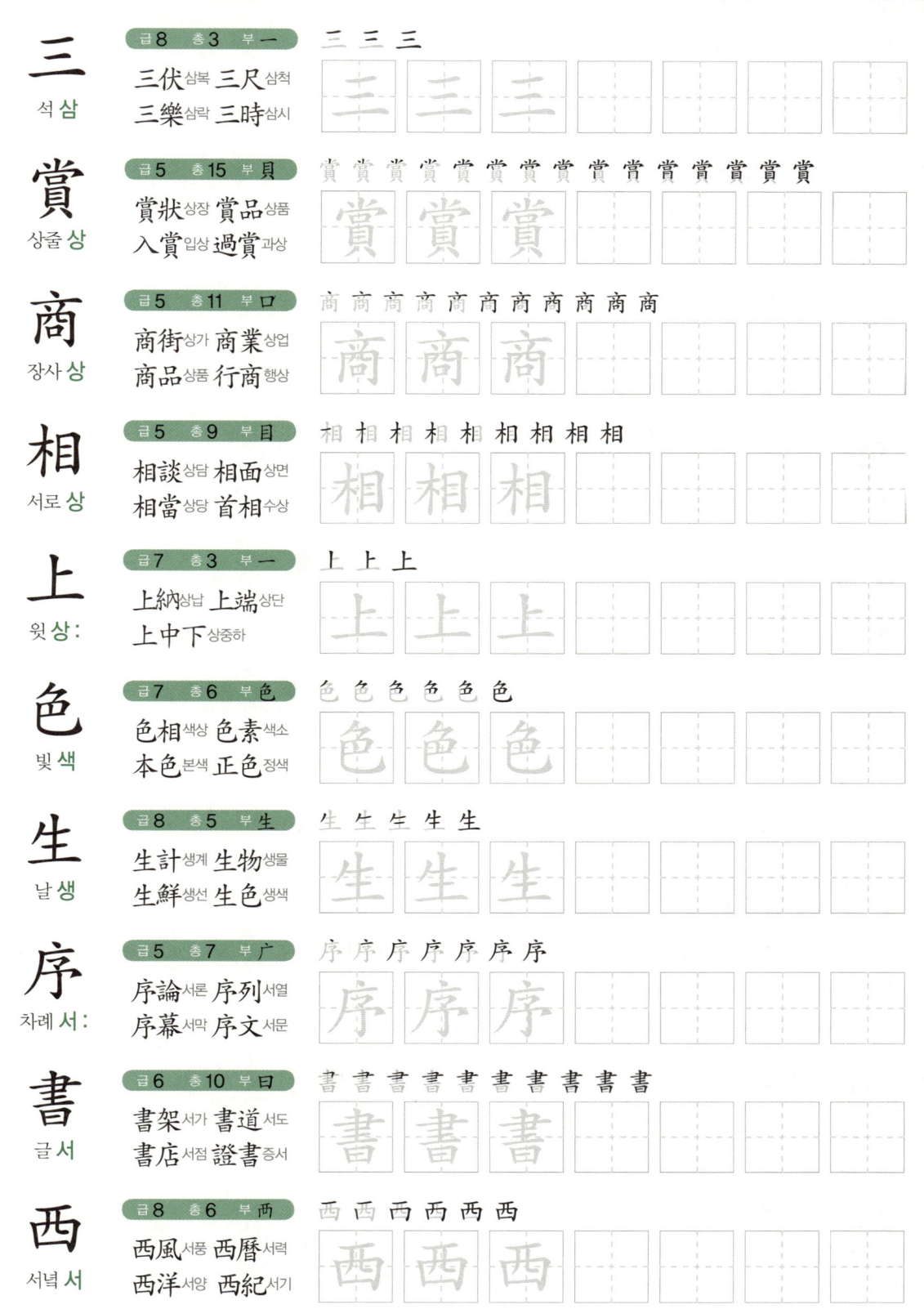

> 쓰기 한자

50일 완성 24일째

席 자리 석	급6 총10 부巾 席順석순 坐席좌석 方席방석 席次석차	席席席席席席席席席
石 돌 석	급6 총5 부石 石橋석교 木石목석 石刀석도 布石포석	石石石石石
夕 저녁 석	급7 총3 부夕 夕刊석간 夕照석조 夕陽석양 秋夕추석	夕夕夕
善 착할 선:	급5 총12 부口 善導선도 善惡선악 善良선량 親善친선	善善善善善善善善善善
船 배 선	급5 총11 부舟 船上선상 船室선실 船長선장 漁船어선	船船船船船船船船船
選 가릴 선:	급5 총16 부辶 選拔선발 選擇선택 選手선수 選出선출	選選選選選選選選選選選選選
仙 신선 선	급5 총5 부亻 仙境선경 神仙신선 水仙花수선화	仙仙仙仙仙
鮮 고울 선	급5 총17 부魚 鮮明선명 生鮮생선 新鮮신선 鮮味선미	鮮鮮鮮鮮鮮鮮鮮鮮鮮鮮鮮鮮鮮
線 줄 선	급6 총15 부糸 線路선로 曲線곡선 直線직선 車線차선	線線線線線線線線線線線線
先 먼저 선	급8 총6 부儿 先金선금 先頭선두 于先우선 先生선생	先先先先先先

> 연습 문제

50일 완성 **24**일째

1. 다음 漢字語의 讀音을 써 보세요.

   (1) 賞與金 (   )   (2) 色素 (   )   (3) 生存 (   )
   (4) 書籍 (   )   (5) 最善 (   )   (6) 新鮮 (   )

2. 다음 漢字의 음과 訓을 써 보세요.

   (1) 商 (   )   (2) 相 (   )   (3) 序 (   )
   (4) 席 (   )   (5) 善 (   )   (6) 船 (   )

3. 다음 漢字의 部首를 쓰세요.

   (1) 色 (   )   (2) 書 (   )   (3) 鮮 (   )

4. 다음 漢字語의 讀音을 보고 漢字를 쓰세요.

   (1) 생태계(생물군과 그 생물들을 제어하는 제반 요인을 포함한 복합 체계) :
   (2) 순서(정하여진 기준에서 말하는 전후, 좌우, 상하 따위의 차례 관계) :
   (3) 추석(우리나라 명절의 하나. 음력 팔월 보름날) :
   (4) 곡선(모나지 아니하고 부드럽게 굽은 선) :

5. 다음 漢字의 반대어를 쓰세요.

   (1) 善 ↔ (   )   (2) 夕 ↔ (   )

6. 다음 漢字의 유의어를 쓰세요.

   (1) 序 : (   )   (2) 先 : (   )

> 읽기 한자

息 쉴 식
총 10 | 부 心

마음(心) 속으로 자신(自)을 돌아보며 조용히 **쉰다**.
[동의자] 休 쉴 휴

息息息息息息息息息息
息 息 息

[출제단어]
安息안식 : 편히 쉼.
瞬息間순식간 : 눈 한번 깜짝일 만큼 짧은 동안.
休息휴식 : 잠깐 쉼.
窒息질식 : 숨막힘.

申 거듭·아홉째지지 신
총 5 | 부 田

말(曰)을 꿰뚫으니(丨) **펴다**.
[비슷한 한자] 甲 갑옷 갑

申 申 申 申 申
申 申 申

[출제단어]
申告신고 : 보고하는 것.
申申當付신신당부 : 거듭 당부함.
申請신청 : 신고하여 청구함.

深 깊을 심
총 11 | 부 氵

깊숙한(罙) 곳에서 물(氵)이 흐르니 **깊은** 골짜기이다.
[반의자] 淺 얕을 천 [비슷한 한자] 探 찾을 탐

深深深深深深深深深深
深 深 深

[출제단어]
深山심산 : 깊고 험준한 산.
深刻심각 : 마음에 깊이 새겨 두는 일.
深夜심야 : 깊은 밤.
水深수심 : 물의 깊이.

氏 각시·성씨 씨
총 4 | 부 氏

땅속의 뿌리가 조금 나온 모양을 본뜬 글자이다.
[동의자] 姓 성 성

氏 氏 氏 氏
氏 氏 氏

[출제단어]
姓氏성씨 : 성을 높여 부르는 것.
氏族씨족 : 같은 혈연으로 이루어진 집단.

50일 완성 25일째

眼 눈 안:
총11 | 부 目

눈(目)은 일정한 한도(艮) 내에서만 돌아감을 나타내니 **눈**이다.

동의자 目 눈 목   비슷한 한자 眠 잠잘 면

출제단어:
- 眼筋 안근 : 눈동자의 운동을 맡는 근육.
- 肉眼 육안 : 맨 눈.
- 眼目 안목 : 사물을 보고 분별하는 능력.
- 檢眼 검안 : 시력이 좋고 나쁨을 검사함.

4급 II

暗 어두울 암:
총13 | 부 日

해(日)가 지고 소리(音)만 들리는 **어두운** 밤이다.

동의자 冥 어두울 명   반의자 明 밝을 명   비슷한 한자 音 소리 음

출제단어:
- 暗室 암실 : 광선이 들지 못하도록 밀폐한 방.
- 暗澹 암담 : 어두컴컴하고 쓸쓸함.
- 暗昧 암매 : 어리석어 사리에 어두움.

4급 II

壓 누를 압
총17 | 부 土

싫은(厭) 것은 흙(土)으로 덮어 **눌러** 버린다.

동의자 抑 누를 억

출제단어:
- 壓倒 압도 : 뛰어나서 남을 능가함.
- 壓勝 압승 : 크게 이김.
- 壓迫 압박 : 내리 누름.
- 電壓 전압 : 전기적인 위치 에너지 차.

4급 II

額 이마 액
총18 | 부 頁

손님(客)의 머리(頁)는 **이마**부터 보인다.

동의자 頁 머리 혈

출제단어:
- 額子 액자 : 그림이나 사진 따위를 끼우는 틀.
- 總額 총액 : 모두를 합한 액수.
- 額數 액수 : 돈의 수효.

4급

> 읽기 한자

液
진 액
총 11 | 부 氵

모든 생물은 밤(夜)에 물(氵)이 나오니 **진물**이다.

동의자 汁 즙 즙   비슷한 한자 夜 밤 야

4급Ⅱ

출제단어
液體액체 : 일정한 모양 없이 유동하는 물질.   血液혈액 : 피.
樹液수액 : 나무속에서 양분이 되는 액.   精液정액 : 순수한 진액으로 된 액체.

樣
모양 양
총 15 | 부 木

양의 창자처럼 꼬불꼬불 자란 나무(木)는 **모양**이 아름답다.

동의자 態 모습 태

4급

출제단어
樣式양식 : 일정한 모양이나 형식.   樣態양태 : 모양과 태도.
模樣모양 : 겉으로 나타나는 생김새나 모습.   多樣다양 : 갖가지 모양.

羊
양 양
총 6 | 부 羊

뿔이 나 있고 수염을 늘어뜨린 양의 모양을 본뜬 글자이다.

비슷한 한자 洋 큰 바다 양

4급Ⅱ

출제단어
羊毛양모 : 양의 털.   羊皮양피 : 양의 가죽.
山羊산양 : 솟과의 동물. 염소. 영양.

嚴
엄할 엄
총 20 | 부 口

험한 산(厂)에 우뚝(敢)선 바위같은 위엄으로 호령(吅)하니 **엄격하다**.

비슷한 한자 巖 바위 암

4급Ⅱ

출제단어
嚴格엄격 : 엄숙하고 정당함.   嚴密엄밀 : 엄중하여 실책이 없음.
嚴禁엄금 : 절대로 못하도록 금함.   無嚴무엄 : 버릇이 없음.

50일 완성 **25**일째

與 줄 여:
총14 | 부 臼 | 4급

양손(臼)을 받들어(八) 물건을 **건네주다**.

반의자 野 들 야

與黨 여당 : 정부에 편드는 정당.
與信 여신 : 금융기관에서 고객에게 신용을 부여하는 일.
與件 여건 : 주어진 조건.

如 같을 여
총6 | 부 女 | 4급Ⅱ

부인(女)의 말(口)이 남편과 **같다**는 의미이다.

동의자 若 같을 약 반의자 異 다를 이 他 다를 타

如此 여차 : 이와 같음. 이러함.
或如 혹여 : 혹시, 설혹.
如何 여하 : 어떠하냐. 어떤 것이냐.
如前 여전 : 변함없이 전과 같음.

餘 남을 여
총16 | 부 食 | 4급Ⅱ

밥(食)을 많이 남겼다(余)는데서 그 의미가 유래했다.

동의자 殘 남을 잔 剩 남을 잉

餘念 여념 : 다른 생각. 딴 생각.
餘談 여담 : 본 이야기와 관계 없는 말.
餘力 여력 : 남은 힘.
殘餘 잔여 : 남아 있는 것.

域 지경 역
총11 | 부 土 | 4급

혹시(或) 적의 침입이 염려되는 땅(土)이 지역의 **경계**이다.

동의자 區 지경 구 界 지경 계 境 지경 경

區域 구역 : 갈라놓은 땅.
廣域 광역 : 넓은 구역.
異域 이역 : 이국의 땅.
地域 지역 : 일정한 땅의 구역.

> 읽기 한자 50일 완성 **25**일째

易
바꿀 역 / 쉬울 이:
총 8 | 부 日

해(日)가 없어졌다(勿) 나타났다 밤낮이 **바뀐다**.

반의자 難 어려울 난

4급

출제단어
易書 역서 : 점에 관한 일을 기록한 책.   容易 용이 : 아주 쉬움.
易學 역학 : 음양에 의한 만물의 변화를 설명하는 학문.

逆
거스릴 역
총 10 | 부 辶

반대되게(屰) 서로 길을 가니(辶) **거슬러** 가는 것이다.

반의자 順 순할 순

4급 II

출제단어
逆境 역경 : 모든 일이 뜻대로 되지 않은 경우.   逆賊 역적 : 반역을 꾀하는 사람.
逆情 역정 : 못마땅하게 여겨 내는 성.   逆說 역설 : 반대되는 이론.

延
늘일 연
총 7 | 부 廴

멈춘 것(止)을 일으켜 세워서 멀리 가게 한다(廴)는데서 **늘이다**의 의미를 지닌다.

동의자 遲 더딜 지   반의자 急 급할 급 速 빠를 속

4급

출제단어
延期 연기 : 기한을 물림.   延長 연장 : 널리 퍼짐. 길게 뻗음.
延滯 연체 : 늦추어 지체함.   順延 순연 : 차례로 연기함.

燃
탈 연
총 16 | 부 火

불(火)을 붙여 태우면(然) **불타오르는** 것이 연료이다.

동의자 燒 사를 소   비슷한 한자 然 그럴 연

4급

출제단어
燃料 연료 : 불을 때는 재료.   可燃 가연 : 불에 잘 탈 수 있음.
內燃 내연 : 기관의 기통 속에서 불이 탐.

> 연습 문제 50일 완성 **25**일째

1. 다음 漢字語의 讀音을 써 보세요.
   (1) 深度 (   )   (2) 姓氏 (   )   (3) 暗記 (   )
   (4) 多樣 (   )   (5) 嚴密 (   )   (6) 燃燈 (   )

2. 다음 漢字의 음과 訓을 써 보세요.
   (1) 液 (   )   (2) 與 (   )   (3) 餘 (   )
   (4) 易 (   )   (5) 延 (   )   (6) 深 (   )

3. 다음 漢字의 部首를 쓰세요.
   (1) 壓 (   )   (2) 餘 (   )   (3) 液 (   )

4. 다음 漢字語의 讀音을 보고 漢字를 쓰세요.
   (1) 휴식(하던 일을 멈추고 잠깐 쉼) :
   (2) 안약(눈병을 고치는 데 쓰는 약) :
   (3) 액수(돈의 머릿수) :
   (4) 역경(일이 순조롭지 않아 매우 어렵게 된 처지나 환경) :

5. 다음 漢字의 반대어를 쓰세요.
   (1) 延 ↔ (   )   (2) 易 ↔ (   )

6. 다음 漢字의 유의어를 쓰세요.
   (1) 息 : (   )   (2) 樣 : (   )

> 쓰기 한자

說 말씀 설/기뻐할 열/달랠 세:
- 급5 총14 부言
- 說得설득 遊說유세
- 說話설화 演說연설

雪 눈 설
- 급6 총11 부雨
- 雪景설경 雪辱설욕
- 雪花설화 積雪적설

性 성품 성:
- 급5 총8 부忄
- 性格성격 性品성품
- 毒性독성 同性동성

成 이룰 성
- 급6 총7 부戈
- 成果성과 成立성립
- 成功성공 贊成찬성

省 살필 성/덜 생
- 급6 총9 부目
- 省墓성묘 省察성찰
- 反省반성 省略생략

姓 성 성:
- 급7 총8 부女
- 姓名성명 姓氏성씨
- 通姓名통성명

歲 해 세:
- 급5 총13 부止
- 歲暮세모 歲拜세배
- 歲月세월 年歲연세

洗 씻을 세:
- 급7 총9 부氵
- 洗鍊세련 洗車세차
- 洗禮세례 洗手세수

世 인간·세대 세:
- 급7 총5 부一
- 世上세상 世態세태
- 世紀세기 萬世만세

消 사라질 소
- 급6 총10 부氵
- 消息소식 消滅소멸
- 消毒소독 取消취소

50일 완성 26일째

少 적을 소: — 급7 총4 부小
少女소녀 減少감소
少量소량 少領소령

所 바소: — 급7 총8 부戶
所聞소문 所信소신
所行소행 住所주소

小 작을 소: — 급8 총3 부小
小數소수 小心소심
大小대소 小品소품

束 묶을 속 — 급5 총7 부木
束縛속박 結束결속
拘束구속 團束단속

速 빠를 속 — 급6 총11 부辶
速決속결 速行속행
速力속력 加速가속

孫 손자 손(:) — 급6 총10 부子
孫女손녀 孫子손자
子孫자손 後孫후손

首 머리 수 — 급5 총9 부首
首相수상 首位수위
首都수도 部首부수

樹 나무 수 — 급6 총16 부木
樹林수림 樹立수립
樹木수목 植樹식수

手 손 수(:) — 급7 총4 부手
手段수단 手足수족
握手악수 對手대수

數 셈 수: — 급7 총15 부攵
數量수량 數次수차
數學수학 算數산수

> 연습 문제 50일 완성 26일째

1. 다음 漢字語의 讀音을 써 보세요.

   (1) 說敎 (   )   (2) 宿泊 (   )   (3) 世界 (   )
   (4) 速度 (   )   (5) 首都 (   )   (6) 數量 (   )

2. 다음 漢字의 음과 訓을 써 보세요.

   (1) 性 (   )   (2) 歲 (   )   (3) 洗 (   )
   (4) 束 (   )   (5) 消 (   )   (6) 省 (   )

3. 다음 漢字의 部首를 쓰세요.

   (1) 成 (   )   (2) 世 (   )   (3) 速 (   )

4. 다음 漢字語의 讀音을 보고 漢字를 쓰세요.

   (1) 성취(목적한 바를 이룸) :

   (2) 백성(나라의 근본을 이루는 일반 국민을 예스럽게 이르는 말) :

   (3) 후손(자신의 세대에서 여러 세대가 지난 뒤의 자녀를 통틀어 이르는 말) :

   (4) 수학(수량 및 공간의 성질에 관하여 연구하는 학문) :

5. 다음 漢字의 반대어를 쓰세요.

   (1) 成 ↔ (   )   (2) 手 ↔ (   )

6. 다음 漢字의 유의어를 쓰세요.

   (1) 省 : (   )   (2) 速 : (   )

> 읽기 한자

50일 완성 **27**일째

緣
인연 연
총15 | 부 糸

끊어진(彖) 곳을 실(糸)로 다시 이으니 **인연**을 맺다.

비슷한 한자 綠 푸를 록

緣 緣 緣 緣 緣 緣 緣 緣 緣 緣 緣 緣 緣 緣 緣

4급

출제단어
- 緣故연고 : 까닭. 사유.
- 緣由연유 : 까닭.
- 緣分연분 : 하늘이 베푼 인연.
- 學緣학연 : 출신학교에 따른 연고 관계.

鉛
납 연
총13 | 부 金

늪(㕣)에 빠진 쇠붙이(金)는 녹슬어 **납**색이 된다.

鉛 鉛 鉛 鉛 鉛 鉛 鉛 鉛 鉛 鉛 鉛

4급

출제단어
- 鉛管연관 : 납으로 만든 관.
- 亞鉛아연 : 금속의 한 가지.
- 鉛毒연독 : 납에 들어있는 독.
- 鉛筆연필 : 필기용구.

演
펼 연:
총14 | 부 氵

물(氵)이 아침햇살(寅)같이 넓게 **펼쳐진다**.

비슷한 한자 寅 범 인

演 演 演 演 演 演 演 演 演 演 演 演 演 演

4급Ⅱ

출제단어
- 演技연기 : 여러 사람 앞에서 재주를 부림.
- 主演주연 : 주인공으로 연기함.
- 演士연사 : 연설하는 사람.
- 演說연설 : 주장을 말함.

煙

연기 연
총13 | 부 火

흙으로 막은(垔) 아궁이에 불(火)이 타니 **연기**가 난다.

煙 煙 煙 煙 煙 煙 煙 煙 煙 煙

4급Ⅱ

출제단어
- 煙氣연기 : 불에 타는 물체가 내는 기체.
- 禁煙금연 : 담배를 끊음.
- 喫煙끽연 : 담배를 피움.

> 읽기 한자

研 갈 연:
총 11 | 부 石

돌(石)을 평평(幵)하게 갈아서 **연마한다**.
동의자 磨 갈 마 究 연구할 구
4급 II

출제단어
研究연구 : 깊이 생각하고 조사하면서 공부함.
研修연수 : 연구하여 닦음.
研鑽연찬 : 깊이 연구하고 닦음.

映 비칠 영(:)
총 9 | 부 日

해(日)가 하늘 한가운데(央)서 밝게 **비춘다**.
동의자 照 비칠 조 비슷한 한자 殃 재앙 앙
4급

출제단어
映畫영화 : 실제와 같이 재현하여 보이는 것.
上映상영 : 극장에서 영화를 공개함.
放映방영 : 텔레비전으로 방송함.

營 경영할 영
총 17 | 부 火

빛나는(熒) 궁전(宮)을 세울 때는 계획을 세워 **경영한다**.
비슷한 한자 螢 밝을 형
4급

출제단어
營利영리 : 재산의 이익을 꾀함.
營業영업 : 영리를 목적으로 하는 사업.
營門영문 : 군문. 감영.

迎 맞을 영
총 8 | 부 辶

길을(辶) 따라오는 손님을 존경하는 마음으로(卬) **맞이한다**는 의미이다.
반의자 送 보낼 송 輸 보낼 수
4급

출제단어
迎入영입 : 맞아들임.
歡迎환영 : 기쁜 마음으로 맞음.
迎接영접 : 손님을 맞아 응접함.
迎合영합 : 서로 뜻이 맞음.

50일 완성 **27**일째

榮
영화 **영**
총14 | 부 木

나무(木) 위(一)에 불꽃(火)이 나오니 **영화롭다**.
동의자 繁 번성할 번   비슷한 한자 營 경영할 영
4급Ⅱ

榮 榮 榮 榮 榮 榮 榮 榮 榮 榮 榮 榮 榮 榮

출제단어
榮譽영예 : 영광스러운 명예.
榮光영광 : 빛나는 영예.
榮辱영욕 : 영화와 치욕.
榮華영화 : 세상에 드러나는 영광.

豫
미리 예:
총16 | 부 豕

코끼리(象)가 먹이를 먹으려(予) **미리** 코를 내민다.
4급

豫 豫 豫 豫 豫 豫 豫 豫 豫 豫 豫 豫 豫 豫

출제단어
豫感예감 : 사물이나 사건이 닥치기 전에 미리 느낌.
豫賣예매 : 미리 값을 쳐서 팖.
豫告예고 : 미리 일러서 알게 함.

藝
재주 예:
총19 | 부 ⺿

초목(⺿)을 심고(埶) 가꾸는데 기술이 필요하다하여(云) **재주**를 의미한다.
동의자 技 재주 기   才 재주 재   術 재주 술
4급Ⅱ

藝 藝 藝 藝 藝 藝 藝 藝 藝 藝 藝 藝 藝 藝

출제단어
藝能예능 : 예술과 기능.
書藝서예 : 글씨를 붓으로 쓰는 예술.
藝術예술 : 학예와 기술.

誤
그르칠 오:
총14 | 부 言

큰소리로(吳) 허풍떠는 말(言)일수록 **그릇되기** 쉽다는 뜻이다.
동의자 謬 그르칠 류
4급Ⅱ

誤 誤 誤 誤 誤 誤 誤 誤 誤 誤 誤 誤 誤 誤

출제단어
誤報오보 : 그릇된 보도.
誤算오산 : 잘못 셈함.
誤認오인 : 그릇 인정함. 잘못 앎.
誤解오해 : 잘못 앎.

> 읽기 한자

玉 구슬 옥 — 총5 | 부 玉 — 4급Ⅱ

세 개의 구슬을 끈으로 꿴 모양을 나타내는 글자이다.

동의자 珠 구슬 주 **비슷한 한자** 王 임금 왕

玉 玉 玉 玉 玉

출제단어
- 玉杯옥배 : 옥으로 만든 술잔.
- 玉容옥용 : 옥 같이 아름답게 생긴 얼굴 모양.
- 玉石옥석 : 구슬과 돌.
- 玉體옥체 : 임금의 몸.

往 갈 왕: — 총8 | 부 彳 — 4급Ⅱ

주인(主)이 먼 곳의 친구를 찾아 **가다**(彳).

동의자 去 갈 거 **반의자** 來 올 래 **비슷한 한자** 住 살 주

往 往 往 往 往 往 往 往

출제단어
- 往診왕진 : 의사가 환자의 집에 가서 진찰함.
- 往年왕년 : 지나간 해.
- 往來왕래 : 가는 것과 오는 것.

謠 노래 요 — 총17 | 부 言 — 4급Ⅱ

말(言)이 질그릇(䍃) 소리 퍼지듯 **소문**이 난다.

동의자 歌 노래 가 **비슷한 한자** 搖 흔들 요

謠 謠 謠 謠 謠 謠 謠 謠 謠 謠 謠 謠 謠 謠 謠 謠 謠

출제단어
- 歌謠가요 : 민요, 동요, 속요, 유행가 따위를 통틀어 이르는 말.
- 民謠민요 : 민중사이에 불리던 전통적인 노래.

容 얼굴·담을 용 — 총10 | 부 宀 — 4급Ⅱ

집(宀)이 골짜기(谷)처럼 커서 물건을 **담을** 곳이 많다.

동의자 顔 낯 안

容 容 容 容 容 容 容 容 容 容

출제단어
- 容恕용서 : 잘못을 벌하지 않고 끝냄.
- 許容허용 : 너그럽게 받아들임.
- 容認용인 : 용납하여 인정함.

50일 완성 **27**일째

優
넉넉할·뛰어날 **우**

총 17 | 부 亻

다른 사람(亻)을 걱정하는(憂) 도량을 가진 **넉넉한** 사람이다.

동의자 秀 빼어날 수 裕 넉넉할 유   반의자 劣 못할 렬

4급

출제단어
- 優待 우대 : 잘 대접함.
- 優位 우위 : 남보다 유리한 위치나 입장.
- 優勢 우세 : 남보다 나은 형세.
- 優先 우선 : 다른 것보다 앞섬.

遇
만날 **우:**

총 13 | 부 辶

짐승들(禺)은 돌아다니다가(辶) 서로 **만난다**.

동의자 逢 만날 봉 遭 만날 조   비슷한 한자 愚 어리석을 우

4급

출제단어
- 待遇 대우 : 예의를 갖추어 대함.
- 境遇 경우 : 사리나 도리.
- 遇害 우해 : 살해당함.
- 禮遇 예우 : 예의를 지켜 대우함.

郵
우편 **우**

총 11 | 부 阝

중앙의 공문이 고을(阝)에 내려진다는(垂) 뜻에서 **우편**을 의미한다.

비슷한 한자 垂 드리울 수

4급

출제단어
- 郵送 우송 : 우편으로 물건을 보냄.
- 郵票 우표 : 우편요금을 낸 증표.
- 郵政 우정 : 우편에 관한 정무.
- 郵便 우편 : 운송하는 업무.

원망할 **원(:)**

총 9 | 부 心

잠 못 이루고 뒹구는(夗) 마음(心)이니 **원망하다**라는 의미이다.

동의자 恨 한 한

4급

출제단어
- 怨望 원망 : 남을 못마땅하게 생각하여 탓함.
- 怨恨 원한 : 억울한 일을 당하여 응어리진 마음.
- 怨讐 원수 : 원한이 있는 사람.
- 民怨 민원 : 백성의 원망.

> 연습 문제

1. 다음 漢字語의 讀音을 써 보세요.

   (1) 鉛筆 (   )   (2) 硏修 (   )   (3) 營利 (   )

   (4) 榮光 (   )   (5) 童謠 (   )   (6) 優秀 (   )

2. 다음 漢字의 음과 訓을 써 보세요.

   (1) 演 (   )   (2) 映 (   )   (3) 豫 (   )

   (4) 迎 (   )   (5) 誤 (   )   (6) 往 (   )

3. 다음 漢字의 部首를 쓰세요.

   (1) 硏 (   )   (2) 豫 (   )   (3) 優 (   )

4. 다음 漢字語의 讀音을 보고 漢字를 쓰세요.

   (1) 인연(사람들 사이에 맺어지는 관계) :

   (2) 금연(담배를 피우는 것을 금함) :

   (3) 예술(기예와 학술을 아울러 이르는 말) :

   (4) 원망(못마땅하게 여기어 탓하거나 불평을 품고 미워함) :

   (5) 가요(민요, 동요, 유행가 따위의 노래를 통틀어 이르는 말) :

   (6) 옥석(옥돌) :

   (7) 왕래(가고 오고 함) :

   (8) 연설(여러 사람 앞에서 자기의 주의나 주장 또는 의견을 진술함) :

> 쓰기 한자　　　　　　　　　　　　　　　　　　　　　　50일 완성 **28**일째

水 물 수	급 8　총 4　부 水	水量수량 水産수산 藥水약수 水素수소
宿 잘 숙/별자리 수	급 5　총 11　부 宀	宿泊숙박 宿所숙소 寄宿舍기숙사
順 순할 순:	급 5　총 12　부 頁	順産순산 順位순위 順理순리 筆順필순
術 재주 술	급 6　총 11　부 行	術策술책 話術화술 美術미술 心術심술
習 익힐 습	급 6　총 11　부 羽	習得습득 習性습성 習慣습관 風習풍습
勝 이길 승	급 6　총 12　부 力	勝利승리 勝戰승전 優勝우승 得勝득승
示 보일 시:	급 5　총 5　부 示	示範시범 示威시위 展示전시 表示표시
始 비로소 시:	급 6　총 8　부 女	始動시동 始初시초 始作시작 開始개시
市 저자 시:	급 7　총 5　부 巾	市內시내 市場시장 市立시립 撤市철시
時 때 시	급 7　총 10　부 日	時期시기 時事시사 時間시간 同時동시

> 쓰기 한자

50일 완성 **28**일째

識 알 식/기록할 지	급5 총19 부言 識別식별 識者식자 標識표지 意識의식	識識識識識識識識識識識識識識識識 識識識
式 법 식	급6 총6 부弋 式順식순 式場식장 書式서식 方式방식	式式式式式式 式式式
植 심을 식	급7 총12 부木 植木식목 植物식물 移植이식 密植밀식	植植植植植植植植植植植 植植植
食 밥·먹을 식	급7 총9 부食 食事식사 食前식전 食口식구 夜食야식	食食食食食食食食 食食食
臣 신하 신	급5 총6 부臣 臣下신하 君臣군신 忠臣충신 武臣무신	臣臣臣臣臣臣 臣臣臣
信 믿을 신:	급6 총9 부亻 信賴신뢰 信實신실 通信통신 信任신임	信信信信信信信信 信信信
新 새 신	급6 총13 부斤 新綠신록 新鮮신선 新婦신부 最新최신	新新新新新新新新新新新 新新新
神 귀신 신	급6 총10 부示 神童신동 神靈신령 神父신부 神奇신기	神神神神神神神神 神神神
身 몸 신	급6 총7 부身 身上신상 身元신원 身分신분 身體신체	身身身身身身 身身身
實 열매 실	급5 총14 부宀 實在실재 充實충실 實習실습 切實절실	實實實實實實實實實實實 實實實

162~163

> 연습 문제

50일 완성 **28**일째

1. 다음 漢字語의 讀音을 써 보세요.

   (1) 順序 (   )   (2) 勝利 (   )   (3) 植樹 (   )

   (4) 市廳 (   )   (5) 新聞 (   )   (6) 實感 (   )

2. 다음 漢字의 음과 訓을 써 보세요.

   (1) 術 (   )   (2) 勝 (   )   (3) 始 (   )

   (4) 識 (   )   (5) 臣 (   )   (6) 新 (   )

3. 다음 漢字의 部首를 쓰세요.

   (1) 習 (   )   (2) 術 (   )   (3) 神 (   )

4. 다음 漢字語의 讀音을 보고 漢字를 쓰세요.

   (1) 지식(알고있는 내용이나 사물) :

   (2) 식비(먹는 데 드는 돈) :

   (3) 신념(굳게 믿는 마음) :

   (4) 신체(사람의 몸) :

5. 다음 漢字의 반대어를 쓰세요.

   (1) 勝 ↔ (   )   (2) 身 ↔ (   )

6. 다음 漢字의 유의어를 쓰세요.

   (1) 始 : (   )   (2) 水 : (   )

> 읽기 한자

援
도울·구원할 원:

총 12 | 부 扌

손(扌)을 내밀어 두 손으로 당겨(爰) **구원하다**는 의미이다.

동의자 救 구원할 구   扶 도울 부   助 도울 조

4급

援援援援援援援援援援援援

출제단어
援助 원조 : 도와줌.
無援 무원 : 아무런 도움이 없음.
援護 원호 : 후원하여 보호함.
應援 응원 : 호응하여 도와줌.

源
근원 원

총 13 | 부 氵

물(氵)이 언덕(原)에서 샘솟는 곳이 **근원**이다.

동의자 根 뿌리 근   비슷한 한자 原 언덕 원

4급

源源源源源源源源源源源源源

출제단어
源流 원류 : 물이 흐르는 원천. 사물이 일어나는 근원.
源泉 원천 : 물이 흘러나오는 근원.
語源 어원 : 말이 이루어진 근원.

員
인원·관원 원

총 10 | 부 口

인구(口)나 재물(貝)을 관리하는 것은 **관원**이다.

비슷한 한자 貝 조개 패

4급Ⅱ

員員員員員員員員員員

출제단어
官員 관원 : 관가에서 일하는 사람.
動員 동원 : 목적 달성을 위해 사람, 물건을 집중함.
任員 임원 : 단체의 임무를 맡아 처리하는 사람.

圓
둥글 원

총 13 | 부 口

많은 사람(員)이 에워싸니(囗) **둥글다**.

동의자 團 둥글 단   비슷한 한자 園 동산 원

4급Ⅱ

圓圓圓圓圓圓圓圓圓圓圓圓圓

출제단어
圓心 원심 : 원의 중심.
圓盤 원반 : 둥글고 넓적하게 생긴 물건.
圓柱 원주 : 둥근 기둥.
團圓 단원 : 결말이나 끝.

50일 완성 **29**일째

危 위태할 위
총 6 | 부 卩

재앙 위에 사람(卩)이 있으니 **위태롭다**.

동의자 險 험할 험

4급

危 危 危 危 危 危

출제단어
危急 위급 : 위태하고 급함.
危重 위중 : 병세가 무거움.
危殆 위태 : 형세가 어려움.
危機 위기 : 위험한 고비.

圍 에워쌀 위
총 12 | 부 囗

가죽(韋)으로 그 둘레(囗)를 **에워싸다**.

동의자 包 쌀 포 비슷한 한자 園 동산 원

4급

圍 圍 圍 圍 圍 圍 圍 圍 圍 圍

출제단어
周圍 주위 : 어떤 곳의 둘레.
包圍 포위 : 주위를 에워쌈.
範圍 범위 : 한정된 둘레의 언저리.

委 맡길 위
총 8 | 부 女

여자(女)는 벼(禾)가 고개 숙이듯 고개를 숙여 지아비에게 몸을 **맡긴다**.

동의자 任 맡길 임 비슷한 한자 季 계절 계

4급

委 委 委 委 委 委 委 委

출제단어
委囑 위촉 : 어떤 일을 맡기어 부탁함.
委任 위임 : 어떤 일을 책임지워 맡김.
委員 위원 : 처리를 위임받은 사람.

威 위엄 위
총 9 | 부 女

도끼(戌)를 든 듯이 무서운 시어머니(女)라는데서 **위엄**을 의미한다.

동의자 嚴 엄할 엄

4급

威 威 威 威 威 威 威 威

출제단어
威勢 위세 : 위엄이 있는 기세.
示威 시위 : 위력이나 기세를 떨쳐 보임.
威風 위풍 : 위엄이 있는 풍채.
威嚴 위엄 : 점잖고 엄숙함.

> 읽기 한자

慰 위로할 위
총15 | 부 心

벼슬아치(尉)는 백성의 마음(心)을 헤아리며 **위로해야** 한다.

비슷한 한자: 尉 벼슬 위

4급

출제단어
- 慰勞 위로 : 마음이 상하지 않도록 말함.
- 慰問 위문 : 위로하기 위하여 방문함.
- 慰安 위안 : 위로하여 안심시킴.

爲 하·할 위(:)
총12 | 부 爪

원숭이가 손으로 머리를 긁는 모양을 본떠 **하다**라는 뜻을 가진다.

비슷한 한자: 僞 거짓 위

4급Ⅱ

출제단어
- 爲業 위업 : 사업을 경영함.
- 爲主 위주 : 으뜸으로 삼음.
- 爲政 위정 : 정치를 행하는 일.
- 所爲 소위 : 하는 일.

衛 지킬 위
총15 | 부 行

에워싼(韋) 성을 군졸이 왔다 갔다(行)하며 **지킨다**.

비슷한 한자: 衝 찌를 충

4급Ⅱ

출제단어
- 衛兵 위병 : 군영을 지키는 졸병.
- 防衛 방위 : 적의 공격을 막아서 지킴.
- 衛生 위생 : 건강을 보호, 증진함.

乳 젖 유
총8 | 부 乙

새(乚)를 기를(孚) 때는 **젖**을 먹인다.

비슷한 한자: 孔 구멍 공

4급

출제단어
- 乳房 유방 : 젖.
- 乳頭 유두 : 젖꼭지.
- 牛乳 우유 : 소의 젖.

50일 완성 29일째

儒 선비 유
총 16 | 부 亻

사람(亻)들이 가르침을 구하는(需) 것은 **선비**이다.

동의자 士 선비 사 비슷한 한자 需 쓸 수

儒儒儒儒儒儒儒儒儒儒儒儒

출제단어
- 儒敎 유교 : 공자를 시조로 하는 인의도덕의 교.
- 儒生 유생 : 유학을 공부하는 선비.
- 儒林 유림 : 유학을 신봉하는 무리.

4급

遊 놀 유
총 13 | 부 辶

깃발(斿)을 들고 아이가 뛰어다니며(辶) **놀다**.

비슷한 한자 戱 놀이 희

遊遊遊遊遊遊遊遊遊遊遊遊遊

출제단어
- 遊覽 유람 : 돌아다니며 구경함.
- 遊學 유학 : 타향에 가서 공부함.
- 遊興 유흥 : 흥겹게 놂.

4급

遺 남길 유
총 16 | 부 辶

귀한(貴) 것을 두고 가는(辶) 것이니 **남기다**.

비슷한 한자 遣 보낼 견

遺遺遺遺遺遺遺遺遺遺遺遺

출제단어
- 遺骨 유골 : 죽은 사람의 해골.
- 遺産 유산 : 죽은 사람이 남겨 놓은 재산.
- 遺物 유물 : 후세에 남겨진 물건.
- 遺品 유품 : 생전에 사용하다 남긴 물건.

4급

肉 고기 육
총 6 | 부 肉

힘살의 단면을 본뜬 글자로 **고기**의 뜻으로 쓰인다.

비슷한 한자 內 안 내

肉肉肉肉肉肉

출제단어
- 肉體 육체 : 인간의 몸뚱이.
- 肉親 육친 : 혈족 관계가 있는 사람.
- 肉身 육신 : 사람의 몸. 육체.

4급 II

> 읽기 한자

50일 완성 **29**일째

隱
숨을 은

총 17 | 부 阝

언덕(阝) 밑에서 조심스럽게(㥯) 사니 **숨어** 사는 것이다.

반의자 顯 나타날 현

4급

隱隱隱隱隱隱隱隱隱隱隱隱隱隱隱隱隱

출제단어
- 隱居 은거 : 숨어서 세월을 보냄.
- 隱身 은신 : 몸을 숨김.
- 隱匿 은닉 : 감춤. 숨김.
- 隱退 은퇴 : 직임에서 물러남.

恩
은혜 은

총 10 | 부 心

따뜻한 마음(心)의 인연(因)으로 **은혜**를 입었다.

동의자 惠 은혜 혜

4급Ⅱ

恩恩恩恩恩恩恩恩恩恩

출제단어
- 恩師 은사 : 은혜를 입은 스승.
- 師恩 사은 : 스승의 은혜.
- 恩人 은인 : 은혜가 있는 사람.
- 報恩 보은 : 은혜를 갚음.

陰
그늘 음

총 11 | 부 阝

언덕(阝)에 가려 어두워진(侌) 곳은 **그늘**진 곳이다.

반의자 陽 볕 양   景 볕 경

4급Ⅱ

陰陰陰陰陰陰陰陰陰陰陰

출제단어
- 陰地 음지 : 그늘진 곳.
- 陰凶 음흉 : 엉큼하고 흉악함.
- 陰散 음산 : 날이 흐리고 쓸쓸히 추움.
- 寸陰 촌음 : 매우 짧은 동안의 시간.

應
응할 응:

총 17 | 부 心

매(雁)는 사냥을 해서 주인의 마음(心)에 **응답한다**.

비슷한 한자 雁 기러기 안

4급Ⅱ

應應應應應應應應應應應應應應應應應

출제단어
- 應答 응답 : 물음에 대답함.
- 反應 반응 : 자극이나 작용에 대응하여 일어남.
- 應募 응모 : 모집에 응함.
- 應當 응당 : 마땅히.

> 연습 문제

1 다음 漢字語의 讀音을 써 보세요.

(1) 源泉 (   )   (2) 圓形 (   )   (3) 威嚴 (   )

(4) 衛生 (   )   (5) 乳兒 (   )   (6) 恩德 (   )

2. 다음 漢字의 음과 訓을 써 보세요.

(1) 員 (   )   (2) 危 (   )   (3) 圍 (   )

(4) 慰 (   )   (5) 儒 (   )   (6) 遊 (   )

3. 다음 漢字의 部首를 쓰세요.

(1) 爲 (   )   (2) 危 (   )   (3) 衛 (   )

4. 다음 漢字語의 讀音을 보고 漢字를 쓰세요.

(1) 후원(뒤에서 도와줌) :

(2) 위원(단체의 특정 사항을 처리할 것을 위임받은 사람) :

(3) 유산(죽은 사람이 남겨 놓은 재산) :

(4) 육체(사람의 몸) :

(5) 음흉(겉으로는 부드러워 보이나 속으로는 엉큼하고 흉악함) :

(6) 유교(유학을 종교적인 관점에서 이르는 말) :

(7) 체육(신체를 튼튼하게 단련시키는 일) :

(8) 회원(어떤 회를 구성하는 사람들) :

> 쓰기 한자

失 잃을 실	급6 총5 부大	失禮실례 失業실업 / 紛失분실 失手실수
室 집·방 실	급8 총9 부宀	室內실내 溫室온실 / 寢室침실 密室밀실
心 마음 심:	급7 총4 부心	心境심경 心德심덕 / 心證심증 眞心진심
十 열 십	급8 총2 부十	十分십분 十指십지 / 十里십리 十字십자
兒 아이 아	급5 총8 부儿	兒童아동 育兒육아 / 小兒소아 孤兒고아
惡 악할 악 / 미워할 오	급5 총12 부心	惡女악녀 惡談악담 / 惡黨악당 發惡발악
案 책상 안:	급5 총10 부木	案件안건 案內안내 / 方案방안 圖案도안
安 편안 안	급7 총6 부宀	安樂안락 安心안심 / 安寧안녕 保安보안
愛 사랑 애(:)	급6 총13 부心	愛讀애독 愛情애정 / 愛撫애무 戀愛연애
夜 밤 야:	급6 총8 부夕	夜間야간 夜食야식 / 夜景야경 深夜심야

50일 완성 30일째

野 들 야:	급 6 총 11 부 里	野史 야사, 野性 야성, 野生 야생, 平野 평야
約 맺을 약	급 5 총 9 부 糸	約束 약속, 約婚 약혼, 節約 절약, 規約 규약
弱 약할 약	급 6 총 10 부 弓	弱小 약소, 弱質 약질, 弱骨 약골, 虛弱 허약
藥 약 약	급 6 총 19 부 艹	藥房 약방, 藥水 약수, 藥局 약국, 藥師 약사
養 기를 양:	급 5 총 15 부 食	養蜂 양봉, 養分 양분, 榮養 영양, 養成 양성
洋 큰바다 양	급 6 총 9 부 氵	洋服 양복, 洋屋 양옥, 西洋 서양, 東洋 동양
陽 볕 양	급 6 총 12 부 阝	陽地 양지, 太陽 태양, 夕陽 석양, 陽氣 양기
漁 고기 잡을 어	급 5 총 14 부 氵	漁船 어선, 漁業 어업, 出漁 출어, 漁夫 어부
魚 고기 어	급 5 총 11 부 魚	魚物 어물, 魚肉 어육, 洪魚 홍어, 銀魚 은어
語 말씀 어:	급 7 총 14 부 言	語訥 어눌, 語調 어조, 語學 어학, 單語 단어

> 연습 문제

1. 다음 漢字語의 讀音을 써 보세요.

(1) 失敗 (   )   (2) 兒童 (   )   (3) 愛情 (   )

(4) 陽地 (   )   (5) 漁船 (   )   (6) 要約 (   )

2. 다음 漢字의 음과 訓을 써 보세요.

(1) 兒 (   )   (2) 惡 (   )   (3) 案 (   )

(4) 約 (   )   (5) 養 (   )   (6) 洋 (   )

3. 다음 漢字의 部首를 쓰세요.

(1) 惡 (   )   (2) 洋 (   )   (3) 室 (   )

4. 다음 漢字語의 讀音을 보고 漢字를 쓰세요.

(1) 약국(약사가 약을 조제하거나 파는 곳) :

(2) 양어장(물고기를 인공적으로 기르는 곳) :

(3) 어록(위인들이 한 말을 간추려 모은 기록) :

(4) 야행성(낮에는 쉬고 밤에 활동하는 동물의 습성) :

5. 다음 漢字의 반대어를 쓰세요.

(1) 陽 ↔ (   )   (2) 野 ↔ (   )

6. 다음 漢字의 유의어를 쓰세요.

(1) 心 : (   )   (2) 養 : (   )

> 읽기 한자

50일 완성 **31** 일째

依 의지할 의
총8 | 부 亻

사람(亻)의 몸은 옷(衣)에 의하여 보호되며 **의지한다**.

비슷한 한자 他 다를 타

4급

依依依依依依依依

출제단어
依據의거 : 증거대로 함.
依存의존 : 의지하고 있음.
依支의지 : 기대어 도움을 받음.
歸依귀의 : 돌아가 몸을 기댐.

儀 거동 의
총15 | 부 亻

사람(亻)은 옳은(義) 행동으로 **법도**를 지킨다.

4급

儀儀儀儀儀儀儀儀儀儀儀儀儀儀儀

출제단어
儀禮의례 : 형식을 갖춘 예의.
儀式의식 : 어떤 행사를 치르는 법식.
儀節의절 : 예절. 범절.

疑 의심할 의
총14 | 부 疋

비수(匕)와 활(矢)을 들고 뛰어가는 사람의 행동은 **의심스럽다**.

동의자 惑 미혹할 혹   비슷한 한자 凝 엉길 응

4급

疑疑疑疑疑疑疑疑疑疑疑疑疑疑

출제단어
疑問의문 : 의심하여 물음.
疑惑의혹 : 수상하게 여김.
疑心의심 : 믿지 못하는 마음.
疑訝의아 : 의심스러워 괴이쩍음.

義 옳을 의:

총13 | 부 羊

나(我)의 마음을 양(羊)과 같이 착하게 가짐은 **옳고 의롭다**.

비슷한 한자 儀 거동 의

4급 II

義義義義義義義義義義義義義

출제단어
義兵의병 : 의를 위해 일어난 군사.
義士의사 : 의리를 굳게 지키는 사람.
義憤의분 : 의를 위해 일어나는 분노.
正義정의 : 진리에 맞는 올바른 도리.

> 읽기 한자

議 의논할 의(ː)
총 20 | 부 言

올바른(義) 뜻의 말(言)을 주고받으며 **의논한다**.

동의자 論 논할 론

4급Ⅱ

議議議議議議議議議議議議議議議議議議議議
議 議 議

출제단어
議論 의논 : 서로 의견을 문의함. 서로 일을 꾀함.   議席 의석 : 회의하는 자리.
議員 의원 : 합의 기관의 구성원.

異 다를 이ː
총 11 | 부 田

밭(田)에서 함께(共) 일을 하면 능률이 **다르다**.

동의자 他 다를 타 差 다를 차 반의자 同 같을 동 如 같을 여

4급

異 異 異 異 異 異 異 異 異 異 異
異 異 異

출제단어
異論 이론 : 남과 다른 의론. 남의 의견에 반대하는 말.   相異 상이 : 서로 다름.
異見 이견 : 서로 다른 의견.   異性 이성 : 다른 성질.

移 옮길 이
총 11 | 부 禾

벼(禾)는 많이(多) 뿌려 놓은 못자리에서 **옮겨** 심는다.

동의자 運 옮길 운 徙 옮길 사

4급Ⅱ

移 移 移 移 移 移 移 移 移 移 移
移 移 移

출제단어
移住 이주 : 딴 곳으로 옮겨가서 삶.   移植 이식 : 식물 따위를 옮겨 심음.
移送 이송 : 재판하기 위해 죄수를 다른 옥으로 옮김.

益 더할 익
총 10 | 부 皿

그릇(皿)에 물이 넘쳐흐르니 **더할** 수 없다.

동의자 添 더할 첨 加 더할 가 반의자 損 덜 손

4급Ⅱ

益 益 益 益 益 益 益 益 益 益
益 益 益

출제단어
益鳥 익조 : 인간에게 유익을 주는 새의 총칭.   有益 유익 : 이익이 있음.
利益 이익 : 유익하고 도움이 되는 것.

仁 어질 인
총 4 | 부 亻

사람(亻)이 둘(二)이 모이면 **어진** 행동을 해야 한다.

동의자 賢 어질 현

仁 仁 仁 仁

출제단어
仁德 인덕 : 어진 덕.
仁者 인자 : 마음이 어진 사람.
仁術 인술 : 사람을 살리는 의술.

4급

印 도장 인
총 6 | 부 卩

무릎(卩)을 꿇고 손으로 찍는 것이 **도장**이다.

비슷한 한자 卯 토끼 묘

印 印 印 印 印 印

출제단어
印象 인상 : 자극을 받아 의식 안에 생기는 지각.
印朱 인주 : 도장 찍을 때 쓰는 붉은 빛 재료.
印章 인장 : 도장.
刻印 각인 : 도장을 새김.

4급 II

引 끌 인
총 4 | 부 弓

활(弓)에 줄(|)을 메겨 **끌어당겨** 쏜다.

동의자 導 인도할 도 牽 끌 견   반의자 推 밀 추

引 引 引 引

출제단어
引導 인도 : 가르쳐 줌. 안내함.
割引 할인 : 일정한 값에서 얼마를 덜어냄.
誘引 유인 : 꾀어 냄.
牽引 견인 : 끌어당김.

4급 II

認 알 인
총 14 | 부 言

남의 말(言)을 참고(忍) 들어야 **알** 수 있다.

동의자 識 알 식 知 알 지

認 認 認 認 認 認 認 認 認 認 認

출제단어
認定 인정 : 옳다고 믿고 정함.
是認 시인 : 옳다고 인정함.
認證 인증 : 인정하여 증명함.
共認 공인 : 함께 인정함.

4급 II

50일 완성 **31**일째

> 읽기 한자

姉
손윗누이 자
총 8 | 부 女

여자(女) 중에 성숙한(市) 여자는 **손윗누이**다.

반의자 妹 손아래 누이 매

姉 姉 姉 姉 姉 姉 姉 姉

출제단어
姉氏자씨 : 남의 손윗누이의 경칭.
姉妹자매 : 여자끼리의 형제.
姉兄자형 : 누님의 남편.

4급

姿
모양 자:
총 9 | 부 女

여자(女)가 차례로(次) 앉아 **맵시**를 자랑한다.

동의자 態 모습 태

姿 姿 姿 姿 姿 姿 姿 姿 姿

출제단어
姿色자색 : 여자의 고운 얼굴.
姿勢자세 : 동작을 취할 때 몸의 형태.
姿態자태 : 몸가짐과 맵시.

4급

資
재물 자
총 13 | 부 貝

재물(貝)을 차례(次)로 마련해 놓으니 **자산**이 된다.

資 資 資 資 資 資 資 資 資 資 資 資 資

출제단어
資金자금 : 사업을 경영하는데 드는 돈.
資格자격 : 어떤 행동을 하는데 필요한 조건.
資料자료 : 밑천이 될 만한 재료.

4급

殘
남을 잔
총 12 | 부 歹

뼈(歹)가 보이도록 창(戔)으로 찌르니 잔인함만 **남는다**.

殘 殘 殘 殘 殘 殘 殘 殘 殘 殘 殘 殘

출제단어
殘金잔금 : 나머지 돈.
殘忍잔인 : 인정이 없고 아주 모짊.
殘惡잔악 : 잔인하고 악독함.

4급

50일 완성 31일째

雜 섞일 잡
총 18 | 부 隹 | 4급

여러 색깔의 천(衣)을 모아(集) 두니 **섞이다**.

비슷한 한자 難 어려울 난

출제단어
- 雜技 잡기 : 여러 가지 재주.
- 雜念 잡념 : 여러 가지 쓸데 없는 생각.
- 雜務 잡무 : 여러 가지 잔일.
- 複雜 복잡 : 여럿이 겹치고 뒤섞여 있음.

壯 장할 장:
총 7 | 부 士 | 4급

무기(爿)를 가지고 싸울 수 있는 사내(士)는 **씩씩한** 사람이다.

동의자 健 굳셀 건

출제단어
- 壯骨 장골 : 기운이 좋게 생긴 골격.
- 壯元 장원 : 과거에 급제함.
- 壯談 장담 : 자신이 있는 듯이 큰소리 침.
- 雄壯 웅장 : 크고 굉장함.

帳 장막 장
총 11 | 부 巾 | 4급

길게(長) 드리운 천(巾)을 말하는 것으로 **장막**을 의미한다.

출제단어
- 帳幕 장막 : 군용의 천막. 군막.
- 布帳 포장 : 베, 무명 등으로 만든 휘장.
- 帳簿 장부 : 계산들을 기록해 두는 책.

張 베풀 장
총 11 | 부 弓 | 4급

활(弓)의 줄을 길게(長) 늘여 **벌린다**.

비슷한 한자 帳 장막 장

출제단어
- 張大 장대 : 넓적하고 큼.
- 張數 장수 : 종이장의 수효.
- 伸張 신장 : 늘여서 넓게 폄.
- 主張 주장 : 자기 의견을 굳게 내세움.

> 연습 문제　　　　　　　　　　　　　　　　　50일 완성 **31**일째

1. 다음 漢字語의 讀音을 써 보세요.

   (1) 禮儀 (　　　)　　(2) 義務 (　　　)　　(3) 公益 (　　　)

   (4) 仁愛 (　　　)　　(5) 姿態 (　　　)　　(6) 雜念 (　　　)

2. 다음 漢字의 음과 訓을 써 보세요.

   (1) 疑 (　　　)　　(2) 議 (　　　)　　(3) 異 (　　　)

   (4) 印 (　　　)　　(5) 引 (　　　)　　(6) 認 (　　　)

3. 다음 漢字의 部首를 쓰세요.

   (1) 義 (　　　)　　(2) 姉 (　　　)　　(3) 議 (　　　)

4. 다음 漢字語의 讀音을 보고 漢字를 쓰세요.

   (1) 의지(기대어 도움을 받음) :

   (2) 이동(움직여 옮김) :

   (3) 장담(확신을 가지고 아주 자신 있게 말함) :

   (4) 장본인(어떤 일을 꾀하여 일으킨 바로 그 사람) :

5. 다음 漢字의 반대어를 쓰세요.

   (1) 引 ↔ (　　　)　　(2) 張 ↔ (　　　)

6. 다음 漢字의 유의어를 쓰세요.

   (1) 認 : (　　　)　　(2) 殘 : (　　　)

> 쓰기 한자

50일 완성 **32**일째

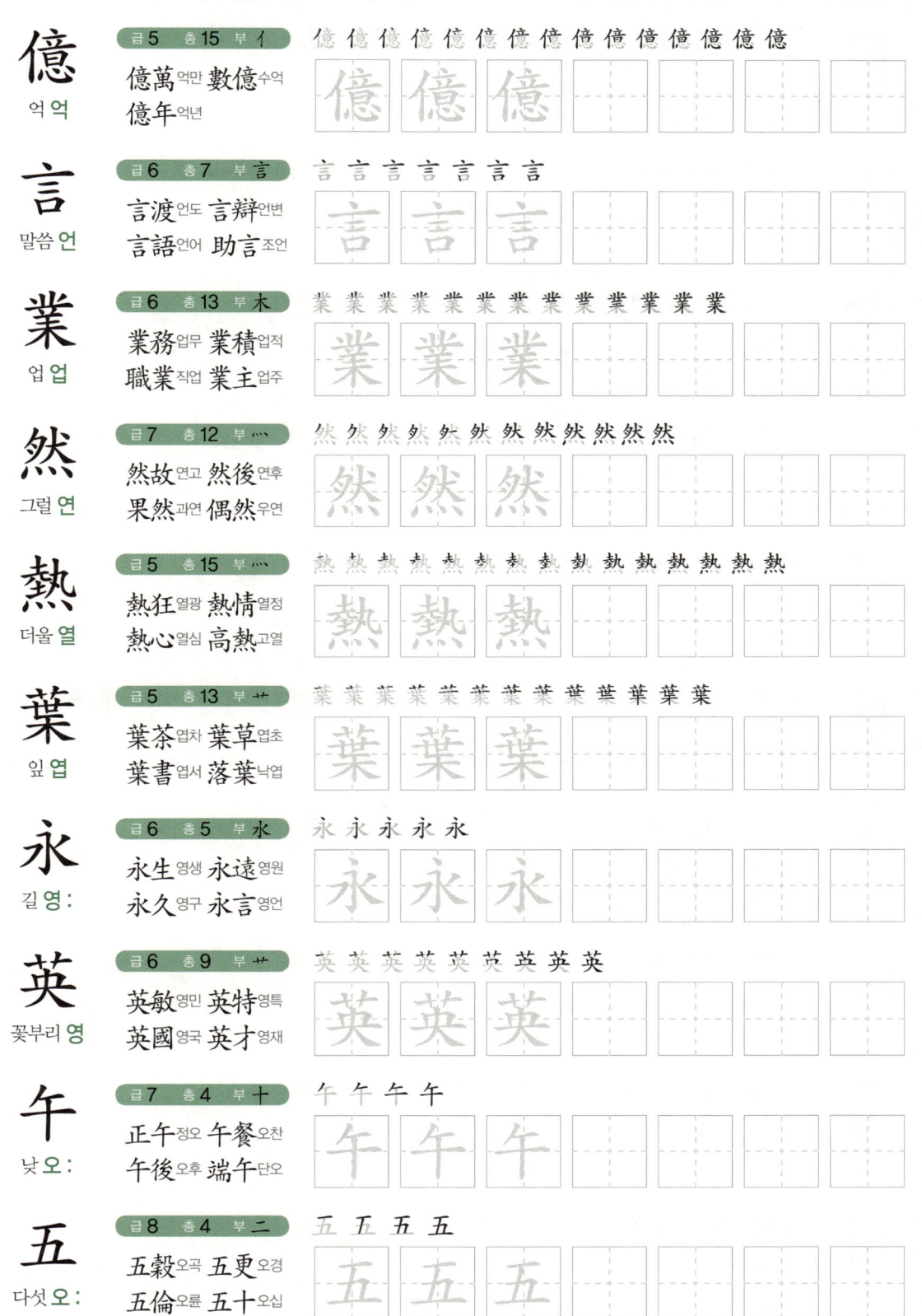

> 쓰기 한자

50일 완성 **32**일째

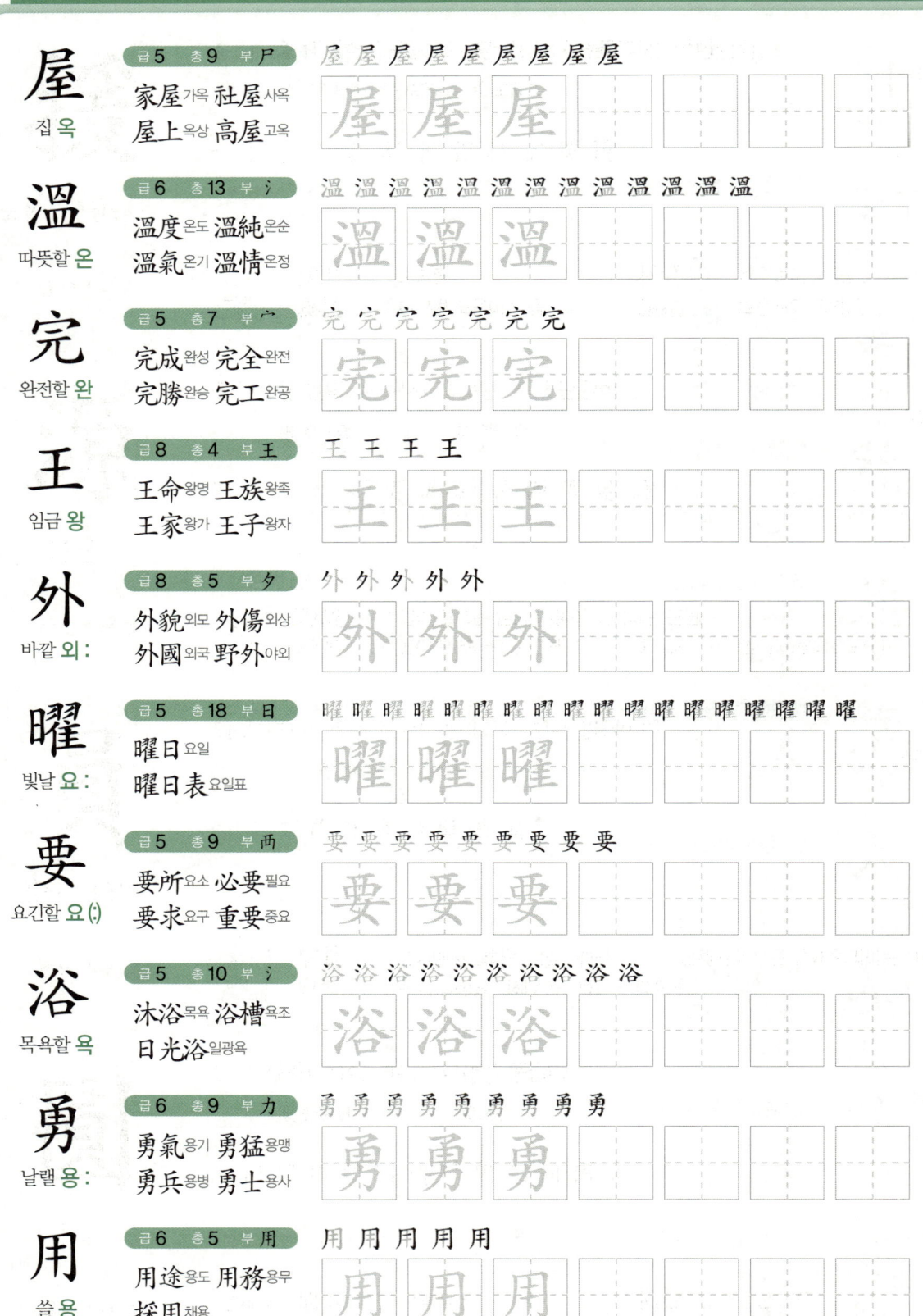

屋 집 옥	급5 총9 부尸	家屋 가옥 社屋 사옥 / 屋上 옥상 高屋 고옥
溫 따뜻할 온	급6 총13 부氵	溫度 온도 溫純 온순 / 溫氣 온기 溫情 온정
完 완전할 완	급5 총7 부宀	完成 완성 完全 완전 / 完勝 완승 完工 완공
王 임금 왕	급8 총4 부王	王命 왕명 王族 왕족 / 王家 왕가 王子 왕자
外 바깥 외:	급8 총5 부夕	外貌 외모 外傷 외상 / 外國 외국 野外 야외
曜 빛날 요:	급5 총18 부日	曜日 요일 / 曜日表 요일표
要 요긴할 요(:)	급5 총9 부襾	要所 요소 必要 필요 / 要求 요구 重要 중요
浴 목욕할 욕	급5 총10 부氵	沐浴 목욕 浴槽 욕조 / 日光浴 일광욕
勇 날랠 용:	급6 총9 부力	勇氣 용기 勇猛 용맹 / 勇兵 용병 勇士 용사
用 쓸 용	급6 총5 부用	用途 용도 用務 용무 / 採用 채용

> 연습 문제 50일 완성 **32**일째

1. 다음 漢字語의 讀音을 써 보세요.

   (1) 億萬 (   )   (2) 言論 (   )   (3) 熱帶 (   )

   (4) 溫泉 (   )   (5) 勇敢 (   )   (6) 完結 (   )

2. 다음 漢字의 음과 訓을 써 보세요.

   (1) 業 (   )   (2) 熱 (   )   (3) 葉 (   )

   (4) 英 (   )   (5) 屋 (   )   (6) 曜 (   )

3. 다음 漢字의 部首를 쓰세요.

   (1) 然 (   )   (2) 英 (   )   (3) 浴 (   )

4. 다음 漢字語의 讀音을 보고 漢字를 쓰세요.

   (1) 영원(어떤 상태가 끝없이 이어짐) :

   (2) 한옥(우리나라 고유의 형식으로 지은 집을 이르는 말) :

   (3) 온도(따뜻함과 차가움의 정도) :

   (4) 왕도(임금으로서 마땅히 지켜야 할 도리) :

5. 다음 漢字의 반대어를 쓰세요.

   (1) 熱 ↔ (   )   (2) 溫 ↔ (   )

6. 다음 漢字의 유의어를 쓰세요.

   (1) 永 : (   )   (2) 熱 : (   )

> 읽기 한자

腸 — 창자 장
총 13 | 부 月 | 4급

몸(月) 중에서 제일 긴(昜) 것은 **창자**이다.

비슷한 한자: 場 마당 장 陽 볕 양

출제 단어:
- 腸壁 장벽 : 창자 내부의 벽.
- 腸癌 장암 : 창자 내부에 발생하는 암의 일종.
- 腸炎 장염 : 창자의 점막에 생기는 염증.

裝 — 꾸밀 장
총 13 | 부 衣 | 4급

옷(衣)을 성하게(壯) 차려 입고 단장을 **꾸민다**.

동의자: 飾 꾸밀 식

출제 단어:
- 裝具 장구 : 꾸미고 단장하는데 쓰는 제구.
- 包裝 포장 : 물건을 사서 꾸림.
- 裝飾 장식 : 치장하여 꾸밈.
- 武裝 무장 : 전투장비를 갖춤.

奬 — 장려할 장(:)
총 14 | 부 大 | 4급

장차(將) 크게(大) 되도록 권면해서 **장려하다**.

출제 단어:
- 奬勵 장려 : 좋은 일에 힘쓰도록 권하여 북돋워 줌.
- 勸奬 권장 : 권하여 장려함.
- 奬學 장학 : 학문을 장려함.

將 — 장수 장(:)
총 11 | 부 寸 | 4급Ⅱ

널판(爿) 위에 고기(月)를 놓고 법도(寸)에 따라 제를 올리는 사람이니 **장수**이다.

동의자: 帥 장수 수   반의자: 兵 병사 병

출제 단어:
- 將校 장교 : 군대의 지휘자.
- 將次 장차 : 앞으로.
- 將來 장래 : 장차 돌아올 때. 미래.
- 主將 주장 : 우두머리 되는 장수.

50일 완성 **33**일째

障 막을 장
총 14 | 부 阝 | 4급 II

문장(章)과 문장 사이가 끊어지듯 언덕(阝)이 **막혔다**.

동의자 防 막을 방 拒 막을 거 抵 막을 저   비슷한 한자 章 글 장

障障障障障障障障障障

출제단어
- 障壁 장벽 : 칸막이로 가려 막은 벽.
- 障害 장해 : 거리껴서 해가 됨.
- 障碍 장애 : 거리껴 거치적거림.
- 保障 보장 : 일이 잘 되도록 보호함.

底 밑 저:
총 8 | 부 广 | 4급

바위 집(广) 낮은(氐) 곳에 사니 **밑**에 사는 것이다.

비슷한 한자 抵 막을 저

底底底底底底底底

출제단어
- 底力 저력 : 속에 간직한 끈기 있는 힘.
- 海底 해저 : 바다 밑바닥.
- 底意 저의 : 속으로 작정한 뜻.
- 底土 저토 : 밑바닥의 흙.

低 낮을 저:
총 7 | 부 亻 | 4급 II

신분 **낮은** 사람(亻)이 자세를 낮춰(氐) 숙인다.

반의자 高 높을 고   비슷한 한자 抵 막을 저

低低低低低低低

출제단어
- 低氣壓 저기압 : 대기의 압력이 낮아지는 현상.
- 低空 저공 : 지면에 가까운 하늘.
- 低價 저가 : 싼 값.
- 低質 저질 : 품질이 나쁨.

積 쌓을 적
총 16 | 부 禾 | 4급

자기가 거둔 벼(禾)는 책임(責)지고 **쌓는다**.

동의자 蓄 모을 축   비슷한 한자 績 길쌈 적

積積積積積積積積積積積積

출제단어
- 積善 적선 : 착한 일을 여러 번 함.
- 面積 면적 : 일정한 평면이나 구면의 크기.
- 積載 적재 : 물건을 쌓아 실음.
- 積金 적금 : 돈을 모아둠.

> 읽기 한자

籍 문서 적
총 20 | 부 竹 | 4급

대쪽(竹)에 글씨를 적어 밭을 갈(耤)듯이 쌓아 두는 것이 **문서**이다.

동의자 卷 문서 권 簿 문서 부

출제단어
史籍 사적 : 역사에 관한 서적. 사기.
戶籍 호적 : 호수와 식구별로 기록한 장부.
書籍 서적 : 책.

績 길쌈 적
총 17 | 부 糸 | 4급

실(糸)로 겹겹이 쌓는(責) 것이 **길쌈**하는 것이다.

비슷한 한자 積 쌓을 적

출제단어
政績 정적 : 정치상에 있어서의 성과.
功績 공적 : 쌓은 공로.
紡績 방적 : 동식물의 섬유를 가공하여 실로 만드는 일.

賊 도둑 적
총 13 | 부 貝 | 4급

무기(戎)를 들고 남의 재물(貝)을 훔치니 **도둑**이다.

출제단어
賊船 적선 : 해적선.
逆賊 역적 : 제 나라 임금에게 반역하는 사람.
賊臣 적신 : 불충한 신하.
盜賊 도적 : 도둑.

適 맞을 적
총 15 | 부 辶 | 4급

뿌리(啇)가 뻗어가는(辶) 것은 나무가 자라기 **알맞게** 뻗는다.

비슷한 한자 滴 물방울 적

출제단어
適當 적당 : 사리에 알맞음.
快適 쾌적 : 적합하여 기분이 썩 좋음.
適中 적중 : 꼭 들어맞음.
相適 상적 : 양 편의 실력이 서로 비슷함.

33일째

敵 대적할 적
총 15 | 부 攵 | 4급 II

근거지(啇)를 쳐서(攵) 원수와 **대적하다**.

비슷한 한자: 敲 두드릴 고

출제단어
- 敵軍 적군 : 적의 군대.
- 敵地 적지 : 적군의 땅.
- 敵將 적장 : 적군의 장수.
- 強敵 강적 : 힘이 강한 적군.

專 오로지 전
총 11 | 부 寸 | 4급

물레바퀴(叀)는 **오로지** 규칙(寸)적으로 돌아야 한다.

비슷한 한자: 傳 전할 전

출제단어
- 專門 전문 : 오로지 한 가지 일을 다함.
- 專念 전념 : 어떤 일에만 마음을 오로지 씀.
- 專屬 전속 : 오직 한 곳에만 속함.

轉 구를 전:
총 18 | 부 車 | 4급

수레바퀴(車)는 오로지(專) **굴러야** 옮겨 갈 수 있다.

출제단어
- 轉落 전락 : 굴러 떨어짐. 타락함.
- 轉學 전학 : 다른 학교로 옮겨가서 배움.
- 轉業 전업 : 직업을 옮김.
- 逆轉 역전 : 형세가 뒤집힘.

 돈 전:
총 16 | 부 金 | 4급

금(金)이 많이 쌓이니(戔) **돈**이 많다.

비슷한 한자: 賤 천할 천

출제단어
- 錢穀 전곡 : 돈과 곡식.
- 銅錢 동전 : 구리로 만든 돈.
- 錢主 전주 : 밑천을 대는 사람.
- 無錢 무전 : 돈이 없음.

> 읽기 한자   50일 완성 **33**일째

田 밭 전
총 5 | 부 田

사방으로 둑을 만들어 놓은 밭의 모양을 본뜬 글자이다.
반의자 畓 논 답 비슷한 한자 由 말미암을 유
4급II

田 田 日 田 田

출제 단어
田畓 전답 : 밭과 논.
丹田 단전 : 배꼽 아래로 한 치 다섯 푼 되는 곳.
田園 전원 : 논밭과 동산. 시골.

折 꺾을 절
총 7 | 부 扌

손(扌)에 도끼(斤)를 들고 나뭇가지를 **꺾는다**.
동의자 曲 굽을 곡 비슷한 한자 析 쪼갤 석
4급

折 折 折 折 折 折 折

출제 단어
折半 절반 : 하나를 반으로 자른 것.
挫折 좌절 : 마음과 기운이 꺾임.
骨折 골절 : 뼈가 부러짐.
屈折 굴절 : 휘어서 꺾임.

絶 끊을 절
총 12 | 부 糸

실(糸)의 매듭(卩)을 칼(刀)로 자르듯이 **끊는다**.
동의자 斷 끊을 단 切 끊을 절 반의자 繼 이을 계 續 이을 속
4급II

絶 絶 絶 絶 絶 絶 絶 絶 絶

출제 단어
絶交 절교 : 교제를 끊음.
拒絶 거절 : 서로 사귐을 끊음.
絶對 절대 : 대립되는 것이 없음.
氣絶 기절 : 정신을 잃음.

占 점칠 점
총 5 | 부 卜

빼앗은 나라(口)에 깃대를 꽂아(卜) **점령한다**.
동의자 卜 점 복
4급

占 占 占 占 占

출제 단어
占據 점거 : 장소를 차지하여 자리를 잡음. 점령.
占領 점령 : 일정한 장소를 차지함.
獨占 독점 : 권리를 혼자서 모두 가짐.

> 연습 문제

50일 완성 **33**일째

1. 다음 漢字語의 讀音을 써 보세요.

    (1) 斷腸 (   )   (2) 保障 (   )   (3) 書籍 (   )

    (4) 敵軍 (   )   (5) 轉移 (   )   (6) 絕斷 (   )

2. 다음 漢字의 음과 訓을 써 보세요.

    (1) 裝 (   )   (2) 底 (   )   (3) 積 (   )

    (4) 績 (   )   (5) 適 (   )   (6) 占 (   )

3. 다음 漢字의 部首를 쓰세요.

    (1) 將 (   )   (2) 積 (   )   (3) 錢 (   )

4. 다음 漢字語의 讀音을 보고 漢字를 쓰세요.

    (1) 장학금(학문의 연구를 돕기 위하여 연구자에게 주는 장려금) :

    (2) 저온(낮은 온도) :

    (3) 동전(구리로 만든 돈) :

    (4) 전원(논밭과 동산. 시골) :

5. 다음 漢字의 반대어를 쓰세요.

    (1) 低 ↔ (   )   (2) 絕 ↔ (   )

6. 다음 漢字의 유의어를 쓰세요.

    (1) 績 : (   )   (2) 折 : (   )

> 쓰기 한자

牛 소 우	급5 총4 부牛	牛角우각 牛馬우마 韓牛한우 牛肉우육
友 벗 우:	급5 총4 부又	友軍우군 友誼우의 友情우정 戰友전우
雨 비 우:	급5 총8 부雨	雨傘우산 雨天우천 暴雨폭우 雨雹우박
右 오른쪽 우:	급7 총5 부口	右記우기 右黨우당 右翼우익 右側우측
雲 구름 운	급5 총12 부雨	雲集운집 風雲풍운 雲海운해 暗雲암운
運 옮길 운:	급6 총13 부辶	運搬운반 運轉운전 不運불운 幸運행운
雄 수컷 웅	급5 총12 부隹	雄大웅대 雄辯웅변 英雄영웅 群雄군웅
原 언덕 원	급5 총10 부厂	原價원가 原告원고 原理원리 草原초원
院 집 원	급5 총10 부阝	院生원생 院長원장 病院병원 學院학원
願 원할 원:	급5 총19 부頁	所願소원 歎願탄원 願望원망 願書원서

50일 완성 34일째

元 으뜸 원	급5 총4 부儿	元氣원기 元來원래 壯元장원 元金원금
園 동산·울타리 원	급6 총13 부口	園藝원예 庭園정원 公園공원 樂園낙원
遠 멀 원:	급6 총14 부辶	遠近원근 遠洋원양 遠大원대 遠視원시
月 달 월	급8 총4 부月	月刊월간 月出월출 月給월급 月貰월세
位 자리 위	급5 총7 부亻	位階위계 位置위치 職位직위 水位수위
偉 클 위	급5 총11 부亻	偉大위대 偉業위업 偉容위용 偉人위인
油 기름 유	급6 총8 부氵	油畫유화 廢油폐유 油田유전 精油정유
由 말미암을 유	급6 총5 부田	由來유래 由緒유서 理由이유 自由자유
有 있을 유:	급7 총6 부月	有利유리 有望유망 有益유익 所有소유
育 기를 육	급7 총8 부月	育成육성 育英육영 體育체육 教育교육

> 연습 문제

50일 완성 **34**일째

1. 다음 漢字語의 讀音을 써 보세요.

    (1) 韓牛 (   )   (2) 雲集 (   )   (3) 雄壯 (   )

    (4) 原則 (   )   (5) 樂園 (   )   (6) 體育 (   )

2. 다음 漢字의 음과 訓을 써 보세요.

    (1) 牛 (   )   (2) 友 (   )   (3) 雲 (   )

    (4) 雄 (   )   (5) 院 (   )   (6) 願 (   )

3. 다음 漢字의 部首를 쓰세요.

    (1) 雄 (   )   (2) 遠 (   )   (3) 園 (   )

4. 다음 漢字語의 讀音을 보고 漢字를 쓰세요.

    (1) 운동(사람이 몸을 단련하거나 건강을 위하여 몸을 움직이는 일) :

    (2) 학원(학교 설치 기준의 여러 조건을 갖추지 아니한 사립 교육 기관) :

    (3) 이유(까닭) :

    (4) 유명(이름이 널리 알려져 있음) :

5. 다음 漢字의 반대어를 쓰세요.

    (1) 右 ↔ (   )   (2) 有 ↔ (   )

6. 다음 漢字의 유의어를 쓰세요.

    (1) 位 : (   )   (2) 院 : (   )

> 읽기 한자

50일 완성 **35**일째

點
점 **점(:)**

총 17 | 부 黑

검은(黑) 물이 묻어(占) **점**으로 더러워졌다.

비슷한 한자 默 잠잠할 묵

4급

點點點點點點點點點點點點點點點點點

출제단어
點檢 점검 : 낱낱이 조사함. 자세히 검사함.
採點 채점 : 점수를 매김.
點線 점선 : 점이 쭉 찍힌 선.
點數 점수 : 성적을 나타내는 숫자.

接
이을 **접**

총 11 | 부 扌

첩(妾)이나 하녀는 손님을 안내(扌)하며 가까이 **사귄다**.

비슷한 한자 妾 첩 첩

4급Ⅱ

接接接接接接接接接接接

출제단어
接見 접견 : 맞아서 봄. 대면함.
待接 대접 : 손님을 맞음.
接近 접근 : 가까이 접함.
面接 면접 : 얼굴을 마주 대함.

丁
고무래·장정 **정**

총 2 | 부 一

쇠못의 모양을 본뜬 글자이다.

4급

丁丁

출제단어
壯丁 장정 : 혈기 왕성한 남자.
兵丁 병정 : 병역에 복무하는 장정.
丁寧 정녕 : 추측대로. 틀림없이.
丁字 정자 : 정자형.

整
가지런할 **정:**

총 16 | 부 攵

바르게(正) 묶어서(束) 힘써(攵) **가지런히** 정돈한다.

동의자 齊 가지런할 제

4급

整整整整整整整整整整整整整整整整

출제단어
整頓 정돈 : 바로 잡아 치움.
調整 조정 : 조절하여 정상상태가 되게 함.
整理 정리 : 질서를 바로 잡음.
整列 정렬 : 가지런히 줄지어 섬.

> 읽기 한자

靜 고요할 정
총 16 | 부 靑

푸른(靑) 색은 다툼(爭)이 없이 **고요한** 느낌을 준다. 4급

출제단어
靜物정물 : 위치가 고정되어 움직이지 아니하는 물건.
靜肅정숙 : 거동과 마음이 조용하고 착함.   安靜안정 : 정신이 평안함.

政 정사 정
총 9 | 부 攵

힘(攵)써 바르게(正) 인도하는 것이 **정치**이다. 4급Ⅱ

비슷한 한자 放 놓을 방

출제단어
政事정사 : 정치상의 일.   政勢정세 : 정치상의 형세.
政伐정벌 : 적군이나 반역도를 침.   政刑정형 : 정치와 형벌.

程 한도·길 정
총 12 | 부 禾

벼(禾)가 성장한 크기를 나타낸다(呈)는 뜻에서 **정도, 과정**을 의미한다. 4급Ⅱ

동의자 道 길 도   路 길 로

출제단어
程度정도 : 알맞은 한도. 얼마 가량의 분량.
過程과정 : 일이 되어가는 경로.   登程등정 : 길을 떠남.

精 정할 정
총 14 | 부 米

쌀(米)을 푸른(靑) 빛이 나도록 찧으니 **깨끗하다**. 4급Ⅱ

출제단어
精進정진 : 정력을 다함. 열심히 노력함.   精力정력 : 심신의 원기.
精誠정성 : 온갖 성의를 다하는 마음.   精米정미 : 정백미.

50일 완성 35일째

帝
임금 제:
총 9 | 부 巾

면류관을 쓰고 곤룡포를 입고 허리에 띠를 맨 것을 나타내 **임금**이란 뜻의 글자이다.

동의자 王 임금 왕　君 임금 군

4급

帝 帝 帝 帝 帝 帝 帝 帝 帝

출제단어
帝王제왕 : 제국을 통치하는 한 나라의 원수.
帝國제국 : 황제가 다스리는 나라.
皇帝황제 : 제국의 군주.
童帝동제 : 어린 황제.

制
절제할 제:
총 8 | 부 刂

소(牛)의 가죽이나 헝겊(巾)을 칼(刂)로 잘라 **절제된** 옷을 짓는다.

비슷한 한자 製 지을 제

4급Ⅱ

制 制 制 制 制 制 制 制

출제단어
制服제복 : 규정한 복장.
強制강제 : 억지로 시킴.
制定제정 : 만들어 정함. 결정함.
制度제도 : 제정된 법규.

提
끌 제:
총 12 | 부 扌

손(扌)으로 물건을 바르게(是) **끌어**당긴다.

동의자 引 끌 인　牽 끌 견　반의자 推 밀 추·퇴　비슷한 한자 堤 둑 제

4급Ⅱ

提 提 提 提 提 提 提 提 提 提

출제단어
提示제시 : 어떤 뜻을 드러내 보임.
提起제기 : 드러내어 문제를 일으킴.
提議제의 : 의논을 제출함.
提出제출 : 문안이나 의견을 내어놓음.

濟
건널 제:
총 17 | 부 氵

물(氵)은 여러 사람이 가지런히(齊) **건너간다**.

동의자 渡 건널 도　비슷한 한자 齊 가지런할 제

4급Ⅱ

濟 濟 濟 濟 濟 濟 濟 濟 濟 濟 濟 濟 濟 濟

출제단어
濟民제민 : 백성을 구함.
濟度제도 : 물을 건넘. 물을 건네줌.
濟世제세 : 세상을 구제함.
救濟구제 : 사람을 구하여 냄.

> 읽기 한자

祭 제사 제:
총 11 | 부 示

신(示) 앞에 손(又)으로 고기(月)를 삶아 **제사**를 지낸다.

동의자 祀 제사 사 비슷한 한자 察 살필 찰

祭 祭 祭 祭 祭 祭 祭 祭 祭 祭 祭

출제단어
祭具 제구 : 제사에 쓰는 여러 가지 기구.
祭器 제기 : 제사 때 쓰는 그릇.
祭祀 제사 : 신령에게 정성을 드리는 일.
祝祭 축제 : 축하의 제전.

4급 II

製 지을 제:
총 14 | 부 衣

헝겊으로 옷(衣)을 만들(制) 때는 마름질하여 **짓는다**.

동의자 作 지을 작 造 지을 조 비슷한 한자 制 절제할 제

製 製 製 製 製 製 製 製 製 製 製 製 製 製

출제단어
製菓 제과 : 과자를 만듦.
製藥 제약 : 약을 제조함.
製氷 제빙 : 얼음을 만듦.
複製 복제 : 그대로 본떠서 만듦.

4급 II

除 덜 제
총 10 | 부 阝

돌층계(阝)를 쌓고 남은(余) 돌은 **덜어낸다**.

동의자 減 덜 감 반의자 添 더할 첨 加 더할 가

除 除 除 除 除 除 除 除 除 除

출제단어
除名 제명 : 명부에서 성명을 빼어 버림.
除去 제거 : 없애거나 사라지게 하는 것.
除外 제외 : 그 범위 밖에 둠.
除下 제하 : 손아랫사람에게 나누어 줌.

4급 II

際 즈음·가 제:
총 14 | 부 阝

산신에 제사(祭) 지낼 때 언덕(阝)과 언덕 사이에 **즈음**하여 지낸다.

비슷한 한자 祭 제사 제

際 際 際 際 際 際 際 際 際 際 際 際 際 際

출제단어
際限 제한 : 죽 이어진 것의 끝이 되는 부분.
國際 국제 : 나라와 나라 사이의 관계.
交際 교제 : 사귀어 가까이 지냄.
實際 실제 : 현실의 경우나 형편.

4급 II

50일 완성 35일째

條 가지 조
총 11 | 부 木

나무(木)에서 흔들리는(攸) 부분은 **가지**다.
동의자 枝 가지 지 비슷한 한자 修 닦을 수

4급

條條條條條條條條條條條

출제단어
條件조건 : 어떤 일을 이루기 위한 요소.
條約조약 : 조목을 세워 약정한 언약.
條目조목 : 일의 낱낱의 조건.
信條신조 : 신앙의 개조, 교의.

潮 조수·밀물 조
총 15 | 부 氵

물(氵)이 아침(朝)과 저녁으로 불었다 줄었다 하는 것이 **조수**다.
비슷한 한자 朝 아침 조

4급

潮潮潮潮潮潮潮潮潮潮潮潮

출제단어
潮流조류 : 바닷물의 흐름. 시세의 경향.
高潮고조 : 밀물이 가장 높아진 때.
思潮사조 : 시대나 사회의 사상 경향.
赤潮적조 : 바닷물이 붉게 되는 현상.

組 짤 조
총 11 | 부 糸

여러 실(糸)오리를 겹쳐(且) 얽는 것이 베를 **짜는** 것이다.

4급

組組組組組組組組組

출제단어
組閣조각 : 내각을 조직하는 것.
組立조립 : 하나의 구조물로 짜 맞춤.
組織조직 : 얽어서 만듦.
組合조합 : 여럿을 한데 모아 짬.

助 도울 조:
총 7 | 부 力

힘(力)에 또(且) 힘을 합쳐 **돕는다**.
동의자 扶 도울 부 佐 도울 좌 補 도울 보

4급 II

助助助助助助助

출제단어
援助원조 : 도와줌.
助手조수 : 지도 아래 도와주는 사람.
助演조연 : 주연의 연기를 돕는 사람.
協助협조 : 힘을 보태어 서로 도움.

> 연습 문제

1. 다음 漢字語의 讀音을 써 보세요.

(1) 點數 (　　　)　　(2) 靜電氣 (　　　)　　(3) 精神 (　　　)

(4) 帝國 (　　　)　　(5) 提唱 (　　　)　　(6) 風潮 (　　　)

2. 다음 漢字의 음과 訓을 써 보세요.

(1) 丁 (　　　)　　(2) 程 (　　　)　　(3) 制 (　　　)

(4) 濟 (　　　)　　(5) 製 (　　　)　　(6) 除 (　　　)

3. 다음 漢字의 部首를 쓰세요.

(1) 整 (　　　)　　(2) 際 (　　　)　　(3) 點 (　　　)

4. 다음 漢字語의 讀音을 보고 漢字를 쓰세요.

(1) 접속(서로 맞대어 이음) :

(2) 정부(입법, 사법, 행정의 삼권을 포함하는 통치 기구) :

(3) 제사(신령이나 죽은 사람의 넋에게 음식을 바치어 정성을 나타냄) :

(4) 노조(노동조합) :

5. 다음 漢字의 반대어를 쓰세요.

(1) 除 ↔ (　　　)　　(2) 提 ↔ (　　　)

6. 다음 漢字의 유의어를 쓰세요.

(1) 組 : (　　　)　　(2) 程 : (　　　)

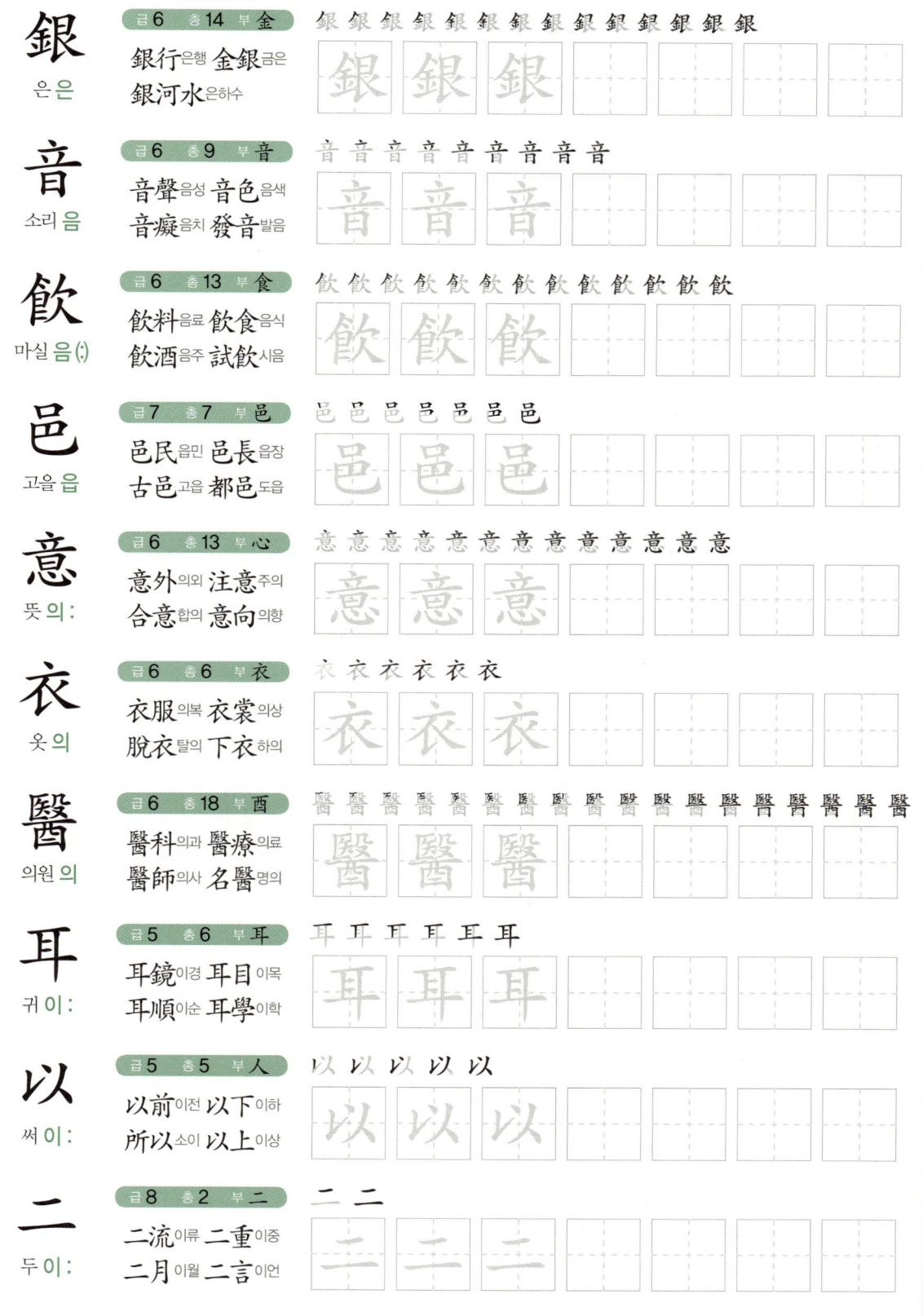

> 연습 문제

1. 다음 漢字語의 讀音을 써 보세요.

   (1) 銀河水 (   )   (2) 飮食 (   )   (3) 因緣 (   )

   (4) 醫師 (   )   (5) 筆者 (   )   (6) 漢字 (   )

2. 다음 漢字의 음과 訓을 써 보세요.

   (1) 音 (   )   (2) 邑 (   )   (3) 意 (   )

   (4) 衣 (   )   (5) 醫 (   )   (6) 因 (   )

3. 다음 漢字의 部首를 쓰세요.

   (1) 任 (   )   (2) 因 (   )   (3) 者 (   )

4. 다음 漢字語의 讀音을 보고 漢字를 쓰세요.

   (1) 음악(목소리나 악기를 통하여 사상 또는 감정을 나타내는 예술) :

   (2) 의복(옷) :

   (3) 인간(사람이 사는 세상) :

   (4) 자손(자식과 손자를 아울러 이르는 말) :

5. 다음 漢字의 반대어를 쓰세요.

   (1) 入 ↔ (   )   (2) 自 ↔ (   )

6. 다음 漢字의 유의어를 쓰세요.

   (1) 二 : (   )   (2) 邑 : (   )

> 읽기 한자

早 이를 조:
총6 | 부 日
4급 II

해(日)가 대지(十) 위로 떠오르니 **이른** 아침이다.
반의자 晚 늦을 만 비슷한 한자 旱 가물 한

早 므 旦 旦 므 므

출제단어
早急 조급 : 성질이 참을성 없이 급함.
早産 조산 : 아이를 해산달이 차기 전에 낳음.
早速 조속 : 매우 이르고 빠름.
早期 조기 : 빠른 시기.

造 지을 조:
총11 | 부 辶
4급 II

신에게 나아가(辶) 고(告)하고 일을 **짓는다**.
동의자 作 지을 작 著 지을 저 製 지을 제

造 造 造 造 告 告 造 造 造 造

출제단어
造成 조성 : 일을 만들어 이룸.
造景 조경 : 경치를 아름답게 꾸미는 일.
造作 조작 : 물건을 지어서 만듦.
改造 개조 : 좋아지게 고쳐 만듦.

鳥 새 조
총11 | 부 鳥
4급 II

꽁지가 긴 새의 모양을 본뜬 글자로 날짐승을 가리킬 때 쓰인다.
동의자 乙 새 을 禽 새 금 비슷한 한자 烏 까마귀 오

鳥 鳥 鳥 鳥 鳥 鳥 鳥 鳥 鳥 鳥 鳥

출제단어
鳥獸 조수 : 새와 짐승.
吉鳥 길조 : 길한 일이 생길 때 알려주는 새.
鳥銃 조총 : 새를 잡는 총. 새총.

存 있을 존
총6 | 부 子
4급

어린 아이(子)와 만물이 있으니(在) **존재**한다.
동의자 有 있을 유 在 있을 재 반의자 無 없을 무

存 存 存 存 存 存

출제단어
存立 존립 : 생존시켜 따로 세움.
實存 실존 : 실제로 존재함.
生存 생존 : 살아 있음.
存續 존속 : 계속하여 존재함.

50일 완성 37일째

尊 높을 존
총 12 | 부 寸

손(寸)으로 받들어 술(酉)을 권하니 상대방을 **높이는** 것이다.
동의자 崇 높을 숭 高 높을 고   반의자 卑 낮을 비
4급II

출제단어
尊敬존경 : 높이 공경함.
至尊지존 : 더할 수 없이 존귀함.
尊待존대 : 높이 대우함.
尊重존중 : 높이고 중히 여김.

從 좇을 종(:)
총 11 | 부 彳

사람(人)이 발걸음(止)을 재촉 하여 걸어(彳) **좇는다**.
동의자 追 좇을 추   비슷한 한자 徒 무리 도
4급

출제단어
從來종래 : 유래. 이전부터.
服從복종 : 남의 명령에 따름.
從屬종속 : 주되는 것에 딸려 붙음.
從前종전 : 이전.

鍾 쇠북 종
총 17 | 부 金

쇠(金)를 두드리면 무거운(重) 소리가 나게 만든 것이니 **쇠북**이다.
4급

출제단어
鍾閣종각 : 종을 매단 누각.
鍾路종로 : 서울의 종각이 있는 네거리.
鍾聲종성 : 종소리.

宗 마루 종
총 8 | 부 宀

조상(示)의 위패를 모시는 집(宀)은 종가의 **마루, 사당**이다.
동의자 廟 사당 묘   비슷한 한자 完 완전할 완
4급II

출제단어
宗家종가 : 본종의 근본이 되는 집.
宗廟종묘 : 역대의 신주를 모시는 왕실의 사당.
宗敎종교 : 신앙을 갖는 일의 체계.

> 읽기 한자

座

자리 **좌:**

총 10 | 부 广

집(广)에서 앉아(坐) 있는 곳이 **자리**이다.

동의자 席 자리 석

4급

座 座 座 座 座 座 座 座 座 座

座 座 座

출제단어
座談 좌담 : 마주 자리잡고 앉아서 주고 받는 이야기.
座上 좌상 : 여러 사람이 모인 자리.　　座席 좌석 : 앉는 자리.

周

두루 **주**

총 8 | 부 口

말(口)로써 마음을 넓게 쓰니(用) **두루** 친밀해진다.

비슷한 한자 週 주일 주

4급

周 周 周 周 周 周 周 周

周 周 周

출제단어
周圍 주위 : 둘레 사방.　　　　　　周鉢 주발 : 놋쇠로 만든 밥그릇.
周邊 주변 : 주위의 가장자리.　　一周 일주 : 한 바퀴를 돎.

朱

붉을 **주**

총 6 | 부 木

사람(人)이 나무(木)를 자르면 그 속이 **붉게** 보인다.

동의자 赤 붉을 적

4급

朱 朱 朱 朱 朱 朱

朱 朱 朱

출제단어
朱丹 주단 : 곱고 붉은 색.　　　　朱黃 주황 : 빨강과 노랑의 중간색.
朱錫 주석 : 놋쇠.　　　　　　　　印朱 인주 : 도장 찍는 데 쓰는 재료.

酒

술 **주(:)**

총 10 | 부 酉

술(酉)그릇에 누룩과 곡식을 물(氵)과 섞어 **술**을 만든다.

비슷한 한자 猶 오히려 유

4급

酒 酒 酒 酒 酒 酒 酒 酒 酒 酒

酒 酒 酒

출제단어
酒量 주량 : 술을 마시는 분량.　　　飯酒 반주 : 밥에 곁들여서 마시는 술.
酒類 주류 : 술의 종류를 다른 물건과 구별하여 이르는 말.

走 달릴 주
총7 | 부 走

땅(土) 위에서 발을 빨리 움직여 **달린다**.

동의자 奔 달릴 분

4급 II

走馬 주마 : 말을 타고 달림.
走力 주력 : 달릴 수 있는 힘.
競走 경주 : 달리는 경기.
暴走 폭주 : 난폭하게 달리는 것.

竹 대 죽
총6 | 부 竹

대나무의 모양을 본뜬 글자이다.

4급 II

竹工 죽공 : 대나무로 일용품을 만드는 사람.
松竹 송죽 : 소나무와 대나무.
竹刀 죽도 : 대나무로 만든 칼.

準 준할 준 :
총13 | 부 氵

물(氵) 위에 먹이를 찾는 새(隼)가 **평평하게** 떠 있다.

동의자 平 평평할 평

4급 II

準例 준례 : 표준이 될 만한 관례.
準備 준비 : 필요한 것을 미리 마련하여 갖춤.
標準 표준 : 사물을 정하는 기준.

衆 무리 중 :
총12 | 부 血

혈통(血)이 같은 돼지(豕)들이 한 **무리**를 이루고 산다는 의미이다.

동의자 群 무리 군 類 무리 류 等 무리 등

4급 II

衆生 중생 : 많은 사람. 모든 사람.
群衆 군중 : 무리지어 모여 있는 사람들.
衆議 중의 : 여러 사람의 의론.
觀衆 관중 : 구경하는 무리.

> 읽기 한자

50일 완성 37일째

證

증거 **증**

총 19 | 부 言

단상에 올라(登) 사실대로 말(言)해 **증거**를 댄다.

4급

證證證證證證證證證證證證證證證

출제 단어
- 證明증명 : 증거를 들어 밝힘.
- 證人증인 : 어떤 사실을 증명하는 사람.
- 證言증언 : 어떤 사실을 말로써 증명함.
- 物證물증 : 물적 증거.

增

더할 **증**

총 15 | 부 土

흙(土) 위에 흙을 거듭(曾) 쌓아 **더한다**.

동의자 加 더할 가 반의자 減 덜 감 除 덜 제

4급Ⅱ

增增增增增增增增增增增增增

출제 단어
- 增加증가 : 더 늘어 많아짐.
- 增車증차 : 차량의 수량을 더하여 늘림.
- 增築증축 : 집을 더 늘려 지음.
- 急增급증 : 급히 늘어남.

持

가질 **지**

총 9 | 부 扌

관청(寺)에서 내려온 공문서를 받아(扌) **가진다**.

4급

持持持持持持持持持

출제 단어
- 持論지론 : 늘 갖고 있는 의견.
- 持病지병 : 오랫동안 낫지 않아 늘 지니고 있는 병.
- 持參지참 : 가지고 감.
- 維持유지 : 버티어 감.

智

지혜 **지**

총 12 | 부 日

해(日)와 같이 사리를 밝게 아는(知) 사람은 **지혜롭다**.

동의자 慧 지혜 혜 비슷한 한자 知 알 지

4급

智智智智智智智智智智

출제 단어
- 智將지장 : 지혜가 뛰어난 장수.
- 智能지능 : 지식을 사용하는 능력.
- 智慧지혜 : 슬기로움.
- 機智기지 : 재치 있게 나타나는 슬기.

> 연습 문제

50일 완성 **37**일째

1. 다음 漢字語의 讀音을 써 보세요.

   (1) 早速 (   )   (2) 存續 (   )   (3) 朱子學 (   )

   (4) 宗家 (   )   (5) 準備 (   )   (6) 增設 (   )

2. 다음 漢字의 음과 訓을 써 보세요.

   (1) 鳥 (   )   (2) 從 (   )   (3) 造 (   )

   (4) 座 (   )   (5) 周 (   )   (6) 鐘 (   )

3. 다음 漢字의 部首를 쓰세요.

   (1) 酒 (   )   (2) 證 (   )   (3) 造 (   )

4. 다음 漢字語의 讀音을 보고 漢字를 쓰세요.

   (1) 조성(무엇을 만들어서 이룸) :

   (2) 존경(남의 인격, 사상, 행위 따위를 받들어 공경함) :

   (3) 좌우명(늘 자리 옆에 갖추어 두고 가르침으로 삼는 말이나 문구) :

   (4) 지속(어떤 상태가 오래 계속됨) :

   (5) 존재(현실에 실제로 있음) :

   (6) 종주국(종주권을 갖는 국가) :

   (7) 증명(어떤 사실을 증거를 대어 밝힘) :

   (8) 주마등(무엇이 언뜻언뜻 빨리 지나감을 비유적으로 이르는 말) :

> 쓰기 한자

作 지을 작 — 급6 총7 부亻
作家작가 作業작업
作曲작곡 名作명작
作作作作作作作

昨 어제 작 — 급6 총9 부日
昨年작년 昨月작월
昨今작금 昨日작일
昨昨昨昨昨昨昨昨昨

章 글 장 — 급6 총11 부立
文章문장 肩章견장
勳章훈장 圖章도장
章章章章章章章章章章章

場 마당 장 — 급7 총12 부土
場內장내 場外장외
場所장소 出場출장
場場場場場場場場場場

長 긴 장(:) — 급8 총8 부長
長久장구 長孫장손
長短장단 社長사장
長長長長長長長長

再 두 재: — 급5 총6 부冂
再起재기 再拜재배
再次재차 再任재임
再再再再再再

災 재앙 재 — 급5 총7 부火
災難재난 災殃재앙
火災화재 水災수재
災災災災災災災

材 재목 재 — 급5 총7 부木
材料재료 材木재목
英材영재 資材자재
材材材材材材材

財 재물 재 — 급5 총10 부貝
財力재력 財物재물
家財가재 財産재산
財財財財財財財財財財

在 있을 재: — 급6 총6 부土
在京재경 在籍재적
現在현재 存在존재
在在在在在在

50일 완성 **38**일째

才 재주 재	급6 총3 부才 才能재능 才談재담 秀才수재 才弄재롱	才 才 才
爭 다툴 쟁	급5 총8 부爪 爭議쟁의 爭奪쟁탈 競爭경쟁 戰爭전쟁	爭 爭 爭 爭 爭 爭 爭
貯 쌓을 저:	급5 총12 부貝 貯藏저장 貯蓄저축 貯水저수 貯金저금	貯 貯 貯 貯 貯 貯 貯 貯 貯 貯
赤 붉을 적	급5 총7 부赤 赤字적자 赤手적수 赤色적색 赤潮적조	赤 赤 赤 赤 赤 赤 赤
的 과녁 적	급5 총8 부白 的實적실 的中적중 私的사적 目的목적	的 的 的 的 的 的 的 的
傳 전할 전	급5 총13 부亻 傳記전기 傳說전설 宣傳선전 流傳유전	傳 傳 傳 傳 傳 傳 傳 傳 傳
典 법 전:	급5 총8 부八 典當전당 典範전범 古典고전 法典법전	典 典 典 典 典 典 典 典
展 펼 전:	급5 총10 부尸 展望전망 展示전시 國展국전 展開전개	展 展 展 展 展 展 展 展 展 展
戰 싸움 전:	급6 총16 부戈 戰時전시 戰鬪전투 戰爭전쟁 作戰작전	戰 戰 戰 戰 戰 戰 戰 戰 戰 戰 戰 戰
全 온전 전	급7 총6 부入 全力전력 全面전면 全國전국 健全건전	全 全 全 全 全 全

> 연습 문제

1. 다음 漢字語의 讀音을 써 보세요.

(1) 文章 (　　　)　　(2) 長短點 (　　　)　　(3) 材質 (　　　)

(4) 貯蓄 (　　　)　　(5) 傳統 (　　　)　　(6) 發展 (　　　)

2. 다음 漢字의 음과 訓을 써 보세요.

(1) 作 (　　　)　　(2) 昨 (　　　)　　(3) 場 (　　　)

(4) 災 (　　　)　　(5) 財 (　　　)　　(6) 爭 (　　　)

3. 다음 漢字의 部首를 쓰세요.

(1) 場 (　　　)　　(2) 展 (　　　)　　(3) 戰 (　　　)

4. 다음 漢字語의 讀音을 보고 漢字를 쓰세요.

(1) 직장(사람들이 일정한 직업을 가지고 일하는 곳) :

(2) 전략(전쟁을 전반적으로 이끌어 가는 방법이나 책략) :

(3) 재해(재앙으로 말미암아 받는 피해) :

(4) 작가(문학 작품, 사진, 그림, 조각 따위의 예술품을 창작하는 사람) :

5. 다음 漢字의 반대어를 쓰세요.

(1) 爭 ↔ (　　　)　　(2) 長 ↔ (　　　)

6. 다음 漢字의 유의어를 쓰세요.

(1) 財 : (　　　)　　(2) 赤 : (　　　)

> 읽기 한자

50일 완성 **39**일째

誌

기록할 지

총 14 | 부 言

뜻(志)있는 말(言)을 **기록하여** 책을 만든다.

동의자 記 기록할 기 錄 기록할 록   비슷한 한자 志 뜻 지

4급

誌 誌 誌 誌 誌 誌 誌 誌 誌 誌 誌 誌 誌 誌

출제단어
月刊誌 월간지 : 매월 발행하는 책.
雜誌 잡지 : 회를 거듭하여 정기적으로 간행되는 책.

志

뜻 지

총 7 | 부 心

선비(士)의 훌륭한 마음(心)은 **뜻**을 이루는 데 있다.

동의자 意 뜻 의 情 뜻 정

4급 II

志 志 志 志 志 志 志

출제단어
志操 지조 : 굳은 절개. 굳은 뜻.
同志 동지 : 뜻이 서로 같음.
志向 지향 : 뜻이 쏠리는 방향.
志士 지사 : 절의가 있는 선비.

指

가리킬 지

총 9 | 부 扌

음식을 찍어 맛(旨) 보는 손가락(扌)으로 무엇을 **가리킨다**.

비슷한 한자 脂 기름 지

4급 II

指 指 指 指 指 指 指 指 指

출제단어
指目 지목 : 사물을 어떠하다고 가리켜 정함.
指揮 지휘 : 어떤 일을 해야 할 방도를 지시함.
指示 지시 : 일러서 시킴.
長指 장지 : 가운데 손가락.

支

지탱할 지

손(又)으로 열(十)가지 일을 **버티어** 해낸다는 의미이다.

4급 II

支 支 支 支

출제단어
支給 지급 : 물건이나 돈을 치러 줌.
依支 의지 : 다른 것에 몸을 기댐.
支流 지류 : 원줄기에서 갈려 나간 물줄기.
收支 수지 : 수입과 지출.

> 읽기 한자

至 이를 지
총6 | 부 至

화살이 날아와 땅 위에 꽂힌 모양을 본뜬 글자이다.

동의자 到 이를 도

至 至 至 至 至 至

4급II

출제단어
至急지급 : 매우 급함.
至毒지독 : 더할 나위 없이 독함.
至大지대 : 아주 큼. 더없이 큼.
至當지당 : 아주 당연함.

織 짤 직
총18 | 부 糸

실(糸)을 사용해서 음악(音)과 같이 즐거운 무늬(戈)가 있는 옷을 **짠다**.

동의자 紡 길쌈 방 組 짤 조   비슷한 한자 識 알 식

織 織 織 織 織 織 織 織 織 織 織 織 織 織 織 織 織 織

4급

출제단어
織物직물 : 온갖 피륙의 총칭.
織造직조 : 피륙 같은 것을 기계로 짜는 것.
毛織모직 : 털실로 짠 피륙.
組織조직 : 여러 개 모인 기관을 이름.

職 직분 직
총18 | 부 耳

귀(耳)로써 백성의 소리(音)를 듣고 창칼(戈)로 지키는 것이 **벼슬아치**이다.

동의자 官 벼슬 관   비슷한 한자 織 짤 직

職 職 職 職 職 職 職 職 職 職 職 職 職 職 職 職 職 職

4급II

출제단어
職務직무 : 관직상의 임무.
職業직업 : 생계를 위해 종사하는 일.
職分직분 : 마땅히 해야 할 본분.
要職요직 : 중요한 직업.

보배 진
총9 | 부 王

검은 머리결(彡)같이 고운 구슬(王)은 **보배**이다.

동의자 寶 보배 보

4급

출제단어
珍奇진기 : 보배롭고 기이함.
珍貴진귀 : 보배롭고 귀중함.
珍味진미 : 음식의 썩 좋은 맛.
珍重진중 : 아주 소중히 여김.

50일 완성 39일째

盡 다할 진:
총 14 | 부 皿

그릇(皿)에 담긴 불이 꺼져가니 온기가 **다했다**.

동의자 極 다할 극 窮 다할 궁

4급

盡盡盡盡盡盡盡盡盡盡盡盡盡盡

출제단어
- 盡力 진력 : 힘이 닿는 데까지 다함.
- 盡心 진심 : 마음과 정성을 다함.
- 賣盡 매진 : 모두 다 팔림.
- 蕩盡 탕진 : 죄다 써서 없애 버리는 것.

陣 진칠 진
총 10 | 부 阝

언덕(阝) 옆에 수레(車)를 배치하고 **진을 친다**.

비슷한 한자 陳 베풀·묵을 진

4급

陣陣陣陣陣陣陣陣陣陣

출제단어
- 陣容 진용 : 어떤 단체를 이룬 사람들의 짜임새.
- 背水陣 배수진 : 물을 등지고 진을 침.
- 陣列 진열 : 진의 배열.
- 前陣 전진 : 앞쪽에 친 진.

眞 참 진
총 10 | 부 目

비수(匕)로 나눠서(八) 보더라도(目) 곧게 있으니 **참된** 진리이다.

반의자 假 거짓 가 僞 거짓 위

4급Ⅱ

眞眞眞眞眞眞眞眞眞眞

출제단어
- 眞談 진담 : 진정에서 나온 말.
- 眞實 진실 : 거짓이 아닌 사실.
- 眞理 진리 : 참된 이치.
- 純眞 순진 : 마음이 꾸밈이 없고 참됨.

進 나아갈 진:
총 12 | 부 辶

새(隹)가 종종 걸음(辶)으로 앞으로 **나아간다**.

반의자 退 물러날 퇴

4급Ⅱ

進進進進進進進進進進進進

출제단어
- 進度 진도 : 나아가는 정도. 진행되는 속도.
- 前進 전진 : 앞으로 나아감.
- 進學 진학 : 상급 학교에 들어감.
- 進路 진로 : 앞으로 나아가는 길.

> 읽기 한자

差 다를 차
총 10 | 부 工

좌우(左)로 이삭(羊)이 가지런하지 않으니 어긋나 **다르다**.

동의자 異 다를 이 他 다를 타

4급

출제단어
- 差等 차등 : 등급의 차이.
- 較差 교차 : 최고와 최저의 차.
- 差異 차이 : 서로 같지 않고 틀림.
- 差別 차별 : 차등있게 구별함.

次 버금 차
총 6 | 부 欠

춥고(冫) 피곤하여 하품(欠)을 하니 **다음**에는 쉬어야겠다.

동의자 亞 버금 아

4급 Ⅱ

출제단어
- 次男 차남 : 둘째 아들.
- 屢次 누차 : 여러 차례.
- 次例 차례 : 순서 있게 벌여 나가는 관계.
- 將次 장차 : 앞으로. 차차.

讚 기릴 찬:
총 26 | 부 言

말(言)로써 칭찬(贊)을 아끼지 않으니 기리고 **찬미한다**.

4급

출제단어
- 讚美 찬미 : 아름다운 덕을 기림. 기리어 칭송함.
- 讚揚 찬양 : 아름다움을 기리고 착함을 표창함.
- 讚歌 찬가 : 예찬하는 노래.
- 稱讚 칭찬 : 잘한다고 높이 평가함.

察 살필 찰
총 14 | 부 宀

집(宀)에서 제사(祭)에 쓸 음식을 **살피고** 정성을 다한다.

동의자 省 살필 성

4급 Ⅱ

출제단어
- 査察 사찰 : 조사하여 살핌.
- 視察 시찰 : 돌아다니며 살펴 봄.
- 偵察 정찰 : 몰래 적국의 동행을 살핌.
- 洞察 통찰 : 환히 내다봄.

創

비롯할·비로소 창:

곳집(倉)을 지을 때 연장(刂)을 사용하여 **비로소** 짓기 시작한다.

동의자 始 비로소 시

4급 Ⅱ

총 12 | 부 刂

創 創 創 創 創 創 創 創 倉 倉 創 創

출제 단어
- 創建 창건 : 사업이나 집 등을 처음으로 세움.
- 創立 창립 : 회사 등을 처음 설립함.
- 創始 창시 : 일을 처음 시작함.
- 創業 창업 : 처음으로 세움.

採

캘 채:

손(扌)으로 잎이나 풀뿌리를 캐서(采) **취한다**.

동의자 取 가질 취 비슷한 한자 采 나물 채

4급

총 11 | 부 扌

採 採 採 採 採 採 採 採 採 採 採

출제 단어
- 採用 채용 : 인재를 등용함.
- 採集 채집 : 찾아서 얻어 모음.
- 採取 채취 : 캐거나 따서 거둬 들임.
- 採石 채석 : 바위에서 석재를 떠냄.

冊

책 책

대쪽에다 글을 써서 끈으로 엮어 맨 모양으로 **책**이다.

4급

총 5 | 부 冂

冊 冊 冊 冊 冊

출제 단어
- 冊床 책상 : 글을 쓰거나 읽을 때 쓰는 상.
- 別冊 별책 : 따로 곁들인 책.
- 冊房 책방 : 책을 파는 곳.
- 冊張 책장 : 책의 낱낱의 장.

處

곳 처:

호랑이(虎)가 천천히(夂) 걸어가 앉은(几) **곳**에서 살다.

동의자 所 바 소 비슷한 한자 虎 범 호

4급 Ⅱ

총 11 | 부 虍

處 處 處 處 處 處 處 處 處

출제 단어
- 處世 처세 : 이 세상에서 살아감.
- 處罰 처벌 : 형벌에 처함.
- 處身 처신 : 세상살이에 있어서의 태도.
- 到處 도처 : 가는 곳.

> 연습 문제

1. 다음 漢字語의 讀音을 써 보세요.

   (1) 學術誌 (   )   (2) 指針 (   )   (3) 消盡 (   )

   (4) 差別 (   )   (5) 讚歌 (   )   (6) 處方 (   )

2. 다음 漢字의 음과 訓을 써 보세요.

   (1) 志 (   )   (2) 支 (   )   (3) 織 (   )

   (4) 珍 (   )   (5) 陣 (   )   (6) 進 (   )

3. 다음 漢字의 部首를 쓰세요.

   (1) 指 (   )   (2) 盡 (   )   (3) 冊 (   )

4. 다음 漢字語의 讀音을 보고 漢字를 쓰세요.

   (1) 지성(지극한 정성) :

   (2) 직업(생계를 유지하기 위하여 일상적으로 종사하는 일) :

   (3) 진실(거짓이 없이 참되고 바름) :

   (4) 창조(전에 없던 것을 처음으로 만듦) :

   (5) 진주(대합, 전복 따위의 조가비나 살 속에 생기는 딱딱한 덩어리) :

   (6) 차남(둘째 아들) :

   (7) 책상(앉아서 책을 읽거나 할 때에 앞에 놓고 쓰는 상) :

   (8) 채용(사람을 골라서 씀) :

> 쓰기 한자

50일 완성 **40**일째

前 앞 전
- 급 7 총 9 부 刂
- 前例 전례 前夜 전야
- 前職 전직 事前 사전

電 번개 전:
- 급 7 총 13 부 雨
- 電力 전력 電流 전류
- 電報 전보 充電 충전

切 끊을 절/온통 체
- 급 5 총 4 부 刀
- 一切 일체 切實 절실
- 品切 품절 買切 매절

節 마디 절
- 급 5 총 15 부 竹
- 節食 절식 節約 절약
- 時節 시절 使節 사절

店 가게 점:
- 급 5 총 8 부 广
- 店房 점방 店員 점원
- 飯店 반점 商店 상점

停 머무를 정
- 급 5 총 11 부 亻
- 停止 정지 停學 정학
- 急停車 급정거

情 뜻 정
- 급 5 총 11 부 忄
- 無情 무정 溫情 온정
- 情熱 정열 事情 사정

定 정할 정:
- 급 6 총 8 부 宀
- 定刻 정각 規定 규정
- 定式 정식 測定 측정

庭 뜰 정
- 급 6 총 10 부 广
- 庭園 정원 家庭 가정
- 親庭 친정 校庭 교정

正 바를 정(:)
- 급 7 총 5 부 止
- 正當 정당 正常 정상
- 正答 정답 眞正 진정

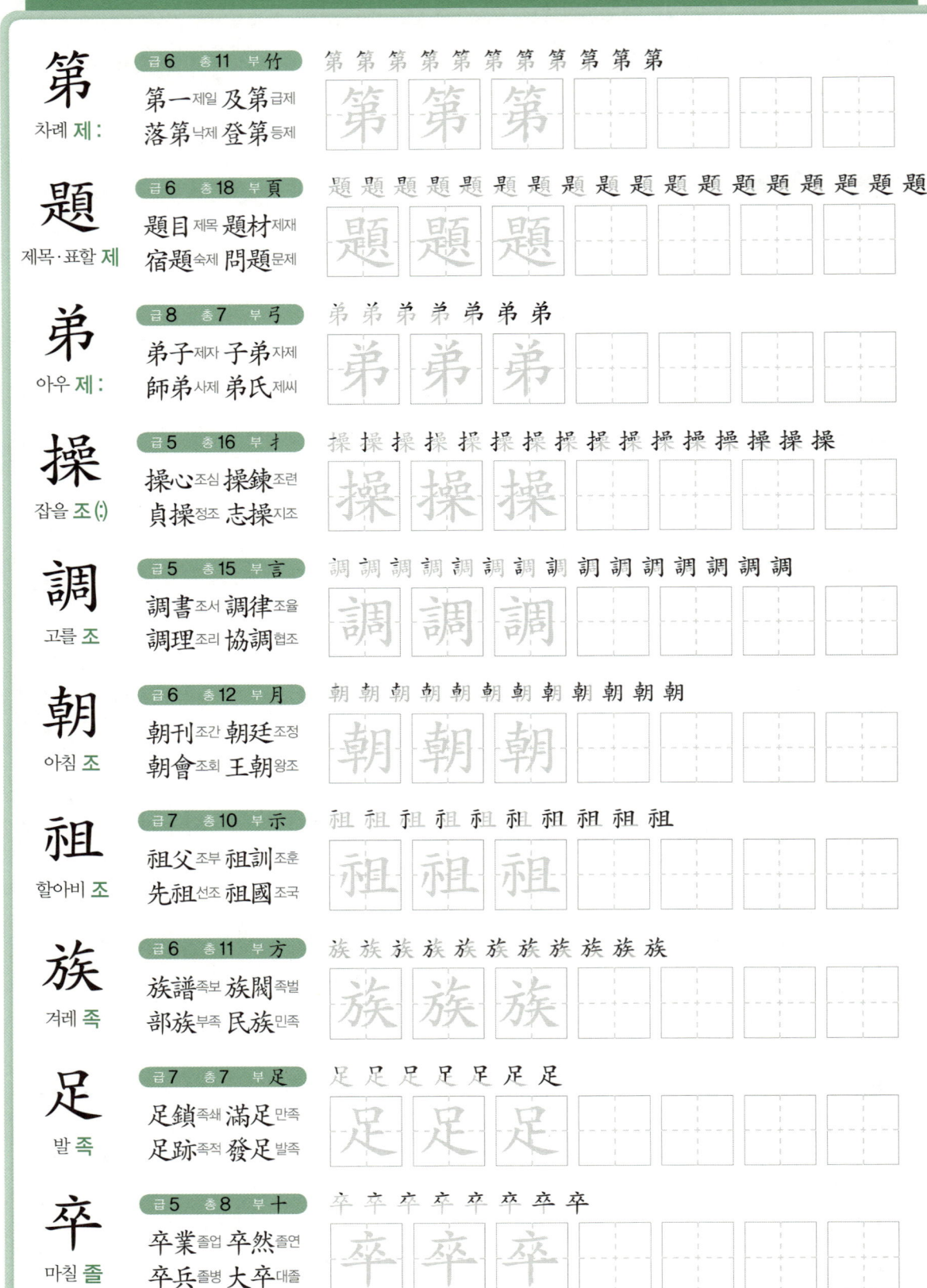

> 연습 문제

50일 완성 **40**일째

1. 다음 漢字語의 讀音을 써 보세요.

   (1) 前進 (   )   (2) 支店 (   )   (3) 正義 (   )

   (4) 操心 (   )   (5) 祖國 (   )   (6) 家族 (   )

2. 다음 漢字의 음과 訓을 써 보세요.

   (1) 電 (   )   (2) 節 (   )   (3) 店 (   )

   (4) 情 (   )   (5) 庭 (   )   (6) 第 (   )

3. 다음 漢字의 部首를 쓰세요.

   (1) 情 (   )   (2) 弟 (   )   (3) 祖 (   )

4. 다음 漢字語의 讀音을 보고 漢字를 쓰세요.

   (1) 상점(일정한 시설을 갖추고 물건을 파는 곳) :

   (2) 정원(집 안에 있는 뜰이나 꽃밭) :

   (3) 형제(형과 아우를 아울러 이르는 말) :

   (4) 조회(아침에 모든 구성원이 한자리에 모이는 일) :

5. 다음 漢字의 반대어를 쓰세요.

   (1) 祖 ↔ (   )   (2) 卒 ↔ (   )

6. 다음 漢字의 유의어를 쓰세요.

   (1) 節 : (   )   (2) 正 : (   )

> 읽기 한자

泉 샘 천
총9 | 부 水

깨끗한(白) 물(水)의 근원은 **샘**이다.

비슷한 한자 帛 비단 백

4급

출제단어
九泉 구천 : 죽은 뒤에 넋이 돌아간다는 곳.
溫泉 온천 : 물이 더워져 땅위로 솟아오른 샘.
黃泉 황천 : 저승.
源泉 원천 : 물이 흐르는 근원.

廳 관청 청
총25 | 부 广

백성의 의견을 들어주는(聽) 집(广)은 **관청**이다.

비슷한 한자 聽 들을 청

4급

출제단어
廳舍 청사 : 국가의 사무를 맡아보는 기관.
市廳 시청 : 시의 행정 사무를 맡아보는 곳.
退廳 퇴청 : 집무를 마치고 나감.

聽 들을 청
총22 | 부 耳

큰 덕(悳)과 곧은(壬) 마음의 소리를 귀(耳)를 세워 **듣는다**.

4급

출제단어
聽講 청강 : 강의를 들음.
難聽 난청 : 잘 들을 수 없는 상태.
聽衆 청중 : 연설 등을 듣는 사람.
聽力 청력 : 귀로 소리를 듣는 힘.

請 청할 청
총15 | 부 言

젊은이(靑)가 윗사람을 뵙고 말씀(言)을 드려 **청하다**.

동의자 願 원할 원 비슷한 한자 淸 맑을 청

4급Ⅱ

출제단어
請求 청구 : 달라고 요구함.
申請 신청 : 신고하여 청구함.
請託 청탁 : 무엇을 해달라고 부탁함.

50일 완성 **41**일째

招 부를 초
총8 | 부 扌

손짓(扌)하여 불러(召) 들이니 초대하여 **부르는** 것이다.

동의자 召 부를 소　呼 부를 호　비슷한 한자 昭 밝을 소

4급

招 招 招 招 招 招 招 招

출제단어
招來 초래 : 불러서 오게 함.
招待 초대 : 사람을 불러서 대접함.
招致 초치 : 불러서 이르게 함.
招請 초청 : 청하여 불러들임.

總 다 총:
총17 | 부 糸

실(糸)로 바쁘게(悤) 베를 짜도록 여러 사람들을 **모두, 다** 모아 거느린다.

동의자 皆 다 개　咸 다 함

4급Ⅱ

總 總 總 總 總 總 總 總 總 總 總 總 總

출제단어
總力 총력 : 모든 힘. 전부의 힘.
總計 총계 : 전체를 통틀어 계산함.
總理 총리 : 전체를 관리함. 또는 그 사람.
總角 총각 : 결혼하지 않은 성년 남자.

銃 총 총
총14 | 부 金

탄환이 쇠(金)로 된 구멍을 통해(充) 나가는 것이 **총**이다.

비슷한 한자 統 거느릴 통

4급Ⅱ

銃 銃 銃 銃 銃 銃 銃 銃 銃 銃 銃 銃 銃

출제단어
銃擊 총격 : 총으로 하는 공격.
銃口 총구 : 총부리.
銃聲 총성 : 총을 쏘는 소리.
銃殺 총살 : 총으로 쏘아 죽임.

推 밀 추·퇴
총11 | 부 扌

새(隹)가 날개짓을 해서 적을 쫓듯이 손(扌)으로 **밀어낸다**.

반의자 引 끌 인　비슷한 한자 雄 수컷 웅

4급

推 推 推 推 推 推 推 推 推 推 推

출제단어
推戴 추대 : 밀어 올림. 모셔 올려 받듦.
推薦 추천 : 적합한 대상을 소개함.
推定 추정 : 추측하여 결정함.
類推 유추 : 미루어 짐작함.

> 읽기 한자

縮 줄일 축
총 17 | 부 糸

실(糸)을 물에 담아 잠재우니(宿) **줄어든다**.

반의자 伸 펼 신 비슷한 한자 宿 잘 숙

4급

출제단어
縮圖 축도 : 원형보다 줄여 그린 그림. 줄인 그림.
短縮 단축 : 짧게 줄어듦.
縮小 축소 : 줄여 작게 함.

築 쌓을 축
총 16 | 부 竹

대(竹)와 나무토막(木)으로 땅을 다지며 집을 **쌓는다**.

동의자 貯 쌓을 저 積 쌓을 적

4급Ⅱ

출제단어
築城 축성 : 성을 쌓음.
建築 건축 : 건물 따위를 지음.
築造 축조 : 토목 공사를 함.

蓄 모을 축
총 14 | 부 艹

곡식을 길러(畜) 수확을 하면 풀(艹)을 엮어 **모아둔다**.

동의자 募 모을 모 集 모을 집 비슷한 한자 畜 짐승 축

4급Ⅱ

출제단어
蓄財 축재 : 재산을 모음.
備蓄 비축 : 미리 장만하여 모아 둠.
貯蓄 저축 : 아껴서 모아 쌓아 둠.
電蓄 전축 : 전기 축음기.

忠 충성 충
총 8 | 부 心

마음(心) 속(中)에서 우러나오는 것이 **충성**이다.

비슷한 한자 患 근심 환

4급Ⅱ

출제단어
忠誠 충성 : 참 마음에서 일어나는 충의와 정성.
忠心 충심 : 충성스러운 마음.
忠臣 충신 : 충성스러운 신하.
不忠 불충 : 충성스럽지 못함.

50일 완성 41일째

蟲 벌레 충
총18 | 부 虫 · 4급Ⅱ

벌레(虫)가 여럿 있으니 모든 **벌레**의 총칭으로 쓰인다.

출제단어
- 蟲齒 충치 : 벌레 먹은 이.
- 昆蟲 곤충 : 벌레를 통틀어 이르는 말.
- 害蟲 해충 : 해로운 벌레.

就 나아갈 취:
총12 | 부 尢 · 4급

궁성(京)의 토대를 더욱(尤) 굳건하게 지켜 **나아간다**.

동의자 去 갈 거 進 나아갈 진

출제단어
- 就任 취임 : 맡은 임무에 나아감.
- 就職 취직 : 직업을 얻음.
- 就寢 취침 : 잠자리에 듦.
- 成就 성취 : 목적대로 일을 이룸.

趣 뜻 취:
총15 | 부 走 · 4급

달려가고(走) 싶도록 마음이 쏠리니(取) **재미**있어 보인다.

동의자 志 뜻 지

출제단어
- 趣旨 취지 : 일의 근본 목적이나 의도.
- 興趣 흥취 : 마음이 끌릴 만큼 좋은 멋.
- 趣向 취향 : 마음이 쏠리는 방향.
- 趣味 취미 : 재미로 좋아하는 일.

取 가질 취:
총8 | 부 又 · 4급Ⅱ

전쟁터에서 적의 귀(耳)를 손(又)으로 잘라 **취한다**.

동의자 持 가질 지 得 얻을 득 **반의자** 捨 버릴 사

출제단어
- 取調 취조 : 범죄 사실을 자세하게 조사함.
- 取得 취득 : 자기 소유로 함.
- 取扱 취급 : 물건이나 사무를 다룸.
- 先取 선취 : 남보다 먼저 가짐.

> 읽기 한자

50일 완성 **41**일째

測
헤아릴 측

총 12 | 부 氵

물(氵)의 깊이나 넓이를 규칙(則)에 따라 **잰다**.

동의자 量 헤아릴 량

4급 II

測 測 測 測 測 測 測 測 測 測 測 測

출제 단어
測量 측량 : 물건의 높이, 깊이, 넓이 등을 재어 헤아림.
推測 추측 : 미루어 생각하여 헤아리거나 어림잡음.
測定 측정 : 헤아려 정함.
觀測 관측 : 사물을 살펴 봄.

層
층 층

총 15 | 부 尸

지붕(尸) 위에다 겹쳐(曾) 쌓으니 여러 **층**이다.

동의자 階 섬돌 계

4급

層 層 層 層 層 層 層 層 層 層 層 層 層 層 層

출제 단어
層階 층계 : 층층이 높이 올라가게 만든 설비.
層數 층수 : 층의 수효.
高層 고층 : 여러 개로 된 높은 층.
單層 단층 : 단 하나의 층.

治
다스릴 치

총 8 | 부 氵

물(氵)을 잘 다루는(台) 것이 나라를 **다스리는** 근본이 된다.

동의자 理 다스릴 리

4급 II

治 治 治 治 治 治 治 治

출제 단어
治國 치국 : 나라를 다스림.
治安 치안 : 나라를 편안하게 다스림.
治療 치료 : 병을 고침.
完治 완치 : 병을 완전히 고침.

置
둘 치:

총 13 | 부 㓁

법망(㓁)에 걸려도 정직한(直) 사람은 **놓아둔다**.

비슷한 한자 直 곧을 직

4급 II

置 置 置 置 置 置 置 置 置 置 置 置 置

출제 단어
置重 치중 : 어떤 일에 중점을 둠.
設置 설치 : 달거나 매어 두는 것.
放置 방치 : 내버려 둠.
處置 처치 : 일을 감당하여 치러감.

> 연습 문제

1. 다음 漢字語의 讀音을 써 보세요.

(1) 市廳 (   )   (2) 請婚 (   )   (3) 銃器 (   )

(4) 築造 (   )   (5) 害蟲 (   )   (6) 位置 (   )

2. 다음 漢字의 음과 訓을 써 보세요.

(1) 泉 (   )   (2) 總 (   )   (3) 縮 (   )

(4) 取 (   )   (5) 測 (   )   (6) 招 (   )

3. 다음 漢字의 部首를 쓰세요.

(1) 蓄 (   )   (2) 銃 (   )   (3) 就 (   )

4. 다음 漢字語의 讀音을 보고 漢字를 쓰세요.

(1) 청각(소리를 느끼는 감각) :

(2) 초청(사람을 청하여 부름) :

(3) 추진(목표를 향하여 밀고 나아감) :

(4) 취직(일정한 직업을 잡아 직장에 나감) :

(5) 충효(충성과 효도를 아울러 이르는 말) :

(6) 심층(사물의 속이나 밑에 있는 깊은 층) :

(7) 취미(전문적으로 하는 것이 아니라 즐기기 위하여 하는 일) :

(8) 치안(나라를 편안하게 다스림) :

> 쓰기 한자

終 마칠 종
- 급 5 | 총 11 | 부 糸
- 終乃 종내 終了 종료
- 終局 종국 終日 종일

種 씨 종(:)
- 급 5 | 총 14 | 부 禾
- 種別 종별 種族 종족
- 種子 종자 業種 업종

左 왼 좌:
- 급 7 | 총 5 | 부 工
- 左右間 좌우간
- 左遷 좌천 左相 좌상

罪 허물 죄:
- 급 5 | 총 13 | 부 罒
- 罪悚 죄송 罪惡 죄악
- 罪名 죄명 犯罪 범죄

州 고을 주
- 급 5 | 총 6 | 부 川
- 州境 주경 州治 주치
- 州郡 주군 濟州 제주

週 주일 주
- 급 5 | 총 12 | 부 辶
- 週間 주간 週番 주번
- 每週 매주 今週 금주

晝 낮 주
- 급 6 | 총 11 | 부 日
- 晝間 주간 晝夜 주야
- 白晝 백주

注 부을 주:
- 급 6 | 총 8 | 부 氵
- 注文 주문 注視 주시
- 注入 주입 注意 주의

主 임금·주인 주
- 급 7 | 총 5 | 부 丶
- 主動 주동 主力 주력
- 主人 주인 戶主 호주

住 살 주:
- 급 7 | 총 7 | 부 亻
- 住民 주민 住宅 주택
- 住居 주거 移住 이주

50일 완성 42일째

重 무거울 중:
- 급7 총9 부里
- 重複 중복 重償 중상
- 重用 중용 重大 중대

中 가운데 중
- 급8 총4 부丨
- 中斷 중단 中央 중앙
- 中退 중퇴 年中 연중

止 그칠 지
- 급5 총4 부止
- 禁止 금지 中止 중지
- 防止 방지 抑止 억지

知 알 지
- 급5 총8 부矢
- 知覺 지각 知人 지인
- 知識 지식 告知 고지

地 땅 지
- 급7 총6 부土
- 地球 지구 地帶 지대
- 土地 토지 天地 천지

紙 종이 지
- 급7 총10 부糸
- 紙榜 지방 紙業 지업
- 紙面 지면 表紙 표지

直 곧을 직
- 급7 총8 부目
- 直角 직각 直席 직석
- 下直 하직 直星 직성

質 바탕 질
- 급5 총15 부貝
- 質問 질문 素質 소질
- 良質 양질 體質 체질

集 모을 집
- 급6 총12 부隹
- 集結 집결 集散 집산
- 集計 집계 收集 수집

着 붙을 착
- 급5 총12 부目
- 着想 착상 着席 착석
- 着手 착수 定着 정착

> ## 연습 문제

50일 완성 42일째

1. 다음 漢字語의 讀音을 써 보세요.

   (1) 終結 (   )   (2) 晝夜 (   )   (3) 注意 (   )

   (4) 重視 (   )   (5) 各種 (   )   (6) 着眼 (   )

2. 다음 漢字의 음과 訓을 써 보세요.

   (1) 終 (   )   (2) 罪 (   )   (3) 週 (   )

   (4) 注 (   )   (5) 重 (   )   (6) 止 (   )

3. 다음 漢字의 部首를 쓰세요.

   (1) 左 (   )   (2) 重 (   )   (3) 地 (   )

4. 다음 漢字語의 讀音을 보고 漢字를 쓰세요.

   (1) 종류(사물의 부문을 나누는 갈래) :

   (2) 지식(알고 있는 내용이나 사물) :

   (3) 지구(인류가 사는 천체) :

   (4) 질문(모르거나 의심나는 점을 물음) :

5. 다음 漢字의 반대어를 쓰세요.

   (1) 晝 ↔ (   )   (2) 地 ↔ (   )

6. 다음 漢字의 유의어를 쓰세요.

   (1) 主 : (   )   (2) 知 : (   )

> 읽기 한자   50일 완성 **43**일째

齒
이 치
총 15 | 부 齒

잇몸에 이가 나란히 박혀 있는 모양을 본뜬 글자이다.
동의자 牙 어금니 아

齒牙치아 : 이를 일컫는 말.
齒科치과 : 이를 치료하는 의학의 한 분야.
乳齒유치 : 갈지 않는 배냇니.

4급II

寢
잘 침:
총 14 | 부 宀

집(宀)에 있는 평상(爿)을 비로 쓸고(帚) **잔다**.
동의자 宿 잘 숙 眠 잘 면   반의자 起 일어날 기

寢具침구 : 이부자리와 베개.
同寢동침 : 남편과 아내가 같은 자리에서 잠.
寢室침실 : 사람이 자는 방.

4급

針
바늘 침(:)
총 10 | 부 金

쇠(金)를 열(十) 번 이상 갈아야 만들 수 있는 것이 **바늘**이다.

針線침선 : 바늘과 실.
針術침술 : 침으로 병을 고치는 기술.
一針일침 : 따끔한 충고.
短針단침 : 시계의 짧은 바늘.

4급

侵

침노할 침
총 9 | 부 亻

사람(亻)이 비로 쓸(帚) 듯 조금씩 **침범한다**.
동의자 掠 노략질할 략 擄 노략질할 로 犯 범할 범

侵攻침공 : 남의 나라를 침노하여 쳐들어감.
侵害침해 : 침범하여 해를 끼침.
侵犯침범 : 침노하여 범함.
來侵내침 : 침략해 옴.

4급II

> 읽기 한자

稱
일컬을 칭
총 14 | 부 禾

곡식(禾)을 들어올려(爯) **저울**에 단다.

비슷한 한자 稻 벼 도

4급

출제단어
稱讚칭찬 : 잘한다고 추어 줌.
呼稱호칭 : 이름을 지어 부름.
稱號칭호 : 일컫는 이름.
名稱명칭 : 구별하여 부르는 이름.

快
쾌할 쾌
총 7 | 부 忄

마음(忄)이 활짝 열려서(夬) **시원하다**.

동의자 爽 상쾌할 상

4급Ⅱ

출제단어
快勝쾌승 : 통쾌한 승리.
快樂쾌락 : 기분이 좋고 즐거움.
爽快상쾌 : 기분이 시원하고 거뜬함.
快速쾌속 : 속도가 매우 빠름.

彈
탄알 탄:
총 15 | 부 弓

활(弓)에서 화살이(單) 하나씩 튀어 나간다는데서 **탄알**을 의미한다.

비슷한 한자 禪 선 선 單 홑 단

4급

출제단어
彈力탄력 : 용수철처럼 튕기는 힘.
彈壓탄압 : 함부로 억누름.
糾彈규탄 : 잘못을 꼬집어 탄핵함.
防彈방탄 : 탄알을 막음.

歎
탄식할 탄:
총 15 | 부 欠

어려운(𦰩) 일을 당해 입을 벌리고(欠) **탄식한다**.

비슷한 한자 歡 기쁠 환 難 어려울 난

4급

출제단어
歎聲탄성 : 탄식하는 소리.
歎願書탄원서 : 탄원의 뜻을 기록한 서면.
歎息탄식 : 한숨을 쉬며 한탄함.

50일 완성 **43**일째

脫 벗을 탈
총 11 | 부 月

곤충은 몸(月)을 바꾸어(兌) 본래의 모습을 **벗어난다**.

비슷한 한자 稅 세금 세

4급

출제단어
- 脫落 탈락 : 어떤 곳에 끼지 못하고 떨어짐.
- 虛脫 허탈 : 정신이 멍함.
- 脫色 탈색 : 들인 물색을 뺌.
- 脫營 탈영 : 군인이 병영을 빠져 도망함.

探 찾을 탐
총 11 | 부 扌

깊은(罙) 곳에 손(扌)을 넣어 **찾는다**.

동의자 訪 찾을 방 비슷한 한자 深 깊을 심

4급

출제단어
- 探求 탐구 : 더듬어 연구함.
- 探問 탐문 : 아직 모르는 사실을 더듬어 찾아가 물음.
- 探査 탐사 : 더듬어 살펴 조사함.

態 모습 태:
총 14 | 부 心

능숙한(能) 마음(心)으로 행동하니 **태도**가 좋다.

동의자 樣 모양 양 姿 모양 자

4급 II

출제단어
- 態度 태도 : 속의 뜻이 드러나 보이는 겉모양.
- 常態 상태 : 보통 때의 모양이나 형편.
- 態勢 태세 : 상태와 형세.
- 重態 중태 : 병의 용태가 무거움.

擇 가릴 택
총 16 | 부 扌

살펴보고(睪) 손(扌)으로 골라 **가린다**.

동의자 選 가릴 선

4급

출제단어
- 擇婚 택혼 : 혼인할 자리를 고름.
- 擇一 택일 : 하나를 고름.
- 選擇 선택 : 골라 뽑음.
- 擇日 택일 : 좋은 날짜를 고름.

> 읽기 한자

討
칠 **토(:)**

총 10 | 부 言

법도(寸)에 어긋나게 말(言)을 하니 **치다**.

동의자 伐 칠 벌 비슷한 한자 計 셀 계

討 討 討 討 討 討 討 討 討 討

출제 단어
- 討論토론 : 여럿이 의견을 내어 의논함.
- 討伐토벌 : 반항하는 무리를 침.
- 檢討검토 : 검사하고 연구함.
- 討議토의 : 검토하고 협의하는 일.

4급

痛
아플 **통:**

총 12 | 부 疒

병(疒)이 물이 솟구치듯(甬) 몹시 심해져 **아프다**.

비슷한 한자 通 통할 통

痛 痛 痛 痛 痛 痛 痛 痛 痛 痛

출제 단어
- 苦痛고통 : 몸이나 마음의 괴로움과 아픔.
- 痛快통쾌 : 아주 유쾌함.
- 痛症통증 : 아픈 증세.
- 頭痛두통 : 머리가 아픈 증세.

4급

統
거느릴 **통:**

총 12 | 부 糸

누에가 실(糸)을 뽑아 주위를 꽉 채우니(充) 한 덩어리를 **거느린다**.

동의자 領 거느릴 령 御 거느릴 어 率 거느릴 솔

統 統 統 統 統 統 統 統 統 統

출제 단어
- 統一통일 : 여럿을 몰아서 하나로 만드는 일.
- 統長통장 : 통의 우두머리.
- 血統혈통 : 같은 핏줄을 타고난 계통.

4급Ⅱ

退
물러날 **퇴:**

총 10 | 부 辶

가던(辶) 걸음을 그치는(艮) 것이 **물러나는** 것이다.

반의자 進 나아갈 진

退 退 退 退 退 退 退 退 退 退

출제 단어
- 退勤퇴근 : 직장에서 시간을 마치고 물러나옴.
- 後退후퇴 : 뒤로 물러남.
- 退職퇴직 : 현직에서 물러남.
- 退行퇴행 : 퇴화.

4급Ⅱ

50일 완성 **43**일째

投 던질 투
총 7 | 부 扌

손(扌)에 들고 있던 창(殳)을 **던져서** 사냥을 한다.

비슷한 한자 役 부릴 역

4급

投 投 投 投 投 投 投

출제단어
投機투기 : 기회를 엿보아 큰 이익을 보려는 것.   投藥투약 : 병에 약제를 투여함.
投身투신 : 몸을 던짐.

鬪 싸움 투
총 20 | 부 鬥

서로 쥐어뜯고, 다투며(鬥) **싸운다**.

동의자 競 다툴 경   爭 다툴 쟁

4급

鬪 鬪 鬪 鬪 鬪 鬪 鬪 鬪 鬪 鬪 鬪 鬪 鬪 鬪 鬪 鬪

출제단어
鬪士투사 : 전투나 투쟁에 나가 싸우는 사람.   鬪志투지 : 싸우고자 하는 의지.
決鬪결투 : 싸워 승부를 결정하는 일.   鬪爭투쟁 : 싸움. 다툼.

派 갈래 파
총 9 | 부 氵

강물(氵)이 갈라서 흐르니 **갈래**가 생긴 것이다.

동의자 波 물결 파   脈 줄기 맥

4급

派 派 派 派 派 派 派 派 派

출제단어
派遣파견 : 사람을 보냄.   派兵파병 : 군대를 파출하는 일.
派生파생 : 분파해서 생김.   各派각파 : 각각의 파벌.

波 물결 파
총 8 | 부 氵

물(氵)의 표면(皮)은 항상 **물결**이 인다.

동의자 浪 물결 랑

4급 II

波 波 波 波 波 波 波 波

출제단어
波動파동 : 사회적으로 변동을 가져올 만한 거센 움직임.
電波전파 : 적외선 이상의 파장을 가지는 전자기파.

> 연습 문제

50일 완성 43일째

1. 다음 漢字語의 讀音을 써 보세요.

   (1) 齒藥 (   )   (2) 寢室 (   )   (3) 侵攻 (   )
   (4) 態度 (   )   (5) 派兵 (   )   (6) 痛快 (   )

2. 다음 漢字의 음과 訓을 써 보세요.

   (1) 快 (   )   (2) 脫 (   )   (3) 探 (   )
   (4) 擇 (   )   (5) 退 (   )   (6) 鬪 (   )

3. 다음 漢字의 部首를 쓰세요.

   (1) 彈 (   )   (2) 稱 (   )   (3) 鬪 (   )

4. 다음 漢字語의 讀音을 보고 漢字를 쓰세요.

   (1) 지침(생활이나 행동 따위의 방법이나 방향을 인도하여 주는 준칙) :

   (2) 애칭(본래의 이름 외에 친근하고 다정하게 부를 때 쓰는 이름) :

   (3) 토벌(무력으로 쳐 없앰) :

   (4) 탄력(용수철처럼 튀거나 팽팽하게 버티는 힘) :

   (5) 투자(사업에 자금을 투입함) :

   (6) 계통(차례를 따라 연이어 통일됨) :

   (7) 탄식(한탄하여 한숨을 쉼) :

   (8) 파급(어떤 일의 여파나 영향이 차차 다른 데로 미침) :

> 쓰기 한자

50일 완성 **44**일째

한자	정보	예시
參 참여할 참/석 삼	급5 총11 부ㅿ	參見참견 參與참여 參考書참고서
唱 부를 창:	급5 총11 부口	唱歌창가 名唱명창 歌唱力가창력
窓 창 창	급6 총11 부穴	窓門창문 車窓차창 同窓동창 南窓남창
責 꾸짖을 책	급5 총11 부貝	責務책무 責任책임 職責직책 責望책망
千 일천 천	급7 총3 부十	千古천고 千秋천추 千字文천자문
天 하늘 천	급7 총4 부大	天國천국 天氣천기 開天節개천절
川 내 천	급7 총3 부川	山川산천 河川하천 川邊천변 開川개천
鐵 쇠 철	급5 총21 부金	鐵甲철갑 鐵券철권 鐵筋철근 古鐵고철
淸 맑을 청	급6 총11 부氵	淸算청산 淸廉청렴 淸掃청소 淸純청순
靑 푸를 청	급8 총8 부靑	靑瓷청자 靑春청춘 靑年청년 靑軍청군

> 연습 문제 50일 완성 **44**일째

1. 다음 漢字語의 讀音을 써 보세요.

   (1) 參考 (   )   (2) 窓門 (   )   (3) 鐵道 (   )

   (4) 解體 (   )   (5) 最新 (   )   (6) 秋收 (   )

2. 다음 漢字의 음과 訓을 써 보세요.

   (1) 唱 (   )   (2) 責 (   )   (3) 參 (   )

   (4) 鐵 (   )   (5) 淸 (   )   (6) 初 (   )

3. 다음 漢字의 部首를 쓰세요.

   (1) 窓 (   )   (2) 初 (   )   (3) 秋 (   )

4. 다음 漢字語의 讀音을 보고 漢字를 쓰세요.

   (1) 책임(맡아서 해야 할 임무나 의무) :

   (2) 청결(맑고 깨끗함) :

   (3) 초원(풀이 나 있는 들판) :

   (4) 축복(행복을 빎) :

5. 다음 漢字의 반대어를 쓰세요.

   (1) 出 ↔ (   )   (2) 春 ↔ (   )

6. 다음 漢字의 유의어를 쓰세요.

   (1) 參 : (   )   (2) 唱 : (   )

> 읽기 한자

破 깨뜨릴 파:
총10 | 부 石

가죽(皮) 옷도 돌(石)에 비비면 찢어져 **파손된다**.

동의자 壞 무너질 괴

4급 II

破 破 破 破 破 破 破 破 破

출제단어
破壞파괴 : 깨뜨려 헐어 버림.
破産파산 : 가산을 모두 잃어버림.
破滅파멸 : 파괴하고 멸망함.
破格파격 : 격식을 깨뜨림.

判 판단할 판
총7 | 부 刂

칼(刂)로 물건을 자르듯(半) 잘잘못을 **판단한다**.

비슷한 한자 刑 형벌 형

4급

判 判 判 判 判 判 判

출제단어
判決판결 : 시비, 선악을 가리어 결정함.
決判결판 : 옳고 그름을 가려 판정함.
判別판별 : 판단하여 구별함.
評判평판 : 세간의 비평.

篇 책 편
총15 | 부 竹

대나무(竹) 조각(扁)에다 글씨를 써서 **책**을 만든다.

4급

篇 篇 篇 篇 篇 篇 篇 篇 篇 篇 篇 篇 篇

출제단어
長篇장편 : 내용이 복잡하고 긴 시가, 소설, 영화 등.
短篇단편 : 짤막한 글이나 영화.
全篇전편 : 서적의 전체.

評 평할 평:
총12 | 부 言

공평하게(平) 말한다는(言) 것은 **평하는** 것이다.

동의자 批 비평할 비

4급

評 評 評 評 評 評 評 評 評 評 評

출제단어
評價평가 : 물건의 값어치를 정함.
評論평론 : 사물의 가치, 선악 따위를 비평하여 논함.
好評호평 : 좋은 평가.

50일 완성 45일째

閉 | 닫을 폐:
총 11 | 부 門

문(門)에 빗장(才)을 끼우니 문을 **닫은** 것이다.

비슷한 한자: 閑 한가할 한 (4급)

閉 閉 閉 閉 閉 閉 閉 閉 閉 閉 閉

출제단어
- 閉業 폐업 : 문을 닫고 영업을 쉼.
- 閉校 폐교 : 학교 문을 닫고 수업을 중지함.
- 閉店 폐점 : 가게를 닫음.
- 密閉 밀폐 : 샐 틈이 없이 막음.

胞 | 세포 포(:)
총 9 | 부 月

몸(月)을 둘러싸고(包) 있는 것이 **세포**이다.

비슷한 한자: 抱 안을 포 (4급)

胞 胞 胞 胞 胞 胞 胞 胞 胞

출제단어
- 胞子 포자 : 식물의 특별한 생식세포.
- 同胞 동포 : 같은 어머니로부터 태어난 형제, 자매.
- 胞胎 포태 : 아이를 뱀.

包 | 쌀 포(:)
총 5 | 부 勹

손으로 뱃속의 아기(巳)를 덮어 감추듯이 감싸고(勹) 있는 모양에서 **싸다**는 의미를 가진다.

비슷한 한자: 句 글귀 구 (4급 II)

包 包 包 包 包

출제단어
- 包裝 포장 : 물건을 싸서 꾸밈.
- 小包 소포 : 자그마하게 포장한 물건.
- 包含 포함 : 속에 싸여 있음.
- 包袋 포대 : 피륙, 종이로 만든 자루.

布 | 베·펼 포(:) / 보시 보:
총 5 | 부 巾

손으로 천(巾)을 짠다는데서 **포목, 베**를 의미한다.

비슷한 한자: 在 있을 재 (4급 II)

布 布 布 布 布

출제단어
- 布巾 포건 : 베로 만들어 머리에 쓰는 건.
- 布石 포석 : 바둑에서의 초반전.
- 布教 포교 : 종교를 널리 알림.
- 分布 분포 : 널리 퍼져 있음.

> 읽기 한자

砲 대포 포:
총10 | 부 石

돌(石) 따위를 여러 뭉치로 만들어(包) 쏘는 것이 **대포**이다.

비슷한 한자 胞 세포 포

4급II

砲 砲 砲 砲 砲 砲 砲 砲 砲

출제단어
- 砲手 포수 : 총으로 짐승을 잡는 사냥꾼.
- 砲兵 포병 : 화포를 사용하여 적을 포격하는 군사.
- 大砲 대포 : 커다란 탄환을 멀리 쏘는 화기.

爆 불 터질 폭
총19 | 부 火

불(火)이 사납게(暴) 일면 **터진다**.

비슷한 한자 暴 사나울 폭

4급

爆 爆 爆 爆 爆 爆 爆 爆 爆 爆 爆 爆 爆 爆

출제단어
- 爆死 폭사 : 폭탄의 파열로 인하여 죽음.
- 爆笑 폭소 : 폭발하듯 갑자기 웃는 웃음.
- 爆破 폭파 : 폭발시켜서 파괴함.
- 自爆 자폭 : 스스로 파멸시킴.

暴 사나울 폭 / 모질 포:
총15 | 부 日

해(日)에 물(氺)까지 함께(共)하니 **사납다**.

동의자 猛 사나울 맹   비슷한 한자 爆 터질 폭

4급II

暴 暴 暴 暴 暴 暴 暴 暴 暴 暴 暴 暴 暴 暴 暴

출제단어
- 暴行 폭행 : 난폭한 행동.
- 亂暴 난폭 : 몹시 거칠고 사나움.
- 橫暴 횡포 : 몹시 포악함.
- 暴惡 포악 : 사납고 악함.

標 표할 표
총15 | 부 木

나무(木)에 잘 보이게 쪽지(票)를 붙여 **표시한다**.

비슷한 한자 漂 떠돌 표

4급

標 標 標 標 標 標 標 標 標 標 標 標 標

출제단어
- 標木 표목 : 표를 하기 위하여 세운 나무 푯말.
- 標語 표어 : 주장을 나타낸 짧은 어구.
- 標本 표본 : 본보기가 되는 물건.
- 標示 표시 : 겉으로 드러낸 표.

50일 완성 **45**일째

票 | 표 표
총 11 | 부 示

잘 보이게(示) 물건의 중심부(襾)에 **표시한다**.

비슷한 한자 栗 밤 률

4급 II

출제단어
- 投票 투표 : 표로써 선거권을 행사하는 것.
- 車票 차표 : 차를 타기 위해 사는 표.
- 票決 표결 : 투표로써 결정함.
- 賣票 매표 : 표를 팖.

豊 | 풍년 풍
총 13 | 부 豆

그릇(豆) 위에 많은 재물(豐)이 담겼으니 **풍년**이다.

비슷한 한자 禮 예도 례

4급 II

출제단어
- 豊年 풍년 : 농사가 잘 된 해.
- 豊足 풍족 : 매우 넉넉함.
- 豊富 풍부 : 넉넉하고 많음.
- 大豊 대풍 : 큰 풍년.

疲 | 피곤할 피
총 10 | 부 疒

병(疒)이 들어 여위어 가죽(皮)만 남아 **피곤해** 보인다.

동의자 困 곤할 곤

4급

출제단어
- 疲困 피곤 : 몸이 지치어 고달픔.
- 疲勞 피로 : 지나친 활동으로 작업 능력이 감퇴됨.
- 疲弊 피폐 : 낡고 형세가 약해짐.

避 | 피할 피 :
총 17 | 부 辶

방향을 돌려(辟) 가니(辶) **피하여** 가는 것이다.

동의자 逃 도망할 도

4급

출제단어
- 避亂 피난 : 재난을 피하여 다른 곳으로 옮겨감.
- 待避 대피 : 위험을 피하여 기다리는 일.
- 避暑 피서 : 더위를 피함.

> 읽기 한자

50일 완성 **45**일째

恨
한 한:
총 9 | 부 忄

맺힌 마음(忄)이 그치지(艮) 않으니 **한스럽다**.
비슷한 한자 限 한할 한

恨 恨 恨 恨 恨 恨 恨 恨 恨

4급

출제단어
恨歎한탄 : 원통히 여겨 탄식함.
痛恨통한 : 가슴 아프게 몹시 한탄함.
怨恨원한 : 원통하고 한이 되는 생각.

閑
한가할 한
총 12 | 부 門

문(門)을 나무(木)로 가로질러 막으니 **고요하다**.
반의자 忙 바쁠 망 비슷한 한자 閉 닫을 폐 開 열 개

閑 閑 閑 閑 閑 閑 閑 閑 閑 閑 閑 閑

4급

출제단어
閑談한담 : 심심풀이로 하는 이야기.
閑暇한가 : 할일이 없어 여유있음.
閑職한직 : 중요하지 않은 관직 자리.
閑散한산 : 일이 없어 한가함.

限
한할 한:
총 9 | 부 阝

언덕(阝)이 다하니(艮) **막힌** 곳이다.
비슷한 한자 恨 한 한

限 限 限 限 限 限 限 限 限

4급Ⅱ

출제단어
限界한계 : 정해 놓은 범위.
時限시한 : 기한이 정해진 시각.
限度한도 : 일정하게 정한 정도.
限定한정 : 제한하여 정함.

抗
겨룰 항:
총 7 | 부 扌

손(扌)을 들어(亢) 막으니 **대항하는** 것이다.
동의자 競 다툴 경 爭 다툴 쟁 戰 싸움 전

抗 抗 抗 抗 抗 抗 抗

4급

출제단어
抗拒항거 : 대항함. 버팀.
反抗반항 : 반대하여 대듦.
抗議항의 : 반대의 의견을 주장함.
抵抗저항 : 적과 마주 대하여 버팀.

> 연습 문제

1. 다음 漢字語의 讀音을 써 보세요.

(1) 判決 (   )   (2) 評論 (   )   (3) 同胞 (   )

(4) 大砲 (   )   (5) 標示 (   )   (6) 恨歎 (   )

2. 다음 漢字의 음과 訓을 써 보세요.

(1) 破 (   )   (2) 閉 (   )   (3) 包 (   )

(4) 篇 (   )   (5) 爆 (   )   (6) 標 (   )

3. 다음 漢字의 部首를 쓰세요.

(1) 包 (   )   (2) 票 (   )   (3) 抗 (   )

4. 다음 漢字語의 讀音을 보고 漢字를 쓰세요.

(1) 옥편(자전) :

(2) 파산(깨뜨려 흩뜨림) :

(3) 폐문(문을 닫음) :

(4) 선포(세상에 널리 알림) :

(5) 매표소(표를 파는 곳) :

(6) 포악(사납고 악함) :

(7) 피곤(몸이나 마음이 지치어 고달픔) :

(8) 한정(수량이나 범위 따위를 제한하여 정함) :

> 쓰기 한자

充 채울 충	급5 총6 부儿	充分충분 充員충원 充足충족
致 이를 치:	급5 총10 부至	致死치사 致誠치성 致賀치하 景致경치
則 법칙 칙/곧 즉	급5 총9 부刂	規則규칙 天則천칙 罰則벌칙 會則회칙
親 친할 친	급6 총16 부見	親睦친목 親愛친애 親切친절 母親모친
七 일곱 칠	급8 총2 부一	七旬칠순 七夕칠석 七月칠월 七日칠일
他 다를 타	급5 총5 부亻	他意타의 他人타인 其他기타 利他이타
打 칠 타:	급5 총5 부扌	打倒타도 打殺타살 安打안타 打者타자
卓 높을 탁	급5 총8 부十	卓見탁견 圓卓원탁 卓子탁자 食卓식탁
炭 숯 탄:	급5 총9 부火	炭水탄수 石炭석탄 炭車탄차 炭鑛탄광
太 클 태	급6 총4 부大	太古태고 太平태평 太初태초 太半태반

50일 완성 46일째

한자	급수/총획/부수	예시	쓰기
宅 집 택·댁	급5 총6 부宀	宅地택지 住宅주택 / 家宅가택 自宅자택	宅宅宅宅宅宅
土 흙 토	급8 총3 부土	土俗토속 土種토종 / 土卵토란 黃土황토	土 土 土
通 통할 통	급6 총11 부辶	通過통과 通念통념 / 普通보통 通行통행	通通通通通通通通通
特 특별할 특	급6 총10 부牛	特命특명 特使특사 / 特別특별 奇特기특	特特特特特特特特
板 널 판	급5 총8 부木	板子판자 板刻판각 / 版畫판화 合版합판	板板板板板板板板
八 여덟 팔	급8 총2 부八	八景팔경 八字팔자 / 八十팔십 八道팔도	八 八
敗 패할 패:	급5 총11 부攵	敗德패덕 敗北패배 / 失敗실패 敗戰패전	敗敗敗敗敗敗敗敗敗
便 편할 편: / 똥오줌 변	급7 총9 부亻	便利편리 便法편법 / 便所변소 大便대변	便便便便便便便便
平 평평할 평	급7 총5 부干	平民평민 平等평등 / 太平태평 公平공평	平 平 平 平 平
表 겉 표	급6 총8 부衣	表面표면 發表발표 / 表具표구 圖表도표	表表表表表表表表

> 연습 문제

1. 다음 漢字語의 讀音을 써 보세요.

   ⑴ 親舊 (   )   ⑵ 他鄕 (   )   ⑶ 卓球 (   )

   ⑷ 石炭 (   )   ⑸ 通達 (   )   ⑹ 表現 (   )

2. 다음 漢字의 음과 訓을 써 보세요.

   ⑴ 充 (   )   ⑵ 打 (   )   ⑶ 炭 (   )

   ⑷ 宅 (   )   ⑸ 通 (   )   ⑹ 特 (   )

3. 다음 漢字의 部首를 쓰세요.

   ⑴ 打 (   )   ⑵ 便 (   )   ⑶ 表 (   )

4. 다음 漢字語의 讀音을 보고 漢字를 쓰세요.

   ⑴ 규칙(여러 사람이 다 같이 지키기로 작정한 법칙) :

   ⑵ 타파(부정적인 규정, 관습, 제도 따위를 깨뜨려 버림) :

   ⑶ 평등(권리, 의무, 자격 등이 차별 없이 고르고 한결같음) :

   ⑷ 편리(편하고 이로우며 이용하기 쉬움) :

5. 다음 漢字의 반대어를 쓰세요.

   ⑴ 充 ↔ (   )   ⑵ 表 ↔ (   )

6. 다음 漢字의 유의어를 쓰세요.

   ⑴ 致 : (   )   ⑵ 卓 : (   )

> 읽기 한자

50일 완성 **47**일째

港 항구 항:
총 12 | 부 氵

물(氵)길이 나 있는 거리(巷)는 배가 닿는 **항구**이다.

비슷한 한자 巷 거리 항

4급 II

港港港港港港港港港港港港

출제단어
空港 공항 : 항공 수송을 위한 공공 비행장.
開港 개항 : 외국 선박의 출입을 허가함.
港口 항구 : 배가 드나드는 곳.
港灣 항만 : 항구와 해만.

航 배 항:
총 10 | 부 舟

돛대가 우뚝 선(亢) 배(舟)를 타고 물을 **건넌다**.

동의자 舟 배 주 船 배 선

4급 II

航航航航航航航航航航

출제단어
航空 항공 : 비행기나 비행선으로 공중을 항해함.
航路 항로 : 배가 다니는 길.
出航 출항 : 배가 항해를 떠남.

解 풀 해:
총 13 | 부 角

소(牛)의 뿔(角)에 칼(刀)을 대니 **해체하다**.

동의자 釋 풀 석 放 놓을 방   반의자 結 맺을 결

4급 II

解解解解解解解解解解解解解

출제단어
解決 해결 : 일을 처리함.
解明 해명 : 의심나는 곳을 잘 설명함.
解體 해체 : 단체를 해산함.
和解 화해 : 다툼을 서로 그치고 풂.

 씨 핵
총 10 | 부 木

나무(木)의 열매가 돼지(亥)뼈처럼 단단한 부분은 **씨**다.

비슷한 한자 該 갖출 해 刻 새길 각

4급

核核核核核核核核核核

출제단어
核武器 핵무기 : 핵에너지를 이용한 무기.
核心 핵심 : 사물의 중심이 되는 부분.
結核 결핵 : 결핵균이 맺혀 생기는 망울.

> 읽기 한자

鄕
시골 향
총 13 | 부 阝

고소한 냄새(皀)가 나는 작은(幺) 고을(阝)이니 **시골**이다.

4급 II

출제단어
鄕愁향수 : 고향을 그리는 마음.
故鄕고향 : 자기가 태어나고 자란 고장.
鄕土향토 : 시골. 고향 땅.

香
향기 향
총 9 | 부 香

벼(禾)가 해(日)를 쬐어 익어가니 **향기롭다**.

비슷한 한자 **番 차례 번**

4급 II

출제단어
香氣향기 : 좋은 냄새.
香水향수 : 향기로운 냄새가 나는 물.
香料향료 : 향의 원료.
發香발향 : 향기를 풍김.

虛
빌 허
총 12 | 부 虍

범(虍)을 잡기 위해 언덕에 **빈** 구덩이를 판다.

4급 II

출제단어
虛空허공 : 속이 텅빈 공간.
虛榮허영 : 실상이 없는 외견상의 영예.
虛弱허약 : 기운이 없어져 약함.
空虛공허 : 속이 텅 빔.

憲
법 헌:
총 16 | 부 心

해(害)를 입지 않으려면 눈(目)을 굴리고 마음(心)을 **밝혀야** 한다.

비슷한 한자 **法 법 법**

4급

출제단어
憲法헌법 : 국가의 근본이 되는 법.
改憲개헌 : 헌법의 내용을 고침.
憲章헌장 : 법칙으로 규정한 규범.
立憲입헌 : 헌법을 제정함.

50일 완성 47일째

險 험할 험
총 16 | 부 阝 | 4급

지형들이 모두(僉) 언덕(阝)으로 이루어졌으니 **험하다**.

출제단어
- 危險위험 : 안전하지 않은 것.
- 險難험난 : 험하고 어려운 것.
- 險惡험악 : 형세 등이 험하고 거친 것.
- 險談험담 : 남을 헐뜯어서 하는 말.

驗 시험 험
총 23 | 부 馬 | 4급 II

말(馬)을 모아 놓고(僉) **시험**해 보고 고른다.

동의자 試 시험 시

출제단어
- 驗證험증 : 증거를 조사함.
- 實驗실험 : 실제로 시험하는 것.
- 經驗경험 : 실제 보고 듣거나 행하는 일.
- 體驗체험 : 몸소 경험함.

革 가죽 혁
총 9 | 부 革 | 4급

짐승 가죽의 털을 뽑고 있는 모양을 본뜬 글자이다.

동의자 皮 가죽 피

출제단어
- 革帶혁대 : 가죽으로 된 띠.
- 改革개혁 : 새롭게 뜯어고침.
- 革新혁신 : 묵은 조직을 바꿔 새롭게 함.
- 革命혁명 : 국가 전체 체제를 바꾸는 일.

顯 나타날 현
총 23 | 부 頁 | 4급

머리(頁)에 명주실(㬎)로 만든 장식물이 **밝게** 빛난다.

동의자 現 나타날 현

출제단어
- 顯示현시 : 나타내 보임.
- 貴顯귀현 : 존귀하고 이름이 높음.
- 顯著현저 : 뚜렷이 드러남.
- 光顯광현 : 밝게 드러남.

> 읽기 한자

賢 어질 현
총15 | 부貝

돈(貝)은 굳은(臤) 마음으로 써야 **어질다**.

동의자 良 어질 량

4급Ⅱ

賢 賢 賢 賢 賢 賢 賢 賢 賢 賢 賢 賢 賢 賢 賢

출제단어
賢婦현부 : 현명한 부인.
賢明현명 : 영리하여 사리에 밝음.
賢良현량 : 어질고 착한 사람.
賢者현자 : 어질고 총명한 사람.

血 피 혈
총6 | 부血

그릇(皿)에서 튀어(丿) 오르니 **피**다.

4급Ⅱ

血 血 血 血 血 血

출제단어
血書혈서 : 피로 쓴 글씨.
止血지혈 : 피가 못 나오게 함.
血色혈색 : 핏빛. 얼굴 빛. 붉은 빛.
出血출혈 : 피가 혈관 밖으로 나옴.

協 화합할 협
총8 | 부十

많은(十) 사람이 힘을 합쳐(劦) **협조하는** 것이다.

동의자 和 화할 화

4급Ⅱ

協 協 協 協 協 協 協 協

출제단어
協同협동 : 마음과 힘을 함께 함.
協會협회 : 회원이 설립하여 유지하는 회.
協約협약 : 협의하여 약정함.
協力협력 : 힘을 합하여 서로 도움.

刑 형벌 형
총6 | 부刂

죄인은 형틀(开)에 묶고 칼(刂)로 **형벌**을 준다.

동의자 罰 벌할 벌

4급

刑 刑 刑 刑 刑 刑

출제단어
刑罰형벌 : 국가가 죄인에게 주는 제재.
刑事형사 : 형법의 적용을 받는 일.

50일 완성 **47**일째

惠
은혜 **혜:**

총 12 | 부 心

삼가는(叀) 어진 마음(心)을 가질 때 **은혜**를 베푸는 것이다.

동의자 恩 은혜 은 비슷한 한자 叀 오로지 전

4급 II

惠惠惠惠惠惠惠惠惠惠惠惠

| 惠 | 惠 | 惠 | | | | | | | |

출제 단어
惠澤혜택 : 은혜와 덕택.
特惠특혜 : 특별한 은혜.
恩惠은혜 : 남에게서 받은 고마운 혜택.
天惠천혜 : 하늘의 은혜.

呼
부를 **호**

총 8 | 부 口

입(口)에서 감탄하는(乎) 소리로 **부른다**.

비슷한 한자 乎 어조사 호

4급 II

呼呼呼呼呼呼呼呼

| 呼 | 呼 | 呼 | | | | | | |

출제 단어
呼出호출 : 불러냄. 소환.
呼名호명 : 이름을 부름.
呼訴호소 : 억울함을 관청이나 남에게 하소연 함.
歡呼환호 : 기뻐서 큰 소리로 부르짖음.

好
좋을 **호:**

총 6 | 부 女

여자(女)가 아이(子)를 안고 귀여워하며 **좋아한다**.

동의자 良 좋을 량 반의자 惡 악할 악 / 미워할 오

4급 II

好好好好好好

| 好 | 好 | 好 | | | | | | |

출제 단어
良好양호 : 질적인 면에서 대단히 좋음.
好奇心호기심 : 새롭고 기이한 것에 끌리는 마음.
好人호인 : 성질이 좋은 사람.
好感호감 : 좋게 여기는 감정.

##
집·지게 **호:**

총 4 | 부 戶

출입문의 한쪽을 본떠서 지게 문의 모양을 본뜬 글자이다.

동의자 屋 집 옥 室 집 실 家 집 가

4급 II

戶戶戶戶

| 戶 | 戶 | 戶 | | | | | | |

출제 단어
戶別호별 : 집집마다. 매호.
戶主호주 : 집안의 주장이 되는 주인.
戶數호수 : 호적상 집의 수.
窓戶창호 : 창과 문의 통칭.

> 연습 문제

50일 완성 47일째

1. 다음 漢字語의 讀音을 써 보세요.

   (1) 出港 (   )   (2) 解決 (   )   (3) 虛空 (   )

   (4) 顯忠日 (   )   (5) 協會 (   )   (6) 形體 (   )

2. 다음 漢字의 음과 訓을 써 보세요.

   (1) 核 (   )   (2) 憲 (   )   (3) 驗 (   )

   (4) 革 (   )   (5) 鄕 (   )   (6) 賢 (   )

3. 다음 漢字의 部首를 쓰세요.

   (1) 好 (   )   (2) 解 (   )   (3) 顯 (   )

4. 다음 漢字語의 讀音을 보고 漢字를 쓰세요.

   (1) 항로(선박이 지나다니는 해로) :

   (2) 핵심(사물의 가장 중심이 되는 부분) :

   (3) 험담(남의 흠을 들추어 헐뜯음) :

   (4) 향교(지방에 있던 문묘와 그에 속한 관립 학교) :

   (5) 향기(꽃, 향수 따위에서 나는 좋은 냄새) :

   (6) 성현(성인과 현인을 아울러 이르는 말) :

   (7) 혈세(가혹한 조세) :

   (8) 은혜(고맙게 베풀어 주는 신세나 혜택) :

> 쓰기 한자

50일 완성 **48**일째

한자	급수/총획/부수	예시 단어	쓰기 연습
品 물건 품:	급5 총9 부口	品質 품질　品行 품행 品目 품목　眞品 진품	品 品 品 品 品 品 品 品
風 바람 풍	급6 총9 부風	風霜 풍상　風習 풍습 風向 풍향　風采 풍채	風 風 風 風 風 風 風 風 風
必 반드시 필	급5 총5 부心	何必 하필　必勝 필승 必是 필시　必然 필연	必 必 必 必 必
筆 붓 필	급5 총12 부竹	筆記 필기　筆舌 필설 筆力 필력　粉筆 분필	筆 筆 筆 筆 筆 筆 筆 筆 筆 筆 筆 筆
河 물 하	급5 총8 부氵	河口 하구　河川 하천 河馬 하마　氷河 빙하	河 河 河 河 河 河 河 河
下 아래 하:	급7 총3 부一	下級 하급　下鄕 하향 以下 이하　下落 하락	下 下 下
夏 여름 하:	급7 총10 부夊	夏節 하절　夏服 하복 夏至 하지　夏期 하기	夏 夏 夏 夏 夏 夏 夏 夏
學 배울 학	급8 총16 부子	學力 학력　入學 입학 學費 학비　獨學 독학	學 學 學 學 學 學 學 學 學 學
寒 찰 한	급5 총12 부宀	寒氣 한기　寒冷 한랭 寒心 한심　防寒 방한	寒 寒 寒 寒 寒 寒 寒 寒 寒
漢 한수·한나라 한:	급7 총14 부氵	漢文 한문　漢方 한방 漢族 한족　漢字 한자	漢 漢 漢 漢 漢 漢 漢 漢 漢 漢 漢

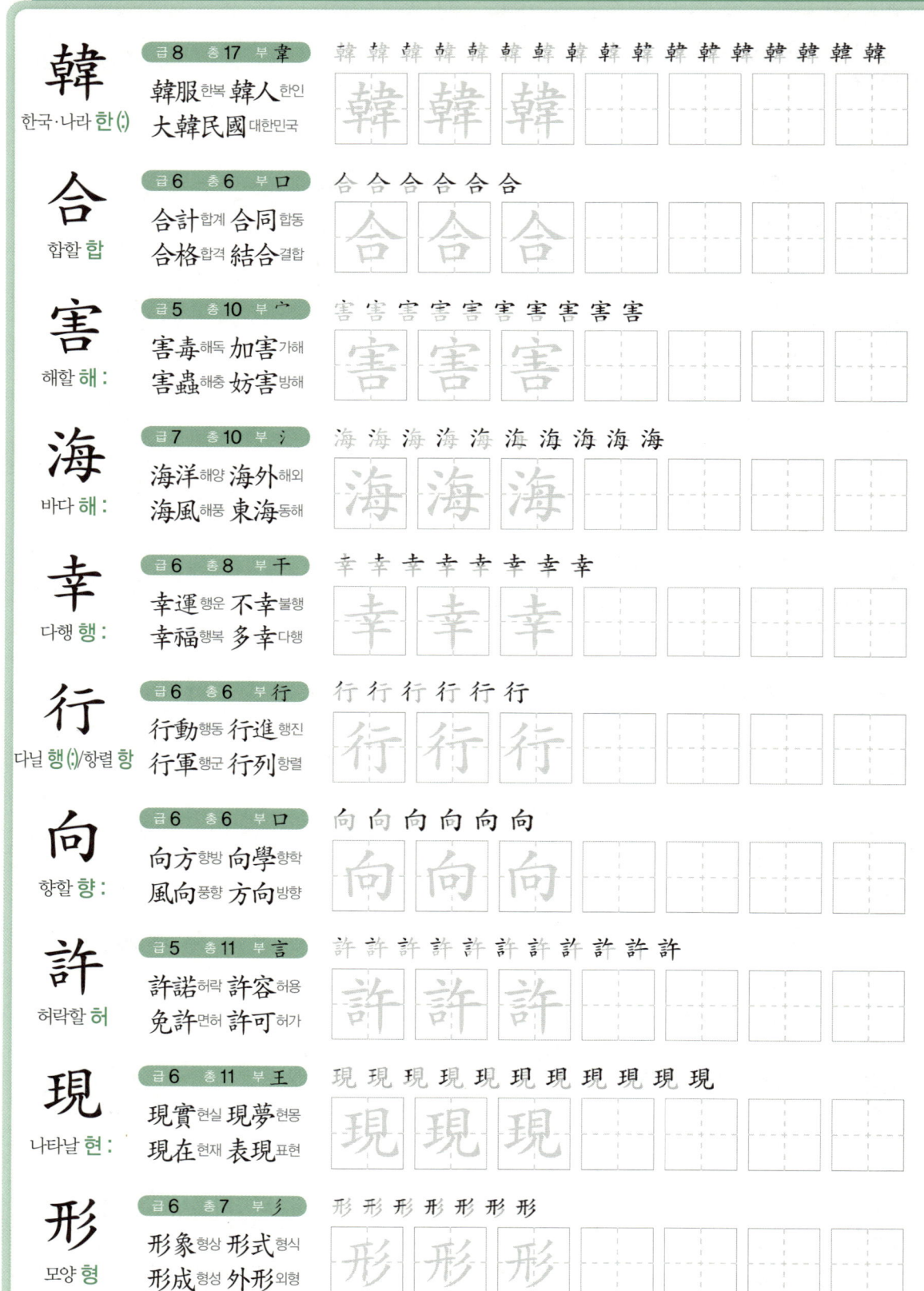

> 연습 문제

50일 완성 **48**일째

1. 다음 漢字語의 讀音을 써 보세요.

   (1) 品質 (   )   (2) 風俗 (   )   (3) 筆記 (   )

   (4) 韓服 (   )   (5) 海邊 (   )   (6) 現象 (   )

2. 다음 漢字의 음과 訓을 써 보세요.

   (1) 筆 (   )   (2) 河 (   )   (3) 寒 (   )

   (4) 害 (   )   (5) 幸 (   )   (6) 許 (   )

3. 다음 漢字의 部首를 쓰세요.

   (1) 學 (   )   (2) 幸 (   )   (3) 現 (   )

4. 다음 漢字語의 讀音을 보고 漢字를 쓰세요.

   (1) 필요(꼭 요구되는 바가 있음) :

   (2) 한자(중국에서 만들어 오늘날에도 쓰고 있는 문자) :

   (3) 행복(복된 좋은 운수) :

   (4) 형체(물건의 생김새나 그 바탕이 되는 몸체) :

5. 다음 漢字의 반대어를 쓰세요.

   (1) 學 ↔ (   )   (2) 合 ↔ (   )

6. 다음 漢字의 유의어를 쓰세요.

   (1) 海 : (   )   (2) 幸 : (   )

> 읽기 한자

護 도울 호:
총 21 | 부 言

말(言)로 정상을 헤아려(蒦) 타이르니 **돕는** 것이다.

동의자 助 도울 조 援 도울 원

4급II

출제단어
- 護國호국 : 나라를 지킴.
- 保護보호 : 잘 보살피고 지킴.
- 護身호신 : 몸을 보호함.
- 救護구호 : 도와서 보호함.

或 혹 혹
총 8 | 부 戈

백성(口)들이 창(戈)를 모으는(一) 이유는 **혹시나** 전쟁이 있을까 해서이다.

4급

출제단어
- 或設혹설 : 어떠한 사람의 말.
- 或者혹자 : 어떤 사람.
- 或是혹시 : 어떠한 때. 행여나.
- 或如혹여 : 혹시, 설혹.

婚 혼인할 혼
총 11 | 부 女

여자(女)를 저물(昏)녘에 **혼례**를 올리고 맞이한다.

동의자 姻 혼인 인

4급

출제단어
- 婚談혼담 : 혼인을 약속하기 전에 오고 가는 말.
- 婚姻혼인 : 장가들고 시집가는 일.
- 婚事혼사 : 혼인에 관한 모든 일.
- 結婚결혼 : 부부관계를 맺음.

混 섞을 혼:
총 11 | 부 氵

맑고 흐린 물(氵)이 모두 같은(昆) 곳으로 흘러 **섞인다**.

동의자 雜 섞일 잡

4급

출제단어
- 混同혼동 : 섞여서 하나로 합함.
- 混血혼혈 : 다른 인종 사이에서 생긴 혈통.
- 混亂혼란 : 한데 섞여 뒤죽박죽이 됨.
- 混合혼합 : 뒤섞어서 한데 합함.

50일 완성 49일째

紅 붉을 홍
총 9 | 부 糸

실(糸)에 물감을 들여 가공하니(工) **붉은 색**이 된다.

동의자 赤 붉을 적

출제단어
- 紅蔘 홍삼 : 수삼을 쪄서 말린 붉은 빛이 나는 인삼.
- 紅顔 홍안 : 젊어서 혈색이 좋음.
- 紅色 홍색 : 붉은 빛.

華 빛날 화
총 12 | 부 艹

풀(艹)과 꽃이 무성하게 피어 드리워지니(華) 화려하게 **빛난다**.

동의자 輝 빛날 휘

출제단어
- 華麗 화려 : 빛나고 아름다움.
- 華氏 화씨 : 화씨온도의 준말.
- 華燭 화촉 : 혼례 의식에서 밝히는 촛불.
- 華僑 화교 : 해외에 정주하는 중국인.

貨 재물 화:
총 11 | 부 貝

돈으로 바꿀(化) 수 있는 물건(貝)을 **재화**라고 한다.

비슷한 한자 賃 품삯 임

출제단어
- 貨物 화물 : 수레나 배 등으로 운송하는 짐.
- 貨財 화재 : 돈 또는 보배. 재화.
- 雜貨 잡화 : 여러 가지 상품.

確 굳을 확
총 15 | 부 石

지조가 높고(崔) 의지가 돌(石)같이 **굳다**.

동의자 固 굳을 고, 堅 굳을 견

출제단어
- 確立 확립 : 꽉 정해져 있어 움직이지 아니함.
- 正確 정확 : 바르게 맞는 상태에 있는 것.
- 確固 확고 : 확실하고 튼튼함.
- 確實 확실 : 틀림없이 사실과 같음.

> 읽기 한자

歡 기쁠 환
총 22 | 부 欠

황새(雚)가 입(欠)을 크게 벌리고 큰 소리를 내어 **기뻐한다**.
동의자 喜 기쁠 희 반의자 哀 슬플 애 怒 성낼 노
4급

출제단어
歡聲환성 : 기뻐 고함치는 소리.
歡迎환영 : 기쁘게 맞이함.
歡樂환락 : 기쁘고 즐거움.
交歡교환 : 즐김으로써 서로 사귐.

環 고리 환(:)
총 17 | 부 王

옥(王)으로 둥글게(𝌫) **고리**를 만든 것이 옥반지다.
4급

출제단어
環境환경 : 주위의 사물이나 사정.
花環화환 : 경조의 뜻을 표하는 데 쓰는 꽃.
環視환시 : 사방을 둘러봄.

況 상황 황:
총 8 | 부 氵

큰(兄) 물(氵)이 **불어나듯** 성황을 이룬다.
동의자 狀 형상 상
4급

출제단어
狀況상황 : 일이 되어 가는 형편이나 모양.
實況실황 : 실제의 상황.
盛況성황 : 성대한 상황.
常況상황 : 평상시의 형편.

灰 재 회
총 6 | 부 火

바위(厂) 밑에서 불(火)을 때면 **재**가 생긴다.
비슷한 한자 厄 액 액
4급

출제단어
石灰석회 : 석회암을 태워서 얻은 생석회.
灰色회색 : 잿 빛.
木灰목회 : 나무 탄 재.

50일 완성 **49**일째

回 돌아올 회

이중으로 된 원을 본뜬 글자로 **돌다**의 뜻이다.

동의자 還 돌아올 환 歸 돌아올 귀

4급Ⅱ

回 回 回 回 回 回

총 6 | 부 口

출제단어
- 回軍 회군 : 군사를 돌려 옴.
- 回復 회복 : 다시 좋은 상태로 되돌림.
- 回轉 회전 : 빙빙 돎.
- 挽回 만회 : 바로잡아 회복함.

候 기후·살필 후:

활 쏜 사람(亻)이 과녁(侯)을 뚫었는지(丨) **살핀다**.

비슷한 한자 侯 제후 후

4급

候 候 候 候 候 候 候 候 候 候

총 10 | 부 亻

출제단어
- 候補 후보 : 장차 어떤 직위에 나아갈 자격이 있음.
- 候鳥 후조 : 계절 따라 옮겨 사는 새. 철새.
- 氣候 기후 : 날씨의 현상.

厚 두터울 후:

자식(子)을 따뜻하게(日) 덮어주니(厂) **두터운** 정이다.

4급

厚 厚 厚 厚 厚 厚 厚 厚 厚

총 9 | 부 厂

출제단어
- 厚德 후덕 : 덕행이 두터움.
- 重厚 중후 : 태도가 점잖고 마음씨가 너그러움.
- 厚謝 후사 : 후하게 사례함.
- 厚待 후대 : 후하게 대접함.

揮 휘두를 휘

손짓(扌)으로 군사(軍)를 움직이는 것이 **지휘**이다.

4급

揮 揮 揮 揮 揮 揮 揮 揮 揮 揮 揮 揮

총 12 | 부 扌

출제단어
- 揮發 휘발 : 액체가 기체로 변하여 날아감.
- 發揮 발휘 : 재능, 힘 따위를 떨쳐서 드러냄.
- 指揮 지휘 : 지시해 일을 시킴.

> 읽기 한자

50일 완성 **49**일째

吸
마실 흡
총7 | 부 口

입(口)으로 공기를 폐까지 미치게(及) 숨을 **들이쉰다**.

동의자 飮 마실 음 비슷한 한자 及 미칠 급

4급Ⅱ

吸 吸 吸 吸 吸 吸 吸

출제단어
吸收 흡수 : 빨아들임.
深呼吸 심호흡 : 깊이 쉬는 숨.
吸煙 흡연 : 담배를 피움.
吸着 흡착 : 달라붙음.

興
일 흥(:)
총16 | 부 臼

한(同) 뜻으로 맞잡고(舁) **일어선다**.

동의자 盛 성할 성 반의자 亡 망할 망 비슷한 한자 與 더불 여

4급Ⅱ

興 興 興 興 興 興 興 興 興 興 興 興 興 興 興 興

출제단어
興亡 흥망 : 일어나는 것과 망하는 것.
感興 감흥 : 마음이 감동해서 일어나는 흥취.
興味 흥미 : 재미있음.
遊興 유흥 : 흥겹게 놂.

喜
기쁠 희
총12 | 부 口

많은(十) 콩(豆)을 보고 입(口)을 벌리니 **기쁘다**.

동의자 歡 기쁠 환 반의자 哀 슬플 애

4급

喜 喜 喜 喜 喜 喜 喜 喜 喜 喜 喜 喜

출제단어
喜怒 희노 : 기쁨과 노여움.
歡喜 환희 : 매우 기뻐함.
喜悲 희비 : 기쁨과 슬픔.
喜捨 희사 : 기꺼이 돈이나 재물을 냄.

希
바랄 희
총7 | 부 巾

안 되는(乂) 것도 베풀어(布) 달라고 하니 **바라다**.

동의자 望 바랄 망 願 바랄 원 비슷한 한자 布 베 포

4급Ⅱ

希 希 希 希 希 希 希

출제단어
希求 희구 : 무엇을 바라고 요구함.
希望 희망 : 소망을 가지고 기대하여 바람.

> 연습 문제

1. 다음 漢字語의 讀音을 써 보세요.

(1) 護身術 (   )   (2) 混亂 (   )   (3) 華麗 (   )

(4) 確保 (   )   (5) 氣候 (   )   (6) 興趣 (   )

2. 다음 漢字의 음과 訓을 써 보세요.

(1) 華 (   )   (2) 歡 (   )   (3) 環 (   )

(4) 灰 (   )   (5) 婚 (   )   (6) 紅 (   )

3. 다음 漢字의 部首를 쓰세요.

(1) 或 (   )   (2) 興 (   )   (3) 吸 (   )

4. 다음 漢字語의 讀音을 보고 漢字를 쓰세요.

(1) 혼담(혼인에 대하여 오가는 말) :

(2) 보화(썩 드물고 귀한 가치가 있는 보배로운 물건) :

(3) 근황(요즈음의 상황) :

(4) 회귀(한 바퀴 돌아 제자리로 돌아오거나 돌아감) :

(5) 발휘(재능, 능력 따위를 떨치어 나타냄) :

(6) 희소식(기쁜 소식) :

(7) 희망(앞일에 대하여 어떤 기대를 가지고 바람) :

(8) 중후(태도가 점잖고 마음씨가 너그러움) :

> 쓰기 한자

한자	급수/총획/부수	단어	쓰기
兄 형**형**	급8 총5 부儿	兄夫 형부 兄弟 형제 長兄 장형 老兄 노형	兄兄兄兄兄
湖 호수**호**	급5 총12 부氵	湖南 호남 湖畔 호반 湖水 호수 江湖 강호	湖湖湖湖湖湖湖湖湖湖湖
號 이름**호(:)**	급6 총13 부虍	號令 호령 號泣 호읍 番號 번호 記號 기호	號號號號號號號號號號號號號
化 될**화(:)**	급5 총4 부匕	化身 화신 化粧 화장 化石 화석 化合 화합	化化化化
和 화할**화**	급6 총8 부口	和樂 화락 和睦 화목 平和 평화 和答 화답	和和和和和和和
畫 그림**화:**/그을**획**	급6 총12 부田	畫家 화가 畫策 획책 東洋畫 동양화	畫畫畫畫畫畫畫畫畫畫
花 꽃**화**	급7 총8 부艹	花盆 화분 花草 화초 花容 화용 花中 화중	花花花花花花花花
話 말씀**화**	급7 총13 부言	話術 화술 話題 화제 對話 대화 話法 화법	話話話話話話話話話
火 불**화(:)**	급8 총4 부火	火功 화공 火災 화재 火力 화력 聖火 성화	火火火火
患 근심**환:**	급5 총11 부心	患部 환부 患者 환자 憂患 우환 病患 병환	患患患患患患患患患

50일째

活 살 활
급7 총9 부氵
活動활동 活力활력
復活부활 活魚활어

黃 누를 황
급6 총12 부黃
黃金황금 黃泉황천
黃昏황혼 朱黃주황

會 모일 회:
급6 총13 부曰
會期회기 會談회담
會見회견 會話회화

效 본받을 효:
급5 총10 부攵
效率효율 效驗효험
效果효과 無效무효

孝 효도 효:
급7 총7 부子
孝道효도 孝子효자
孝誠효성 忠孝충효

後 뒤 후:
급7 총9 부彳
後光후광 後患후환
後門후문 午後오후

訓 가르칠 훈:
급6 총10 부言
訓戒훈계 訓令훈령
家訓가훈 訓練훈련

休 쉴 휴
급7 총6 부亻
休養휴양 休業휴업
休暇휴가 年休연휴

凶 흉할 흉
급5 총4 부凵
凶惡흉악 凶年흉년
凶計흉계 凶器흉기

黑 검을 흑
급5 총12 부黑
黑幕흑막 黑心흑심
漆黑칠흑 黑煙흑연

> 연습 문제

1. 다음 漢字語의 讀音을 써 보세요.

(1) 兄弟 (   )   (2) 畫家 (   )   (3) 花園 (   )

(4) 患者 (   )   (5) 效果 (   )   (6) 休息 (   )

2. 다음 漢字의 음과 訓을 써 보세요.

(1) 湖 (   )   (2) 號 (   )   (3) 畫 (   )

(4) 患 (   )   (5) 活 (   )   (6) 黃 (   )

3. 다음 漢字의 部首를 쓰세요.

(1) 畫 (   )   (2) 效 (   )   (3) 花 (   )

4. 다음 漢字語의 讀音을 보고 漢字를 쓰세요.

(1) 활동(몸을 움직여 행동함) :

(2) 황금(누런빛의 금) :

(3) 효행(부모를 잘 섬기는 행실) :

(4) 훈련(가르쳐서 익히게 함) :

5. 다음 漢字의 반대어를 쓰세요.

(1) 活 ↔ (   )   (2) 兄 ↔ (   )

6. 다음 漢字의 유의어를 쓰세요.

(1) 休 : (   )   (2) 號 : (   )

연습문제 정답

1일째
1. (1) 여가 (2) 감각
   (3) 간단 (4) 항복
   (5) 거실 (6) 거부
2. (1) 틈·겨를 가
   (2) 거리 가
   (3) 새길 각 (4) 깨달을 각
   (5) 간략할·대쪽 간
   (6) 덜 감
3. (1) 行 (2) 目
   (3) 阜(阝)
4. (1) 街路樹 (2) 看護
   (3) 降雨量 (4) 個性
5. (1) 眞 (2) 登
6. (1) 略 (2) 住

2일째
1. (1) 가세 (2) 농가
   (3) 가액 (4) 강도
   (5) 통감 (6) 강건
2. (1) 값 가 (2) 세울 건
   (3) 손 객 (4) 들 거
   (5) 열 개 (6) 노래 가
3. (1) 欠 (2) 弓
   (3) 手
4. (1) 晝間 (2) 價格
   (3) 加減 (4) 車票
5. (1) 減 (2) 弱
6. (1) 立 (2) 往

3일째
1. (1) 근거 (2) 격파
   (3) 견고 (4) 경대
   (5) 경탄 (6) 계율
2. (1) 검소할 검 (2) 격할 격
   (3) 깨끗할 결 (4) 뛰어날 걸
   (5) 기울 경 (6) 거울 경
3. (1) 木 (2) 心
   (3) 人(亻)
4. (1) 傑作 (2) 淸潔
   (3) 經濟 (4) 季節
   (5) 國慶日 (6) 眼境
   (7) 缺席 (8) 檢察

4일째
1. (1) 격식 (2) 경외심
   (3) 고찰 (4) 가계
   (5) 굴곡 (6) 고역
2. (1) 맺을 결 (2) 다툴 경
   (3) 생각 고 (4) 지경 계
   (5) 가벼울 경 (6) 공경 경
3. (1) 車 (2) 糸
   (3) 老(耂)
4. (1) 格鬪 (2) 競賣
   (3) 考試 (4) 計算
5. (1) 重 (2) 直
6. (1) 舊 (2) 算, 數

5일째
1. (1) 직계 (2) 계란
   (3) 고아 (4) 곡식
   (5) 관리 (6) 연구
2. (1) 이을 계 (2) 외로울 고
   (3) 곳집 고 (4) 연고 고
   (5) 곤할 곤 (6) 뼈 골
3. (1) 鳥 (2) 子
   (3) 竹
4. (1) 繼承 (2) 金庫
   (3) 構造 (4) 官職
   (5) 攻擊 (6) 骨折
   (7) 鑛山 (8) 求婚

6일째
1. (1) 공적 (2) 과오
   (3) 관측 (4) 교육
   (5) 구습 (6) 구호
2. (1) 공부할 과 (2) 과목 과
   (3) 관계할 관 (4) 다리 교
   (5) 가르칠 교 (6) 갖출 구
3. (1) 木 (2) 宀
   (3) 匚
4. (1) 空腹 (2) 科程
   (3) 關節 (4) 電球
5. (1) 新 (2) 學
6. (1) 實 (2) 色

7일째
1. (1) 군중 (2) 궁전
   (3) 권세 (4) 귀가
   (5) 연극 (6) 기능
2. (1) 무리 군 (2) 굽힐 굴
   (3) 다할 궁 (4) 버릴 기

연습문제 정답

(5) 권할 권 (6) 책 권
3. (1) 竹 (2) 尸
   (3) 土
4. (1) 福券 (2) 歸省
   (3) 筋肉 (4) 禁煙
5. (1) 臣, 民 (2) 直
6. (1) 奬 (2) 回, 還

8일째

1. (1) 구구단 (2) 국경
   (3) 특기 (4) 규범
   (5) 근원 (6) 기준
2. (1) 귀할 귀 (2) 줄 급
   (3) 재주 기
   (4) 물 끓는 김 기
   (5) 나라 국 (6) 판 국
3. (1) 阝 (2) 糸
   (3) 水(氵)
4. (1) 郡廳 (2) 規範
   (3) 金額 (4) 給料
5. (1) 心 (2) 遠
6. (1) 本 (2) 鐵

9일째

1. (1) 온난 (2) 노력
   (3) 단군 (4) 달성
   (5) 당론 (6) 도주
2. (1) 그릇 기 (2) 따뜻할 난
   (3) 들일 납 (4) 성낼 노
   (5) 층계 단 (6) 끊을 단

3. (1) 口 (2) 亻
   (3) 隹
4. (1) 難易度 (2) 分擔
   (3) 盜用 (4) 達人
5. (1) 獨 (2) 初
6. (1) 任 (2) 賊

10일째

1. (1) 태극기 (2) 기후
   (3) 남성 (4) 염원
   (5) 등단 (6) 담합
2. (1) 기운 기 (2) 길할 길
   (3) 남녘 남 (4) 해·나이 년
   (5) 생각 념 (6) 농사 농
3. (1) 气 (2) 辰
   (3) 土
4. (1) 答案 (2) 短點
   (3) 念願 (4) 記錄
5. (1) 凶 (2) 少
6. (1) 歲 (2) 圓

11일째

1. (1) 소득 (2) 독감
   (3) 두유 (4) 전등
   (5) 난동 (6) 연결
2. (1) 감독할 독 (2) 구리 동
   (3) 얻을 득 (4) 등등
   (5) 벌릴 라
   (6) 어지러울 란
3. (1) 乙 (2) 刀(刂)

   (3) 鹿
4. (1) 北斗星 (2) 新羅
   (3) 兩面 (4) 導火線
   (5) 銅錢 (6) 卵子
   (7) 思慮 (8) 高麗

12일째

1. (1) 대화 (2) 대안
   (3) 덕망 (4) 무인도
   (5) 독단 (6) 두통
2. (1) 대할 대 (2) 큰·덕 덕
   (3) 이를 도 (4) 그림 도
   (5) 법도 도/헤아릴 탁
   (6) 길 도
3. (1) 亻 (2) 山
   (3) 氵
4. (1) 大將 (2) 圖案
   (3) 童話 (4) 動物
5. (1) 靜 (2) 異
6. (1) 致 (2) 首

13일째

1. (1) 녹음 (2) 등용문
   (3) 만개 (4) 법률
   (5) 자매 (6) 모공
2. (1) 논할 론 (2) 버들 류
   (3) 머무를 류 (4) 떠날 리
   (5) 찰 만 (6) 줄기 맥
3. (1) 牛(牜) (2) 龍
   (3) 女
4. (1) 留學 (2) 牧場

264
~
265

연습문제 정답

　　　(3) 妙技　　(4) 記錄
5. (1) 姉　　　(2) 笑
6. (1) 髮　　　(2) 範

14일째
1. (1) 등장　　(2) 요산요수
　　(3) 역정　　(4) 냉대
　　(5) 여객선　(6) 예의
2. (1) 떨어질 락
　　(2) 즐거울 락/음악 악/좋아할 요
　　(3) 헤아릴 량 (4) 나그네 려
　　(5) 익힐 련　(6) 하여금 령
3. (1) 木　　　(2) 方
　　(3) 老(耂)
4. (1) 登校　　(2) 明朗
　　(3) 練習　　(4) 路線
5. (1) 溫　　　(2) 少
6. (1) 賢　　　(2) 使

15일째
1. (1) 무예　　(2) 밀폐
　　(3) 방해　　(4) 배경
　　(5) 배려　　(6) 규범
2. (1) 맛 미　　(2) 칠 박
　　(3) 넓을 박　(4) 터럭 발
　　(5) 방해할 방 (6) 찾을 방
3. (1) 宀　　　(2) 人(亻)
　　(3) 手
4. (1) 拍手　　(2) 毛髮
　　(3) 參拜　　(4) 辯論

5. (1) 腹　　　(2) 賞
6. (1) 廣　　　(2) 否, 非, 不

16일째
1. (1) 녹음　　(2) 유통
　　(3) 만능　　(4) 이익
　　(5) 입법　　(6) 매진
2. (1) 헤아릴 료 (2) 육지 륙
　　(3) 이로울 리 (4) 다스릴 리
　　(5) 수풀 림　(6) 말 마
3. (1) 阜(阝)　 (2) 艸(艹)
　　(3) 玉
4. (1) 料理　　(2) 林業
　　(3) 萬物　　(4) 賣國奴
5. (1) 海　　　(2) 賣
6. (1) 希　　　(2) 治

17일째
1. (1) 주변　　(2) 보호
　　(3) 복잡　　(4) 분통
　　(5) 분유　　(6) 비평
2. (1) 갚을 보　(2) 걸음 보
　　(3) 엎드릴 복
　　(4) 회복할 복/다시 부
　　(5) 아닐 부　(6) 질 부
3. (1) 宀　　　(2) 衣(衤)
　　(3) 米
4. (1) 普通　　(2) 富貴
　　(3) 新婦　　(4) 寶物
5. (1) 貧　　　(2) 夫

6. (1) 珍　　　(2) 評

18일째
1. (1) 면접　　(2) 모유
　　(3) 풍문　　(4) 물질
　　(5) 미곡　　(6) 내무반
2. (1) 밝을 명　(2) 물을 문
　　(3) 글월 문　(4) 물건 물
　　(5) 쌀 미
　　(6) 아름다울 미
3. (1) 耳　　　(2) 羊
　　(3) 氏
4. (1) 命題　　(2) 文學
　　(3) 美食家　(4) 民族
5. (1) 合　　　(2) 暗
6. (1) 章　　　(2) 樹

19일째
1. (1) 비밀　　(2) 비관
　　(3) 발사　　(4) 사퇴
　　(5) 상아탑　(6) 사례
2. (1) 갖출 비　(2) 아닐 비
　　(3) 실 사　　(4) 사사 사
　　(5) 집 사　　(6) 흩어질 산
3. (1) 广　　　(2) 殳
　　(3) 巾
4. (1) 貧困　　(2) 傷處
　　(3) 冊床　　(4) 師表
5. (1) 富　　　(2) 歡, 喜
6. (1) 案　　　(2) 窮

연습문제 정답

20일째
1. (1) 발전 (2) 배수
   (3) 법률 (4) 병원
   (5) 본능 (6) 북극
2. (1) 놓을 방 (2) 필 발
   (3) 일백 백 (4) 곱 배
   (5) 법 법 (6) 변할 변
3. (1) 水(氵) (2) 疒
   (3) 匕
4. (1) 百姓 (2) 病患
   (3) 服從 (4) 叔父
5. (1) 黑 (2) 婦
6. (1) 化 (2) 衣

21일째
1. (1) 상념 (2) 설정
   (3) 불야성 (4) 성현
   (5) 세금 (6) 소질
2. (1) 성할 성 (2) 베풀 선
   (3) 소리 성 (4) 정성 성
   (5) 형세 세 (6) 가늘 세
3. (1) 糸 (2) 犬(犭)
   (3) 皿
4. (1) 賞狀 (2) 設計
   (3) 行星 (4) 淸掃
   (5) 勢力 (6) 誠實
   (7) 盛業 (8) 細密

22일째
1. (1) 분리 (2) 비조
   (3) 사진 (4) 사관
   (5) 사경 (6) 산맥
2. (1) 견줄 비 (2) 쓸 비
   (3) 베낄 사 (4) 얼음 빙
   (5) 조사할 사 (6) 사기 사
3. (1) 貝 (2) 心
   (3) 竹
4. (1) 學費 (2) 思春期
   (3) 死亡 (4) 産業
5. (1) 合 (2) 生, 活
6. (1) 數 (2) 奉

23일째
1. (1) 송별 (2) 수려
   (3) 수난 (4) 숙모
   (5) 정숙 (6) 시설
2. (1) 소나무 송 (2) 기릴 송
   (3) 닦을 수 (4) 거둘 수
   (5) 순수할 순 (6) 높을 숭
3. (1) 禾 (2) 手(扌)
   (3) 糸
4. (1) 損害 (2) 守門將
   (3) 敎授 (4) 詩人
5. (1) 低 (2) 授, 與
6. (1) 接 (2) 優

24일째
1. (1) 상여금 (2) 색소
   (3) 생존 (4) 서적
   (5) 최선 (6) 신선
2. (1) 장사 상 (2) 서로 상
   (3) 차례 서 (4) 자리 석
   (5) 착할 선 (6) 배 선
3. (1) 色 (2) 日
   (3) 魚
4. (1) 生態系 (2) 順序
   (3) 秋夕 (4) 曲線
5. (1) 惡 (2) 朝
6. (1) 第 (2) 前

25일째
1. (1) 심도 (2) 성씨
   (3) 암기 (4) 다양
   (5) 엄밀 (6) 연등
2. (1) 진 액 (2) 줄 여
   (3) 남을 여
   (4) 바꿀 역/쉬울 이
   (5) 늘일 연 (6) 깊을 심
3. (1) 土 (2) 食
   (3) 水(氵)
4. (1) 休息 (2) 眼藥
   (3) 額數 (4) 逆境
5. (1) 急, 遠 (2) 難
6. (1) 休 (2) 姿, 形

26일째
1. (1) 설교 (2) 숙박
   (3) 세계 (4) 속도
   (5) 수도 (6) 수량
2. (1) 성품 성 (2) 해 세

연습문제 정답

  (3) 씻을 세 (4) 묶을 속
  (5) 사라질 소
  (6) 살필 성/덜 생
3. (1) 戈 (2) 一
  (3) 走(辶)
4. (1) 成就 (2) 百姓
  (3) 後孫 (4) 數學
5. (1) 敗 (2) 足
6. (1) 察 (2) 急

27일째

1. (1) 연필 (2) 연수
  (3) 영리 (4) 영광
  (5) 동요 (6) 우수
2. (1) 펼 연 (2) 비칠 영
  (3) 미리 예 (4) 맞을 영
  (5) 그르칠 오 (6) 갈 왕
3. (1) 石 (2) 豕
  (3) 人(亻)
4. (1) 因緣 (2) 禁煙
  (3) 藝術 (4) 怨望
  (5) 歌謠 (6) 玉石
  (7) 往來 (8) 演說

28일째

1. (1) 순서 (2) 승리
  (3) 식수 (4) 시청
  (5) 신문 (6) 실감
2. (1) 재주 술 (2) 이길 승
  (3) 처음 시
  (4) 알 식/기록할 지
  (5) 신하 신 (6) 새 신
3. (1) 羽 (2) 行
  (3) 示
4. (1) 知識 (2) 食費
  (3) 信念 (4) 身體
5. (1) 敗 (2) 心
6. (1) 初 (2) 河

29일째

1. (1) 원천 (2) 원형
  (3) 위엄 (4) 위생
  (5) 유아 (6) 은덕
2. (1) 인원 원 (2) 위태할 위
  (3) 에워쌀 위 (4) 위로할 위
  (5) 선비 유 (6) 놀 유
3. (1) 宀 (2) 已(卩)
  (3) 行
4. (1) 後援 (2) 委員
  (3) 遺産 (4) 肉體
  (5) 陰凶 (6) 儒教
  (7) 體育 (8) 會員

30일째

1. (1) 실패 (2) 아동
  (3) 애정 (4) 양지
  (5) 어선 (6) 요약
2. (1) 아이 아
  (2) 악할 악/미워할 오
  (3) 책상 안 (4) 맺을 약
  (5) 기를 양 (6) 큰바다 양
3. (1) 心 (2) 水(氵)
  (3) 宀
4. (1) 藥局 (2) 養魚場
  (3) 語錄 (4) 夜行性
5. (1) 陰 (2) 與
6. (1) 情 (2) 育

31일째

1. (1) 예의 (2) 의무
  (3) 공익 (4) 인애
  (5) 자태 (6) 잡념
2. (1) 의심할 의 (2) 의논할 의
  (3) 다를 이 (4) 도장 인
  (5) 끌 인 (6) 알 인
3. (1) 羊 (2) 女
  (3) 言
4. (1) 依支 (2) 移動
  (3) 壯談 (4) 張本人
5. (1) 推 (2) 縮
6. (1) 知 (2) 餘

32일째

1. (1) 억만 (2) 언론
  (3) 열대 (4) 온천
  (5) 용감 (6) 완결
2. (1) 일 업 (2) 더울 열
  (3) 잎 엽 (4) 꽃뿌리 영
  (5) 집 옥 (6) 빛날 요
3. (1) 火(灬) (2) 艸(艹)

연습문제 정답

(3) 水(氵)
4. (1) 永遠　(2) 韓屋
   (3) 溫度　(4) 王道
5. (1) 寒　(2) 冷
6. (1) 遠　(2) 暑

33일째

1. (1) 단장　(2) 보장
   (3) 서적　(4) 적군
   (5) 전이　(6) 절단
2. (1) 꾸밀 장　(2) 밑 저
   (3) 쌓을 적　(4) 길쌈할 적
   (5) 맞을 적　(6) 점칠 점
3. (1) 寸　(2) 禾
   (3) 金
4. (1) 獎學金　(2) 低溫
   (3) 銅錢　(4) 田園
5. (1) 尊, 高　(2) 繼, 結
6. (1) 織　(2) 曲

34일째

1. (1) 한우　(2) 운집
   (3) 웅장　(4) 원칙
   (5) 낙원　(6) 체육
2. (1) 소 우　(2) 벗 우
   (3) 구름 운　(4) 수컷 웅
   (5) 집 원　(6) 바랄 원
3. (1) 隹　(2) 辵(辶)
   (3) 口
4. (1) 運動　(2) 學院

(3) 理由　(4) 有名
5. (1) 左　(2) 無
6. (1) 座　(2) 宅, 戶

35일째

1. (1) 점수　(2) 정전기
   (3) 정신　(4) 제국
   (5) 제창　(6) 풍조
2. (1) 고무래·장정 정
   (2) 한도·길 정
   (3) 절제할 제　(4) 건널 제
   (5) 지을 제　(6) 덜 제
3. (1) 攴(攵)　(2) 阜(阝)
   (3) 黑
4. (1) 接續　(2) 政府
   (3) 祭祀　(4) 勞組
5. (1) 加, 添, 增　(2) 推
6. (1) 織, 績　(2) 路

36일째

1. (1) 은하수　(2) 음식
   (3) 인연　(4) 의사
   (5) 필자　(6) 한자
2. (1) 소리 음　(2) 고을 읍
   (3) 뜻 의　(4) 옷 의
   (5) 의원 의　(6) 인할 인
3. (1) 人(亻)　(2) 口
   (3) 老(耂)
4. (1) 音樂　(2) 衣服
   (3) 人間　(4) 子孫

5. (1) 出　(2) 他
6. (1) 再　(2) 州

37일째

1. (1) 조속　(2) 존속
   (3) 주자학　(4) 종가
   (5) 준비　(6) 증설
2. (1) 새 조　(2) 좇을 종
   (3) 지을 조　(4) 자리 좌
   (5) 두루 주　(6) 쇠북 종
3. (1) 酉　(2) 言
   (3) 辵(辶)
4. (1) 造成　(2) 尊敬
   (3) 座右銘　(4) 持續
   (5) 存在　(6) 宗主國
   (7) 證明　(8) 走馬燈

38일째

1. (1) 문장　(2) 장단점
   (3) 재질　(4) 저축
   (5) 전통　(6) 발전
2. (1) 지을 작　(2) 어제 작
   (3) 마당 장　(4) 재앙 재
   (5) 재물 재　(6) 다툴 쟁
3. (1) 土　(2) 尸
   (3) 戈
4. (1) 職場　(2) 戰略
   (3) 災害　(4) 作家
5. (1) 和, 協　(2) 短
6. (1) 貨　(2) 朱, 紅

연습문제 정답

39일째

1. (1) 학술지 (2) 지침
   (3) 소진 (4) 차별
   (5) 찬가 (6) 처방
2. (1) 뜻 지 (2) 지탱할 지
   (3) 짤 직 (4) 보배 진
   (5) 진칠 진 (6) 나아갈 진
3. (1) 手(扌) (2) 皿
   (3) 門
4. (1) 至誠 (2) 職業
   (3) 眞實 (4) 創造
   (5) 珍珠 (6) 次男
   (7) 冊床 (8) 採用

40일째

1. (1) 전진 (2) 지점
   (3) 정의 (4) 조심
   (5) 조국 (6) 가족
2. (1) 번개 전 (2) 마디 절
   (3) 가게 점 (4) 뜻 정
   (5) 뜰 정 (6) 차례 제
3. (1) 心(忄) (2) 弓
   (3) 示(礻)
4. (1) 商店 (2) 庭園
   (3) 兄弟 (4) 朝會
5. (1) 孫 (2) 將
6. (1) 寸 (2) 直

41일째

1. (1) 시청 (2) 청혼
   (3) 총기 (4) 축조
   (5) 해충 (6) 위치
2. (1) 샘 천 (2) 다 총
   (3) 줄일 축 (4) 가질 취
   (5) 헤아릴 측 (6) 부를 초
3. (1) 艸(艹) (2) 金
   (3) 尢
4. (1) 聽覺 (2) 招請
   (3) 推進 (4) 就職
   (5) 忠孝 (6) 深層
   (7) 趣味 (8) 治安

42일째

1. (1) 종결 (2) 주야
   (3) 주의 (4) 중시
   (5) 각종 (6) 착안
2. (1) 마칠 종 (2) 허물 죄
   (3) 주일 주 (4) 부을 주
   (5) 무거울 중 (6) 그칠 지
3. (1) 工 (2) 里
   (3) 土
4. (1) 種類 (2) 知識
   (3) 地球 (4) 質問
5. (1) 夜 (2) 天
6. (1) 王, 帝 (2) 識

43일째

1. (1) 치약 (2) 침실
   (3) 침공 (4) 태도
   (5) 파병 (6) 통쾌
2. (1) 쾌할 쾌 (2) 벗을 탈
   (3) 찾을 탐 (4) 가릴 택
   (5) 물러날 퇴 (6) 싸울 투
3. (1) 弓 (2) 禾
   (3) 鬥
4. (1) 指針 (2) 愛稱
   (3) 討伐 (4) 彈力
   (5) 投資 (6) 系統
   (7) 歎息 (8) 波及

44일째

1. (1) 참고 (2) 창문
   (3) 철도 (4) 해체
   (5) 최신 (6) 추수
2. (1) 부를 창 (2) 꾸짖을 책
   (3) 참여할 참/석 삼
   (4) 쇠 철
   (5) 맑을 청 (6) 처음 초
3. (1) 穴 (2) 刀(刂)
   (3) 禾
4. (1) 責任 (2) 淸潔
   (3) 草原 (4) 祝福
5. (1) 入 (2) 秋
6. (1) 與 (2) 歌

45일째

1. (1) 판결 (2) 평론
   (3) 동포 (4) 대포
   (5) 표시 (6) 한탄
2. (1) 깨뜨릴 파 (2) 닫을 폐

연습문제 정답

　(3) 쌀 포　(4) 책 편
　(5) 불터질 폭　(6) 표할 표
3. (1) 勹　(2) 示
　(3) 手(扌)
4. (1) 玉篇　(2) 破散
　(3) 閉門　(4) 宣布
　(5) 賣票所　(6) 暴惡
　(7) 疲困　(8) 限定

46일째

1. (1) 친구　(2) 타향
　(3) 탁구　(4) 석탄
　(5) 통달　(6) 표현
2. (1) 채울 충　(2) 칠 타
　(3) 숯 탄　(4) 집 택
　(5) 통할 통　(6) 특별할 특
3. (1) 手(扌)　(2) 人(亻)
　(3) 衣(衤)
4. (1) 規則　(2) 打破
　(3) 平等　(4) 便利
5. (1) 虛　(2) 裏
6. (1) 至　(2) 高

47일째

1. (1) 출항　(2) 해결
　(3) 허공　(4) 현충일
　(5) 협회　(6) 형체
2. (1) 씨 핵　(2) 법 헌
　(3) 경험할 험　(4) 가죽 혁
　(5) 시골 향　(6) 어질 현

3. (1) 女　(2) 角
　(3) 頁
4. (1) 航路　(2) 核心
　(3) 險談　(4) 鄕校
　(5) 香氣　(6) 聖賢
　(7) 血稅　(8) 恩惠

48일째

1. (1) 품질　(2) 풍속
　(3) 필기　(4) 한복
　(5) 해변　(6) 현상
2. (1) 붓 필　(2) 강이름 하
　(3) 찰 한　(4) 해할 해
　(5) 다행 행　(6) 허락할 허
3. (1) 子　(2) 干
　(3) 玉(王)
4. (1) 必要　(2) 漢字
　(3) 幸福　(4) 形體
5. (1) 訓, 敎　(2) 班
6. (1) 洋　(2) 福

49일째

1. (1) 호신술　(2) 혼란
　(3) 화려　(4) 확보
　(5) 기후　(6) 흥취
2. (1) 빛날 화　(2) 기뻐할 환
　(3) 고리 환　(4) 재 회
　(5) 혼인할 혼　(6) 붉을 홍
3. (1) 戈　(2) 臼
　(3) 口

4. (1) 婚談　(2) 寶貨
　(3) 近況　(4) 回歸
　(5) 發揮　(6) 喜消息
　(7) 希望　(8) 重厚

50일째

1. (1) 형제　(2) 화가
　(3) 화원　(4) 환자
　(5) 효과　(6) 휴식
2. (1) 호수 호　(2) 이름 호
　(3) 그림 화/그을 획
　(4) 근심 환
　(5) 살 활　(6) 누를 황
3. (1) 田　(2) 攴(攵)
　(3) 艸(艹)
4. (1) 活動　(2) 黃金
　(3) 孝行　(4) 訓練
5. (1) 殺　(2) 弟
6. (1) 息　(2) 名

한자능력검정시험
4급·4급Ⅱ

부 록

- ▶ 유의자
- ▶ 반의자·반의단어
- ▶ 동음이의어
- ▶ 약자
- ▶ 사자성어
- ▶ 실전 테스트
- ▶ 실전 테스트 정답
- ▶ 답안지

유의자   類義字

- 監 볼 감 — 視 볼 시
- 監 볼 감 — 看 볼 간
- 感 느낄 감 — 覺 깨달을 각
- 減 덜 감 — 除 덜 제
- 改 고칠 개 — 更 고칠 경
- 巨 클 거 — 大 큰 대
- 拒 막을 거 — 防 막을 방
- 建 세울 건 — 立 설 립
- 健 굳셀 건 — 剛 굳셀 강
- 檢 검사할 검 — 査 조사할 사
- 堅 굳을 견 — 固 굳을 고
- 經 지날 경 — 過 지날 과
- 經 지날 경 — 歷 지날 력
- 警 경계할 경 — 戒 경계할 계
- 境 지경 경 — 域 지경 역
- 計 셀 계 — 算 셈 산
- 繼 이을 계 — 接 이을 접
- 繼 이을 계 — 承 이을 승
- 階 섬돌 계 — 層 층 층
- 階 섬돌 계 — 段 층계 단
- 孤 외로울 고 — 獨 홀로 독
- 考 생각할 고 — 慮 생각할 려
- 考 생각할 고 — 察 살필 찰
- 攻 칠 공 — 擊 칠 격
- 過 지날 과 — 誤 그르칠 오

- 觀 볼 관 — 察 살필 찰
- 觀 볼 관 — 覽 볼 람
- 口 입 구 — 舌 혀 설
- 區 지경 구 — 域 지경 역
- 君 임금 군 — 主 임금 주
- 群 무리 군 — 衆 무리 중
- 屈 굽힐 굴 — 曲 굽을 곡
- 窮 다할 궁 — 極 다할 극
- 勸 권할 권 — 奬 장려할 장
- 規 법 규 — 範 법 범
- 規 법 규 — 律 법칙 률
- 均 고를 균 — 等 무리 등
- 根 뿌리 근 — 本 근본 본
- 給 줄 급 — 與 줄 여
- 寄 부칠 기 — 與 줄 여
- 基 터 기 — 底 밑 저
- 記 기록할 기 — 錄 기록할 록
- 羅 벌일 나 — 列 벌릴 열
- 單 홑 단 — 獨 홀로 독
- 逃 달아날 도 — 亡 망할 망
- 逃 달아날 도 — 避 피할 피
- 盜 도둑 도 — 賊 도둑 적
- 連 이을 련 — 續 이을 속
- 門 문 문 — 戶 집·지게 호
- 毛 터럭 모 — 髮 터럭 발

- 模 본뜰 모 — 範 법 범
- 背 등 배 — 後 뒤 후
- 法 법 법 — 律 법칙 률
- 法 법 법 — 式 법 식
- 變 변할 변 — 革 가죽 혁
- 保 지킬 보 — 守 지킬 수
- 批 비평할 비 — 評 평할 평
- 思 생각 사 — 想 생각할 상
- 思 생각 사 — 慮 생각할 려
- 事 일 사 — 務 힘쓸 무
- 狀 모양 상 — 態 모습 태
- 想 생각할 상 — 念 생각 념
- 傷 다칠 상 — 害 해할 해
- 生 날 생 — 存 있을 존
- 書 글 서 — 冊 책 책
- 選 가릴 선 — 擇 가릴 택
- 宣 베풀 선 — 設 베풀 설
- 省 살필 성 — 察 살필 찰
- 損 덜 손 — 失 잃을 실
- 損 덜 손 — 除 덜 제
- 損 덜 손 — 傷 다칠 상
- 受 받을 수 — 納 들일 납
- 眼 눈 안 — 目 눈 목
- 業 업 업 — 務 힘쓸 무
- 硏 갈 연 — 究 연구할 구

- 藝 재주 예 — 術 재주 술
- 溫 따뜻할 온 — 暖 따뜻할 난
- 恩 은혜 은 — 惠 은혜 혜
- 音 소리 음 — 聲 소리 성
- 利 이로울 이 — 益 더할 익
- 認 알 인 — 識 알 식
- 貯 쌓을 저 — 蓄 쌓을 축
- 製 지을 제 — 作 지을 작
- 製 지을 제 — 造 지을 조
- 增 더할 증 — 加 더할 가
- 測 잴 측 — 量 헤아릴 량
- 討 칠 토 — 伐 칠 벌
- 豊 풍성할 풍 — 盛 성할 성
- 豊 풍성할 풍 — 富 부자 부
- 疲 피곤할 피 — 困 곤할 곤
- 寒 찰 한 — 冷 찰 랭
- 行 행할 행 — 爲 할 위
- 虛 빌 허 — 空 빌 공
- 確 굳을 확 — 固 굳을 고
- 休 쉴 휴 — 息 쉴 식
- 希 바랄 희 — 望 바랄 망

반의자·반의단어   反義字·反義短語

반의자

- 加 더할 가 ↔ 減 덜 감
- 可 옳을 가 ↔ 否 아닐 부
- 開 열 개 ↔ 閉 닫을 폐
- 京 서울 경 ↔ 鄕 시골 향
- 高 높을 고 ↔ 低 낮을 저
- 苦 쓸 고 ↔ 樂 즐길 락
- 攻 칠 공 ↔ 防 막을 방
- 攻 칠 공 ↔ 守 지킬 수
- 公 공평할 공 ↔ 私 사사 사
- 君 임금 군 ↔ 臣 신하 신
- 起 일어날 기 ↔ 伏 엎드릴 복
- 難 어려울 난 ↔ 易 쉬울 이
- 男 사내 남 ↔ 女 계집 녀
- 動 움직일 동 ↔ 靜 고요할 정
- 得 얻을 득 ↔ 失 잃을 실
- 明 밝을 명 ↔ 暗 어두울 암
- 夫 지아비 부 ↔ 婦 며느리 부
- 貧 가난할 빈 ↔ 富 부자 부
- 賞 상줄 상 ↔ 罰 벌할 벌
- 生 날 생 ↔ 死 죽을 사
- 損 덜 손 ↔ 益 더할 익
- 授 줄 수 ↔ 受 받을 수
- 是 옳을 시 ↔ 非 아닐 비
- 勝 이길 승 ↔ 敗 패할 패
- 安 편안 안 ↔ 危 위태할 위
- 與 줄 여 ↔ 野 들 야
- 逆 거스를 역 ↔ 順 순할 순
- 往 갈 왕 ↔ 來 올 래
- 陰 그늘 음 ↔ 陽 볕 양
- 異 다를 이 ↔ 肖 같을 초
- 將 장수 장 ↔ 兵 병사 병
- 將 장수 장 ↔ 卒 마칠 졸
- 存 있을 존 ↔ 亡 망할 망
- 增 더할 증 ↔ 減 덜 감
- 進 나아갈 진 ↔ 退 물러날 퇴
- 出 날 출 ↔ 納 들일 납
- 眞 참 진 ↔ 假 거짓 가
- 集 모을 집 ↔ 散 흩을 산
- 好 좋을 호 ↔ 惡 미워할 오
- 興 일 흥 ↔ 亡 망할 망
- 歡 기쁠 환 ↔ 悲 슬플 비
- 喜 기쁠 희 ↔ 怒 성낼 노

반의단어

- 명암 — 明暗(밝을 명, 어두울 암)
- 문답 — 問答(물을 문, 대답 답)
- 문무 — 文武(글월 문, 호반 무)
- 물심 — 物心(물건 물, 마음 심)
- 반상 — 班常(나눌 반, 떳떳할·항상 상)
- 발착 — 發着(필 발, 붙을 착)
- 본말 — 本末(근본 본, 끝 말)
- 부부 — 夫婦(지아비 부, 며느리 부)
- 빈부 — 貧富(가난할 빈, 부자 부)
- 빙탄 — 氷炭(얼음 빙, 숯 탄)
- 사제 — 師弟(스승 사, 제자 제)
- 사활 — 死活(죽을 사, 살 활)
- 산천 — 山川(메 산, 내 천)
- 산하 — 山河(메 산, 물 하)
- 산해 — 山海(메 산, 바다 해)
- 상벌 — 賞罰(상줄 상, 벌할 벌)
- 상하 — 上下(위 상, 아래 하)
- 생사 — 生死(날 생, 죽을 사)
- 선악 — 善惡(착할 선, 악할 악)
- 선후 — 先後(먼저 선, 뒤 후)
- 성패 — 成敗(이룰 성, 패할 패)
- 손익 — 損益(덜 손, 더할 익)
- 수수 — 授受(줄 수, 받을 수)
- 수족 — 手足(손 수, 발 족)
- 승패 — 勝敗(이길 승, 패할 패)
- 시종 — 始終(비로소 시, 마칠 종)
- 시비 — 是非(옳을 시, 아닐 비)
- 신구 — 新舊(새 신, 예 구)
- 심신 — 心身(마음 심, 몸 신)
- 안위 — 安危(편할 안, 위태할 위)
- 언행 — 言行(말씀 언, 다닐 행)
- 여야 — 與野(줄 여, 들 야)
- 역순 — 逆順(거스를 역, 순할 순)
- 옥석 — 玉石(구슬 옥, 돌 석)
- 온냉 — 溫冷(따뜻할 온, 찰 랭)
- 왕래 — 往來(갈 왕, 올 래)
- 왕복 — 往復(갈 왕, 회복할 복)
- 원근 — 遠近(멀 원, 가까울 근)
- 유무 — 有無(있을 유, 없을 무)
- 육해 — 陸海(뭍 륙, 바다 해)
- 음양 — 陰陽(그늘 음, 볕 양)
- 이합 — 離合(떠날 리, 합할 합)
- 이해 — 利害(이로울 리, 해할 해)
- 인과 — 因果(인할 인, 결과 과)

- 일월 — 日月(날 일, 달 월)
- 자매 — 姉妹(손윗누이 자, 손아래 누이 매)
- 자타 — 自他(스스로 자, 다를 타)
- 장단 — 長短(길 장, 짧을 단)
- 장병 — 將兵(장수 장, 병사 병)
- 장졸 — 將卒(장수 장, 병사 졸)
- 전후 — 前後(앞 전, 뒤 후)
- 정오 — 正誤(바를 정, 그르칠 오)
- 조석 — 朝夕(아침 조, 저녁 석)
- 존망 — 存亡(있을 존, 망할 망)
- 좌우 — 左右(왼 좌, 오른 우)
- 주객 — 主客(주인 주, 손 객)
- 주야 — 晝夜(낮 주, 밤 야)
- 주종 — 主從(주인 주, 좇을 종)
- 증감 — 增減(더할 증, 덜 감)

동음이의어   同音異議語

- 가계   家系   대대로 내려온 한 집안의 계통.
         家計   한 집안 살림의 수입과 지출의 상태.
- 감사   感謝   고마움을 나타내는 인사.
         監査   감독하고 검사함.
- 개량   改良   나쁜 점을 보완하여 좋게 고침.
         改量   다시 측량함.
- 개정   改正   주로 문서의 내용 따위를 고쳐 바르게 함.
         改定   이미 정하였던 것을 고쳐 다시 정함.
- 경계   境界   지역이 구분되는 한계.
         警戒   뜻밖의 사고가 생기지 않도록 조심하여 단속함.
- 경기   景氣   매매나 거래에 나타나는 호황·불황 따위의 경제 활동 상태.
         競技   일정한 규칙 아래 기량과 기술을 겨룸.
- 경로   敬老   노인을 공경함.
         經路   지나는 길.
- 경비   經費   사업을 경영하거나 운영하는 데 필요한 비용.
         警備   도난, 재난, 침략 따위를 염려하여 사고가 나지 않도록 미리 살피고 지키는 일.
- 고대   古代   옛 시대.
         苦待   몹시 기다림.
- 공과   工科   대학에서, 공업 생산에 필요한 과학 기술을 전공하는 학과.
         公課   국가나 공공 단체가 국민에게 부과하는 금전상의 부담이나 육체적인 일.
- 공동   共同   두 사람 이상이 일을 같이 함.
         空洞   아무것도 없이 텅 비어 있는 굴.
- 공로   公路   많은 사람과 차가 다니는 큰길.
         功勞   노력과 수고.
- 공약   公約   어떤 일에 대해 국민에게 하는 약속.
         空約   헛되게 약속함.
- 공해   公海   하늘처럼 끝이 없는 바다.
         公害   사람이나 생물이 입게 되는 피해.
- 과거   科擧   옛날 관리를 뽑기 위하여 보던 시험.
         過去   이미 지나간 때.
- 과실   果實   과일.
         過失   잘못이나 허물.
- 과정   過程   일이 되어가는 경로.
         課程   해야 할 일의 정도.
- 교정   校庭   학교의 마당이나 운동장.
         校正   글자의 잘못된 것을 대조하여 바로잡음.
- 구조   救助   재난 따위를 당하여 어려운 처지에 빠진 사람을 구하여 줌.
         構造   부분이나 요소가 결합하여 전체를 이루고 있는 짜임새.

구호	口號	요구나 주장 따위를 간결한 형식으로 표현한 문구.
	救護	재해나 재난 따위로 어려움에 처한 사람을 도와 보호함.
귀중	貴中	편지 등을 보낼 때 받는 쪽의 이름 뒤에 쓰는 높임말.
	貴重	매우 소중한 것.
극단	極端	한쪽으로 크게 치우침.
	劇團	연극을 전문으로 공연하는 단체.
급수	級數	기술의 우열에 따라 매기는 등급.
	給水	물을 대어 줌.
녹음	綠陰	푸른 잎이 우거진 나무나 수풀. 또는 그 나무의 그늘.
	錄音	테이프나 판 또는 영화 필름 따위에 소리를 기록함.
단정	斷定	분명한 태도로 결정함.
	端整	깔끔하고 가지런함.
독자	獨子	외아들.
	讀者	책, 신문 등 글을 읽는 사람.
동기	同期	같은 기간.
	動機	의사결정이나 어떤 행위의 직접적인 원인.
동심	同心	같은 마음.
	童心	어린 아이의 마음.
동지	冬至	이십사절기의 하나. 12월22일경.
	同志	목적이나 뜻이 서로 같은 것.
반감	反感	반대하거나 반항하는 감정.
	半減	절반으로 줆.
발전	發展	더 낫고 좋은 상태로 나아감.
	發電	전기를 일으킴.
방문	房門	방으로 드나드는 문.
	訪問	사람을 만나러 장소를 찾아가 만나 봄.
보고	報告	일에 관한 내용이나 결과를 말이나 글로 알림.
	寶庫	귀중품을 간수해 두는 창고.
보도	步道	보행자의 통행에 사용되는 길.
	報道	대중매체를 통해 새 소식을 널리 알리는 것.
부인	否認	인정하지 않는 것.
	婦人	결혼한 여자.
부자	父子	아버지와 아들.
	富者	돈이 많은 사람.
부정	不正	바르지 않은 것.
	否定	그렇지 않다고 하는 것.
비명	非命	재해나 사고 따위로 죽는 일.
	悲鳴	몹시 놀라거나 다급할 때 지르는 소리.
비행	非行	잘못되거나 그릇된 행위.
	飛行	공중으로 날아가거나 날아다님.

· 사경	四經	시경, 서경, 역경, 춘추의 네 경서.		· 상품	商品	사고파는 물품.
	死境	죽음에 임박한 경지.			賞品	상으로 주는 물품.
· 사고	事故	뜻밖에 일어난 불행한 일.		· 선전	宣傳	잘 설명하여 널리 알리는 것.
	思考	생각하고 궁리함.			善戰	있는 힘을 다하여 잘 싸움.
· 사기	士氣	의욕이나 자신감 따위로 충만하여 굽힐 줄 모르는 기세.		· 성대	盛大	아주 성하고 큼.
	史記	역사적 사실들을 기록한 책.			聲帶	소리를 내는 기관.
· 사설	私設	개인이나 민간에서 설립함.		· 소화	消化	먹은 음식을 분해하는 것.
	社說	신문이나 잡지에서 그 사(社)의 주장으로 게재하는 논설.			消火	불을 태우거나 사름.
· 사수	死守	목숨을 걸고 지킴.		· 수도	首都	한 나라의 중앙 정부가 있는 도시.
	射手	총이나 활 따위를 쏘는 사람.			修道	도를 닦음.
· 사신	四神	천지 사방을 다스리는 신.		· 수상	受賞	상을 받음.
	使臣	외국에 사절로 가는 신하.			首相	내각의 우두머리.
· 사유	私有	개인의 소유.		· 수석	水石	물과 돌.
	事由	일의 까닭.			首席	등급이나 직위에서 맨 윗자리.
· 사전	事前	어떤 일이 있기 전.		· 수신	受信	우편이나 전보 따위의 통신을 받음.
	辭典	낱말을 모아 일정한 순서로 배열하여 해설한 책.			修身	악을 물리치고 선을 북돋아 마음과 행실을 바르게 수양함.
· 사정	私情	개인의 사사로운 정.		· 시가	市街	도시의 큰 길거리.
	事情	일의 형편이나 까닭.			詩歌	시와 노래.
· 사지	私地	개인 소유의 땅.		· 시인	是認	옳다고 인정함.
	死地	살아날 길이 없는 매우 위험한 곳.			詩人	시를 전문적으로 짓는 사람.
· 상가	商家	물건을 사서 파는 집.		· 시장	市長	시를 대표하는 책임자.
	商街	상점들이 죽 늘어서 있는 거리.			市場	물건을 사고 파는 일정한 장소.

- 식수 食水 먹는 물.
  植樹 나무를 심음.
- 실례 失禮 언행이 예의에 벗어남.
  實例 실제의 예.
- 실수 失手 부주의로 잘못을 한 것.
  實數 추측이 아닌 실제로 확인된 수.
- 양식 糧食 생존을 위해 필요한 먹을 거리.
  樣式 일정한 모양이나 형식.
- 양호 良好 매우 좋음.
  養護 기르고 보호함.
- 역사 力士 뛰어나게 힘이 센 사람.
  歷史 인류 사회의 변천과 흥망의 과정 또는 기록.
- 연기 延期 정해진 기한을 뒤로 물림.
  演技 배우가 배역의 인물, 성격, 행동 따위를 표현해 내는 일.
  煙氣 불에 탈 때 생겨나는 기체.
- 연장 年長 서로 비교해 보아 나이가 많음.
  延長 시간이나 거리를 본래보다 늘림.
- 우수 雨水 24절기의 하나.
  입춘과 경칩 사이로 생물을 소생시키는 봄비가 내리기 시작.
  優秀 여럿 중에서 뛰어나고 빼어남.
- 육성 肉聲 사람의 입에서 직접 나온 소리.
  育成 길러 자라게 함.
- 이성 異姓 성(姓)이 다른 것.
  理性 개념적으로 사유하는 능력.

- 이해 利害 이익과 손해.
  理解 사리를 분별하여 해석함.
- 인도 人道 보도.
  引導 이끌어서 지도함.
- 인정 人情 남을 동정하는 따뜻한 마음.
  認定 확실히 그렇다고 여김.
- 일정 一定 바뀌는 것이 없이 한결 같은 것.
  日程 그 날에 해야 할 일.
- 자신 自身 자기.
  自信 자신의 능력을 믿는 것.
- 자제 子弟 남의 아들을 높여 부르는 말.
  自制 욕망 등을 스스로 억제함.
- 장관 壯觀 보기에 매우 훌륭한 경치.
  長官 정부 내의 행정 각부의 장.
- 재고 再考 다시 생각함.
  在庫 창고에 있음.
- 전경 全景 전체의 경치.
  前景 눈 앞에 펼쳐져 보이는 경치.
- 전공 專攻 전문적으로 연구함.
  戰功 전투에서 세운 공로.
- 전기 傳記 훌륭한 인물의 생애를 적은 기록.
  電氣 전자의 이동으로 생기는 에너지의 한 형태.
- 전력 前歷 과거의 경력.
  戰力 전쟁 등을 치르는 힘.

- 전문 　全文　글의 전체.
　　　　傳聞　오가는 사람을 통해 들음.
- 전시 　展示　물품을 한곳에 펼쳐놓고 보임.
　　　　戰時　전쟁이 벌어진 때.
- 전원 　田園　논밭과 동산.
　　　　全員　전체 인원.
- 정원 　定員　정해진 인원.
　　　　庭園　뜰.
- 조선 　造船　배를 설계하여 만듦.
　　　　朝鮮　우리 나라의 옛 이름.
- 조화 　造花　종이나 천 등으로 사람이 만든 가짜 꽃.
　　　　調和　서로 잘 어울림.
- 주간 　晝間　낮 동안.
　　　　週間　한 주일 동안.
- 중지 　中止　일을 중간에서 그만두는 것.
　　　　中指　손의 가운데 손가락.
- 지도 　地圖　어떤 지역을 일정한 축척에 따라 평면 위에 나타낸 그림.
　　　　指導　어떤 목적에 따라 가르쳐 이끎.
- 지성 　至誠　지극한 정성.
　　　　知性　지혜로운 성품.
- 천재 　天才　선천적으로 타고난 뛰어난 재주.
　　　　天災　자연 현상으로 일어나는 재난.
- 초대 　初代　어떤 계통에서 최초의 사람.
　　　　招待　사람을 불러서 대접함.

- 최고 　最古　가장 오래됨.
　　　　最高　가장 높음.
- 통화 　通貨　나라 안에서 통용되는 화폐의 총칭.
　　　　通話　말을 서로 주고받음.
- 해독 　解讀　풀이하여 읽음.
　　　　解毒　독을 푸는 일.
- 호기 　好期　좋은 시기.
　　　　好機　좋은 기회.

약자 略字

・假 거짓 가	仮	・團 둥글 단	団
・價 값 가	価	・單 홑 단	単
・覺 깨달을 각	覚	・斷 끊을 단	断
・擧 들 거	挙, 舉	・擔 멜 담	担
・據 근거 거	拠	・黨 무리 당	党
・儉 검소할 검	倹	・當 마땅 당	当
・檢 검사할 검	検	・對 대할 대	対
・堅 굳을 견	堅	・圖 그림 도	図
・缺 이지러질 결	欠	・獨 홀로 독	独
・經 글·지날 경	経	・讀 읽을 독	読
・輕 가벼울 경	軽	・燈 등잔 등	灯
・繼 이을 계	継	・樂 즐거울 락	楽
・觀 볼 관	観	・亂 어지러울 란	乱
・關 관계할 관	関	・覽 볼 람	覧
・廣 넓을 광	広	・來 올 래	来
・鑛 쇳돌 광	鉱	・兩 두 량	両
・舊 예 구	旧	・禮 예도 례	礼
・區 구분할·지경 구	区	・勞 일할 로	労
・國 나라 국	国	・龍 용 룡	竜
・勸 권할 권	効, 勧	・萬 일만 만	万
・權 권세 권	权, 権	・滿 찰 만	満
・歸 돌아갈 귀	帰	・賣 팔 매	売
・氣 기운 기	気	・發 쏠·필 발	発

- 變 변할 변 / 変
- 邊 가 변 / 辺, 边
- 寶 보배 보 / 宝
- 佛 부처 불 / 仏
- 師 스승 사 / 师
- 辭 말씀 사 / 辞
- 狀 형상 상 / 문서 장 / 状
- 聲 소리 성 / 声
- 屬 붙일 속 / 属
- 續 이을 속 / 続
- 收 거둘 수 / 収
- 數 셈 수 / 数
- 肅 엄숙할 숙 / 粛
- 實 열매 실 / 実
- 兒 아이 아 / 児
- 惡 악할 악 / 悪
- 壓 누를 압 / 圧
- 藥 약 약 / 薬
- 嚴 엄할 엄 / 厳
- 餘 남을 여 / 余
- 與 더불 여 / 与
- 硏 갈 연 / 研
- 鉛 납 연 / 鈆

- 營 경영할 영 / 営
- 榮 영화 영 / 栄
- 藝 재주 예 / 芸, 藝
- 豫 미리 예 / 予
- 溫 따뜻할 온 / 温
- 圍 에워쌀 위 / 囲
- 爲 하·할 위 / 為
- 隱 숨을 은 / 隐, 隠
- 應 응할 응 / 応
- 醫 의원 의 / 医
- 殘 잔인할 잔 / 残
- 雜 섞일 잡 / 雑
- 裝 꾸밀 장 / 装
- 將 장수 장 / 将
- 壯 씩씩할 장 / 壮
- 爭 다툴 쟁 / 争
- 傳 전할 전 / 伝
- 戰 싸움 전 / 戦, 战
- 轉 구를 전 / 転
- 錢 돈 전 / 銭
- 點 점 점 / 点, 奌
- 靜 고요할 정 / 静
- 定 정할 정 / 㝎

- 濟 건널 제   済
- 條 가지 조   条
- 卒 마칠 졸   卆
- 從 좇을 종   従, 从
- 晝 낮 주   昼
- 增 더할 증   増
- 證 증거 증   証
- 珍 보배 진   珎
- 盡 다할 진   尽
- 參 참여할 참 / 석 삼   参
- 處 곳 처   処
- 鐵 쇠 철   鉄
- 體 몸 체   体
- 總 다 총   総, 縂
- 蟲 벌레 충   虫
- 齒 이 치   歯
- 稱 일컬을 칭   称
- 彈 탄알 탄   弾
- 擇 가릴 택   択
- 學 배울 학   学
- 虛 빌 허   虚
- 險 험할 험   険
- 驗 시험 험   験
- 賢 어질 현   賢
- 顯 나타날 현   顕
- 號 이름 호   号
- 畫 그림 화 / 그을 획   画
- 歡 기뻐할 환   歓, 欢
- 興 일 흥   兴

사자성어   四字成語

- 家家戶戶(가가호호) : 집집마다.
- 街談巷說(가담항설) : 길거리나 마을에 떠도는 이야기로서 근거없이 나도는 말들.
- 街頭示威(가두시위) : 길거리에서 행하는 시위.
- 家和萬事成(가화만사성) : 집안이 화목하면 모든 일이 다 잘 되어 나간다는 뜻.
- 刻骨難忘(각골난망) : 뼈에 새기고 잊지 않는다는 뜻으로 입은 은혜에 대한 고마움이 뼈에 깊이 사무쳐 결코 잊혀지지 아니함. = 白骨難忘(백골난망)
- 刻骨痛恨(각골통한) : 뼈에 사무칠 만큼 원통하고 한스러움.
- 各自圖生(각자도생) : 제각기 살길을 도모함.
- 刻舟求劍(각주구검) : 배에서 칼을 떨어뜨리고 떨어진 자리에 표시를 하였다가 배가 정박한 뒤에 칼을 찾는다는 뜻으로 판단력이 둔하여 세상일에 어둡고 어리석음을 이름. = 緣木求魚(연목구어), 隔靴搔痒(격화소양)
- 敢不生心(감불생심) : 감히 엄두를 내지 못함. = 焉敢生心(언감생심), 敢不生意(감불생의)
- 甘言利說(감언이설) : 남의 비유에 맞도록 꾸민 달콤한 말과 이로운 조건을 붙여 꾀는 말.
- 巨家大族(거가대족) : 대대로 번창하고 문벌이 좋은 집안.
- 居家之樂(거가지락) : 세속의 영화에 마음을 두지 않고 집에서 시나 서도 따위로 세월을 보내는 즐거움.
- 格物致知(격물치지) : 실제 사물의 이치를 연구하여 지식을 완성한다는 뜻.
- 激化一路(격화일로) : 격렬하게 되는 과정.
- 見利思義(견리사의) : 이익을 보면 의에 맞는가 안 맞는가의 여부를 잘 생각하여 취하고 안 취함을 결정함.
- 見聞一致(견문일치) : 보고 들은 바가 꼭 같음.
- 見物生心(견물생심) : 물건을 보고 욕심이 생김.
- 堅如金石(견여금석) : 굳기가 금이나 돌 같음.
- 見危致命(견위치명) : 나라가 위태로울 때 자기의 목숨을 나라에 바침.
- 結者解之(결자해지) : 맺은 사람이 풀어야 한다는 뜻으로 처음에 일을 벌려놓은 사람이 끝을 맺어야 함을 이름.

- 結草報恩(결초보은) : '풀을 묶어 은혜에 보답함'이라는 뜻으로, 죽어서까지라도 은혜를 잊지 않고 갚음.
- 經國濟世(경국제세) : 나라를 잘 다스려 도탄에 빠진 백성을 구제함을 이르는 말.
- 傾國之色(경국지색) : '나라가 기울어지게 할 정도로 빼어난 미녀'라는 뜻으로, 한 나라 안에서 제일가는 미인. = 傾城之色(경성지색), 絕世佳人(절세가인), 花容月態(화용월태), 丹脣皓齒(단순호치), 月下佳人(월하가인)
- 驚天動地(경천동지) : 하늘이 놀라고 땅이 흔들림. 세상을 놀라게 함.
- 鷄卵有骨(계란유골) : 달걀에도 뼈가 있다는 뜻으로, 일이 방해됨을 이르는 말. 또는 일이 안 되는 사람은 좋은 기회가 와도 역시 일이 안됨을 말함.
- 古今東西(고금동서) : 동양과 서양, 과거와 지금을 통틀어 일컬음.
- 孤立無援(고립무원) : 고립되어 구원받을 데가 없음.
- 故事成語(고사성어) : 옛날부터 전해 오는 의미 있는 일을 나타낸 글귀.
- 苦肉之策(고육지책) : 적을 속이기 위해 자신의 희생을 무릅쓰고 꾸미는 계책.
- 高低長短(고저장단) : 높고 낮음과 길고 짧음.
- 骨肉相殘(골육상잔) : 같은 민족끼리 해치며 싸우는 일. =骨肉相爭(골육상쟁)
- 骨肉之親(골육지친) : 부자와 형제 또는 가까운 친척.
- 公明正大(공명정대) : 마음이 공평하고 사심이 없으며 밝고 큼.
- 公平無私(공평무사) : 어느 한 쪽에도 치우치지 않고 공평하며 사사로움이 없음.
- 廣大無邊(광대무변) : 넓고 커서 끝이 없음.
- 求不得苦(구부득고) : 팔고(八苦)의 하나. 구하여도 얻지 못하는 괴로움.
- 九死一生(구사일생) : '아홉 번 죽으려다가 한번 살아남'이라는 뜻으로, 여러 차례 죽을 고비를 넘기고 겨우 살아남.
- 九牛一毛(구우일모) : '아홉 마리 소에 한 가닥의 털'이라는 뜻으로, 아주 큰 물건 속에 있는 아주 작은 부분. = 滄海一粟(창해일속)
- 九折羊腸(구절양장) : '아홉 번 꺾인 양의 창자'란 뜻에서 세상살이가 복잡하여 살아가기 어려움을 비유하는 말.

- 舊態依然(구태의연) : 조금도 변하거나 발전한 데 없이 예전 모습 그대로.
- 君臣有義(군신유의) : 임금과 신하는 의가 있어야 함.
- 權不十年(권불십년) : 아무리 높은 권세라도 10년을 가지 못함.
- 窮餘之策(궁여지책) : 궁한 나머지 생각다 못하여 짜낸 계책.
- 窮日之力(궁일지력) : 아침부터 저녁까지 온종일 일함.
- 極樂往生(극락왕생) : 죽어서 극락세계에 다시 태어남.
- 近朱者赤(근주자적) : 붉은 것 옆에 있으면 붉게 됨.
- 今時初聞(금시초문) : 바로 지금 처음으로 들음.
- 起死回生(기사회생) : 중병으로 죽을 뻔하다가 다시 살아남.
- 奇想天外(기상천외) : 기이한 생각이 하늘 밖에까지 미침.
- 氣盡脈盡(기진맥진) : 기운이 없고 맥이 풀렸다는 뜻으로, 몸의 힘이 없는 상태.
- 難攻不落(난공불락) : 공격하기가 어려워 쉽사리 함락되지 아니함.
- 難兄難弟(난형난제) : 형인지 아우인지 분간하기 어렵다는 뜻으로, 누가 낫다고 할 수 없을 정도로 둘이 서로 비슷함을 이르는 말. = 伯仲之間(백중지간), 伯仲之勢(백중지세), 莫上莫下(막상막하)
- 男女有別(남녀유별) : 유교 사상에서, 남자와 여자 사이에 분별이 있어야 함을 이르는 말.
- 怒發大發(노발대발) : 몹시 크게 성을 냄.
- 論功行賞(논공행상) : 공적의 크고 작음 따위를 논의하여 그에 알맞은 상을 줌.
- 能小能大(능소능대) : 모든 일에 두루 능함.
- 多多益善(다다익선) : 많으면 많을수록 좋음.
- 多才多能(다재다능) : 재주와 능력이 여러 가지로 많음.
- 單刀直入(단도직입) : 한 칼로 바로 적진에 쳐들어간다는 뜻으로, 말이나 글이 요점으로 바로 들어가는 것. = 去頭截尾(거두절미)
- 黨同伐異(당동벌이) : 일의 옳고 그름은 따지지 않고 같은 의견의 사람끼리 같은 부류가 되고 다른 의견의 사람은 배척하고 물리친다는 말.
- 大驚失色(대경실색) : 크게 놀라서 낯빛을 잃음을 의미함.

- 代代孫孫(대대손손) : 대대로 이어오는 자손.
- 大明天地(대명천지) : 매우 밝은 세상.
- 徒勞無益(도로무익) : 애만 쓰고 이로움이 없음. = 徒勞無功(도로무공)
- 同苦同樂(동고동락) : 괴로움과 즐거움을 함께 함.
- 東問西答(동문서답) : 동쪽에서 묻는데 서쪽에서 대답한다는 뜻으로, 묻는 말에 대하여 아주 딴판인 엉뚱한 대답을 함.
- 同床異夢(동상이몽) : 같은 잠자리에서 다른 꿈을 꿈. 곧 겉으로는 같이 행동하면서 속으로는 딴 생각을 가짐.
- 同時多發(동시다발) : 어떤 일이 같은 시기에 한꺼번에 많이 일어나는 것.
- 斗酒不辭(두주불사) : 말술도 사양하지 아니하는 것.
- 登龍門(등용문) : '용이 올라가는 문'으로 입신출세의 관문.
- 燈下不明(등하불명) : 등잔 밑이 어둡다는 뜻으로, 가까이에 있는 것을 오히려 잘 모름을 이르는 말.
- 馬耳東風(마이동풍) : 말의 귀에 동풍이 불어도 전혀 느끼지 못한다는 뜻으로, 남의 비평이나 의견을 조금도 귀담아 듣지 아니하고 곧 흘려버림. = 牛耳讀經(우이독경), 對牛彈琴(대우탄금)
- 萬古不變(만고불변) : 오랜 세월이 지나도 전혀 변하지 않음.
- 滿場一致(만장일치) : 회장에 모인 사람의 뜻이 완전히 일치함.
- 亡羊之歎(망양지탄) : 잃은 양을 여러 갈래의 길에서 찾지 못하듯, 학문의 길이 여러 갈래여서 못 미침을 탄식. = 多岐亡羊(다기망양)
- 明鏡止水(명경지수) : '맑은 거울과 고요한 물'이라는 뜻으로, 잡념이나 허욕이 없이 맑고 조용한 마음을 일컬음.
- 明明白白(명명백백) : 아주 명백함.
- 牧民之官(목민지관) : '백성을 기르는 벼슬아치'라는 뜻으로, 원이나 수령 등 외직 문관을 통칭하는 말.
- 木人石心(목인석심) : '나무 인형에 돌같은 마음'이라는 뜻으로, ①감정이 전혀 없는 사람 ②의지가 굳어 마음이 흔들리지 않는 사람.

- 無念無想(무념무상) : 일체의 생각이 없다는 뜻으로, 무아의 경지에 이르러 일체의 상념이 없음을 이르는 말.
- 無不通知(무불통지) : 무슨 일이든 모르는 것이 없음. = 無所不知(무소부지)
- 務實力行(무실역행) : 참되고 실속 있도록 힘써 실행함.
- 無爲徒食(무위도식) : 아무 하는 일 없이 먹기만 함.
- 文房四友(문방사우) : 종이 · 붓 · 먹 · 벼루의 네가지 문방구. = 文房四寶(문방사보)
- 門前成市(문전성시) : 문 앞에 저자(시장)를 이룬다는 뜻으로, 찾아오는 사람이 많음을 이르는 말.
- 聞一知十(문일지십) : 한 가지를 듣고 열 가지를 미루어 앎.
- 美辭麗句(미사여구) : 아름다운 말과 글귀.
- 美風良俗(미풍양속) : 아름답고 좋은 풍속.
- 博學多識(박학다식) : 학문이 넓고 식견이 많음. = 博覽强記(박람강기)
- 半信半疑(반신반의) : 반은 믿고 반은 의심함.
- 百年大計(백년대계) : 먼 장래를 내다보고 세우는 계획. = 百年之計(백년지계).
- 白面書生(백면서생) : 글만 읽고 세상일에 경험이 없는 사람. 풋내기.
- 百發百中(백발백중) : 백 번 쏘아 백 번 맞힌다는 뜻으로, 계획이나 예측이 생각대로 잘 들어맞음을 이르는 말.
- 百戰百勝(백전백승) : 싸울 때마다 반드시 이김.
- 百折不屈(백절불굴) : 백 번 꺾어도 굴하지 않는다는 뜻으로, 어떠한 어려움에도 굽히지 않음을 이르는 말. = 百折不撓(백절불요)
- 兵家常事(병가상사) : 실패는 흔히 있는 일이니 낙심할 것 없다는 말.
- 步武堂堂(보무당당) : 걸음걸이가 씩씩하고 버젓함.
- 富貴功名(부귀공명) : 재물이 많고 지위가 높으며 공을 세워 이름을 떨침.
- 富貴榮華(부귀영화) : 부귀와 영화.
- 夫婦有別(부부유별) : 남편과 아내는 분별이 있어야 함.
- 父子有親(부자유친) : 오륜의 하나. 아버지와 아들 사이의 도는 친애에 있음.

- 父傳子傳(부전자전) : 대대로 아버지가 아들에게 전함.
- 不知不識間(부지불식간) : 자기가 생각하지도 못하고 알지도 못하는 사이.
- 不問可知(불문가지) : 묻지 않아도 능히 알 수 있음.
- 不問曲直(불문곡직) : 옳고 그름을 묻지 않고 다짜고짜로 행함.
- 不遠千里(불원천리) : 천리 길도 멀어하지 않고 찾아감.
- 非一非再(비일비재) : 한두 번 만이 아님.
- 事事件件(사사건건) : 모든 일. 온갖 사건.
- 死生決斷(사생결단) : 살고 죽음을 돌보지 않고 끝장을 내는 것을 말함.
- 事實無根(사실무근) : 사실에 근거가 없음.
- 事親以孝(사친이효) : 삼국 통일의 원동력이 된 화랑의 세속오계의 하나. 어버이를 섬김에 효도로써 함.
- 事必歸正(사필귀정) : 무슨 일이나 결국 옳은 이치대로 돌아감.
- 山川草木(산천초목) : '산과 물과 나무와 풀'이라는 뜻으로, 자연을 일컫는 말.
- 山戰水戰(산전수전) : 산에서의 전투와 물에서의 전투를 다 겪음. 세상일에 경험이 많음.
- 散之四方(산지사방) : 사방으로 흩어져 없어짐.
- 山海珍味(산해진미) : 산과 바다에서 나는 물건으로 만든 맛좋은 음식.
- 殺生有擇(살생유택) : 삼국 통일의 원동력이 된 화랑의 세속오계의 하나. 산 것을 죽일 때는 가려서 죽일 것.
- 殺身成仁(살신성인) : 목숨을 버려 어진 일을 이룸.
- 生面不知(생면부지) : 서로 한 번도 만난 적이 없어서 전혀 모르는 사람.
- 生死苦樂(생사고락) : 삶과 죽음, 괴로움과 즐거움을 통틀어 일컫는 말.
- 生不如死(생불여사) : 형편이 몹시 어려워서 사는 것이 오히려 죽느니만 못함.
- 先公後私(선공후사) : 공적인 일을 먼저하고 사적인 일을 뒤로 미룸.
- 善男善女(선남선녀) : 보통사람. = 甲男乙女(갑남을녀), 樵童汲婦(초동급부), 張三李四(장삼이사)

- 說往說來(설왕설래) : 시비를 따지는 말싸움.
- 世俗五戒(세속오계) : 事君以忠(사군이충), 事親以孝(사친이효), 交友以信(교우이신), 臨戰無退(임전무퇴), 殺生有擇(살생유택)의 花郞五戒(화랑오계)를 말함.
- 送舊迎新(송구영신) : 묵은 해를 보내고 새해를 맞음.
- 松竹之節(송죽지절) : 소나무와 대나무 같이 곧은 절개.
- 守節死義(수절사의) : 절개를 지키고 의롭게 죽음.
- 是是非非(시시비비) : 옳고 그름을 가리어 밝힘.
- 始終如一(시종여일) : 처음이나 나중이 한결같아서 변함없음.
- 身邊雜記(신변잡기) : 자기 한 몸이 처해있는 주위에서 일상 일어나는 여러 가지 일을 적은 수필체의 글.
- 信賞必罰(신상필벌) : 공이 있는 사람에게는 반드시 상을 주고, 죄가 있는 사람에게는 반드시 벌을 줌.
- 身言書判(신언서판) : 인물을 선택하는 네 가지 조건. 몸, 말씨, 글씨, 판단력.
- 身土不二(신토불이) : '몸과 땅은 둘이 아니고 하나'라는 뜻으로, 자기가 사는 땅에서 산출된 농산물이 체질에 잘 맞는다는 말.
- 實事求是(실사구시) : 사실에 근거하며 사물의 진상·진리 등을 연구하는 일을 이르는 말.
- 心機一轉(심기일전) : 어떤 일을 계기로 기분이 아주 달라짐.
- 十中八九(십중팔구) : 열이면 아홉은 그러함.
- 我田引水(아전인수) : '제 논에 물대기'라는 뜻으로, 자기에게만 이롭게 되도록 생각하거나 행동함. = 牽強附會(견강부회)
- 惡事千里(악사천리) : 나쁜 짓이나 못된 소문은 금세 세상에 퍼진다는 말.
- 安貧樂道(안빈낙도) : 구차한 중에도 편한 마음으로 도를 즐김. =安分知足(안분지족)
- 眼下無人(안하무인) : '눈 아래 사람이 없음'이라는 뜻으로, 사람을 업신여기며 교만함. = 傍若無人(방약무인)
- 愛國愛族(애국애족) : 자기의 나라와 겨레를 사랑함.

- 弱肉強食(약육강식) : 약한 놈이 강한 놈에게 먹힘.
- 良藥苦口(양약고구) : 좋은 약은 쓰다는 뜻으로, 충언(忠言)은 듣기 싫으나 받아들이면 자신에게 이로움. = 忠言逆耳(충언역이)
- 語不成說(어불성설) : 말이 이치에 맞지 않음.
- 言行一致(언행일치) : 하는 말과 행동이 같음.
- 與民同樂(여민동락) : 왕이 백성과 함께 즐거움을 나눔.
- 易地思之(역지사지) : 처지를 바꾸어 생각함.
- 緣木求魚(연목구어) : 나무를 타고 올라가서 고기를 잡는다는 뜻으로, 되지도 않을 엉뚱한 소망을 비유하여 이르는 말.
- 連戰連勝(연전연승) : 싸울 때마다 번번이 이김. ↔ 連戰連敗(연전연패)
- 五穀百果(오곡백과) : 온갖 곡식과 과일.
- 玉骨仙風(옥골선풍) : 뛰어난 풍채와 골격.
- 溫故知新(온고지신) : 옛 것을 익혀 새 것을 안다는 뜻으로, 옛 것을 연구하여 거기서 새로운 지식이나 도리를 찾아내는 일.
- 樂山樂水(요산요수) : 山水(산수)경치를 좋아함.
- 用意周到(용의주도) : 어떤 일을 할 마음이 두루 미친다는 뜻으로, 마음의 준비가 두루 미쳐 빈틈이 없음.
- 外華內貧(외화내빈) : 겉치레는 화려하나 실속이 없음.
- 牛耳讀經(우이독경) : '소 귀에 경 읽기'라는 뜻으로, 아무리 일러도 알아듣지 못함을 이름. = 馬耳東風(마이동풍), 對牛彈琴(대우탄금)
- 有口無言(유구무언) : 입은 있어도 말이 없다는 뜻으로, 변명할 말이 없거나 변명을 못함.
- 有名無實(유명무실) : 이름뿐이고 실속이 없음을 이르는 말.
- 類類相從(유유상종) : 비슷한 부류의 사람들끼리 모이는 것을 비유한 말.
- 意味深長(의미심장) : 말이나 글의 뜻이 매우 깊음을 이르는 말.
- 以實直告(이실직고) : 사실을 있는 그대로 말함.

- 以心傳心(이심전심) : 말을 하지 않더라도 서로 마음이 통함을 이르는 말.= 不立文字(불립문자), 拈華微笑(염화미소)
- 因果應報(인과응보) : 원인(原因)과 결과(結果)는 서로 물고 물린다는 뜻으로, 좋은 일에는 좋은 결과가, 나쁜 일에는 나쁜 결과가 따른다는 말.= 惡因惡果(악인악과), 自業自得(자업자득), 種豆得豆(종두득두)
- 人命在天(인명재천) : 사람의 목숨은 하늘에 있다는 뜻으로, 사람이 살고 죽는 것은 어찌 할 수 없음을 이르는 말.
- 人事不省(인사불성) : 정신을 잃고 의식을 모른다는 뜻으로, 사람으로서의 예절(禮節)을 차리지 못하거나 의식을 잃어서 사람의 일을 알아차리지 못함을 이르는 말.
- 仁者樂山(인자요산) : 인품이 어진 사람은 의리에 만족하여 몸가짐이 무겁고 덕이 두터워 그 마음이 산과 같아 자연히 산을 좋아함을 이르는 말.
- 一刻千金(일각천금) : 극히 짧은 시간도 귀중하고 아깝기가 천금과 같다는 뜻.
- 一口二言(일구이언) : 한 입으로 두 말을 한다는 뜻으로, 한 번 내뱉은 말을 바꿈.
- 一脈相通(일맥상통) : 생각, 성질, 처지 등이 어느 면에서 한 줄기로 서로 통하거나 비슷함을 이르는 말.
- 一罰百戒(일벌백계) : 한 사람을 벌 주어 백 사람을 경계한다는 뜻으로, 한 사람을 벌하여 여러 사람에게 경각심을 불러일으킴.
- 一石二鳥(일석이조) : 돌 하나로 두 마리의 새를 떨어뜨린다는 뜻으로, 한 번에 두 가지의 이득을 얻음.
- 一心同體(일심동체) : 여러 사람이 한 사람처럼 뜻을 합하여 굳게 결합함을 이르는 말.
- 一長一短(일장일단) : 장점이 하나 있으면 단점도 하나 있다는 뜻으로, 좋고 나쁨이 있음을 이르는 말.
- 日就月將(일취월장) : 날로 발전하여 나아감.= 日進月步(일진월보)
- 一喜一悲(일희일비) : 한 번 기쁘고 한 번 슬픔.
- 立身揚名(입신양명) : 성공하여 세상에 이름을 드날림.
- 自強不息(자강불식) : 스스로 힘을 쓰고 가다듬어 쉬지 않음.

- 自激之心(자격지심) : 자기가 한 일에 대해 스스로 부족하다고 여기는 마음. = 自曲之心(자곡지심)
- 自手成家(자수성가) : 자기 손으로 스스로 이룬다는 뜻으로, 물려받은 재산 없이 스스로의 힘으로 어엿한 한 살림을 이룩하는 일.
- 自業自得(자업자득) : 자기가 저지른 일의 과보를 자기 자신이 받는 것. = 因果應報(인과응보), 惡因惡果(악인악과)
- 自由自在(자유자재) : 자기 마음대로 할 수 있음.
- 作心三日(작심삼일) : 한 번 결심한 것이 사흘을 가지 않는다는 뜻으로, 결심이 굳지 못함을 이르는 말.
- 張三李四(장삼이사) : '장씨의 셋째 아들과 이씨의 넷째 아들'이라는 뜻으로, 평범한 보통 사람을 이르는 말. = 樵童汲婦(초동급부), 善男善女(선남선녀), 甲男乙女(갑남을녀)
- 適材適所(적재적소) : 어떤 일에 적합한 재능을 가진 자에게 적합한 지위나 임무를 맡기는 것.
- 電光石火(전광석화) : 극히 짧은 시간이나 빠른 동작을 비유하는 말.
- 前無後無(전무후무) : 전에도 없었고 앞으로도 있을 수 없음을 이르는 말. = 空前絶後(공전절후)
- 朝變夕改(조변석개) : 아침, 저녁으로 뜯어고친다는 뜻으로, 계획이나 결정 따위를 자주 바꾸는 것을 이르는 말. = 朝令暮改(조령모개)
- 早失父母(조실부모) : 일찍이 부모를 여의는 것.
- 鳥足之血(조족지혈) : '새 발의 피'라는 뜻으로, 극히 적은 분량이나 아주 적어서 비교(比較)가 안 되는 것을 이름.
- 存亡之秋(존망지추) : 존속하느냐 멸망하느냐의 매우 위급한 때, 또는 죽느냐 사느냐의 중대한 경우를 이름.
- 種豆得豆(종두득두) : 콩 심은 데 콩 난다는 뜻으로, 원인에는 그에 따른 결과가 나오기 마련임을 이르는 말. = 因果應報(인과응보), 自業自得(자업자득)
- 走馬看山(주마간산) : 말을 타고 달리면서 산을 바라본다는 뜻으로, 바빠서 자세히 살펴보지 않고 대강 보고 지나감을 이름.

- 晝夜長川(주야장천) : 밤낮으로 쉬지 않고 흐르는 시냇물과 같이 계속 이어짐을 이르는 말.
- 竹馬故友(죽마고우) : '대나무 말을 타고 놀던 옛 친구'라는 뜻으로 어릴 때부터 가까이 지내며 자란 친구를 이르는 말.
- 衆口難防(중구난방) : 여러 사람의 입을 막기 어렵다는 뜻으로, 많은 사람들이 함부로 떠들어대는 것은 감당하기 어려우니 행동을 조심해야 함을 이름.
- 至誠感天(지성감천) : 지극한 정성에는 하늘도 감동한다는 뜻으로, 무엇이든 정성껏 하면 하늘이 움직여 좋은 결과를 맺음.
- 知行合一(지행합일) : 참 지식은 반드시 실행이 따라야 한다는 말.
- 指呼之間(지호지간) : 손짓하여 부르면 대답할 수 있는 가까운 거리.
- 盡人事待天命(진인사대천명) : 사람으로서 할 수 있는 노력을 다한 후 천명을 기다림.
- 進退兩難(진퇴양난) : 나아가지도 물러서지도 못하는 궁지에 몰리는 것. = 進退維谷(진퇴유곡)
- 千軍萬馬(천군만마) : '천 명의 군사와 만 마리의 말'이라는 뜻으로, 많은 군사와 말을 이름.
- 千萬多幸(천만다행) : 아주 다행함.
- 天人共怒(천인공노) : 하늘과 땅이 함께 분노한다는 뜻으로, 도저히 용서하지 못함을 비유. = 神人共怒(신인공노)
- 天災地變(천재지변) : 지진, 홍수, 태풍 따위와 같이, 자연 현상에 의해 일어나는 재앙.
- 千態萬象(천태만상) : 사물이 제각기 다른 모습을 함. = 千差萬別(천차만별)
- 靑山綠水(청산녹수) : '푸른 산과 푸른 물'이라는 뜻으로, 산골짜기에 흐르는 맑은 물을 이르는 말.
- 靑山流水(청산유수) : '푸른 산과 흐르는 물'이라는 뜻으로, 말을 거침없이 잘함을 비유.
- 淸風明月(청풍명월) : '맑은 바람과 밝은 달'이라는 뜻으로, 결백하고 온건한 성격을 이르는 말.
- 草家三間(초가삼간) : '세 칸짜리 초가'라는 뜻으로, 아주 보잘것없는 초가를 이르는 말.
- 草綠同色(초록동색) : '풀과 녹색은 서로 같은 벗'이라는 뜻으로, 같은 처지나 부류의 사람들끼리 함께 행동함을 이르는 말. = 類類相從(유유상종)

- 寸鐵殺人(촌철살인) : 한 치밖에 안 되는 칼로 사람을 죽인다는 뜻으로, 간단한 경구나 단어로 사람을 감동시키거나 사물의 급소를 찌름의 비유.
- 秋風落葉(추풍낙엽) : '가을 바람에 우수수 떨어지는 잎'이란 뜻으로, 어느 한 순간에 권력 등을 잃어버리는 것.
- 忠言逆耳(충언역이) : 바른 말은 귀에 거슬린다는 뜻으로, 바르게 타이르는 말일수록 듣기 싫어함을 이르는 말. = 良藥苦口(양약고구)
- 治山治水(치산치수) : 산과 물을 다스려 재해를 막는 일.
- 置之度外(치지도외) : 내버려두고 상대하지 않음.
- 他山之石(타산지석) : 다른 산에서 난 돌도 자기의 구슬을 가는 데에 소용이 된다는 뜻으로, 다른 사람의 하찮은 언행일지라도 자기의 지덕(知德)을 연마하는 데 도움이 됨.
- 卓上空論(탁상공론) : '탁자 위에서만 펼치는 헛된 논설'이란 뜻으로, 실현성이 없는 허황된 이론을 일컬음.
- 太平聖代(태평성대) : 어질고 착한 임금이 잘 다스려 태평한 세상.
- 破竹之勢(파죽지세) : '대나무를 쪼개는 기세'라는 뜻으로, 세력이 강대하여 적을 거침없이 물리치고 쳐들어가는 기세, 또는 걷잡을 수 없이 나아가는 모양을 이르는 말.
- 八方美人(팔방미인) : '어느 방향에서 보아도 아름다운 미인'이라는 뜻으로, 여러 방면의 일에 능통한 사람을 일컫는 말.
- 風前燈火(풍전등화) : '바람 앞의 등불'이라는 뜻으로, 위기에 처함을 이름. = 百尺竿頭(백척간두), 危機一髮(위기일발)
- 何待歲月(하대세월) : 아무리 오래되어도 사물이 이루어지기 어려움을 이르는 말. 또는 기다리기가 매우 지루함을 이르는 말. = 何待明年(하대명년), 百年河淸(백년하청)
- 虛送歲月(허송세월) : 세월을 헛되이 보냄을 이르는 말.
- 虛虛實實(허허실실) : 서로 재주와 꾀를 다하여 다툼.
- 賢母良妻(현모양처) : 어진 어머니인 동시에 착한 아내를 이르는 말.
- 形形色色(형형색색) : 모양이나 종류가 다른 가지각색의 것을 이르는 말.

- 確固不動(확고부동) : 확고하여 흔들리거나 움직이지 아니함을 이르는 말.
- 好衣好食(호의호식) : 좋은 옷을 입고 좋은 음식을 먹는 것. 잘 입고 잘 먹음을 이르는 말.
- 呼兄呼弟(호형호제) : 썩 가까운 벗의 사이에 형이니 아우니 하고 서로 부름을 이르는 말.
- 花無十日紅(화무십일홍) : 한 번 성한 세도가 얼마 가지 못하고 쇠퇴함을 이르는 말.
- 會者定離(회자정리) : 만나면 반드시 헤어지게 마련임을 일컫는 말. = 生者必滅(생자필멸)
  ↔ 去者必反(거자필반)
- 興盡悲來(흥진비래) : 즐거운 일이 지나가면 슬픈 일이 닥쳐온다는 뜻으로, 세상일이 순환됨을 일컫는 말. ↔ 苦盡甘來(고진감래)
- 喜怒哀樂(희로애락) : '기쁨과 노여움, 슬픔과 즐거움'이라는 뜻으로, 사람의 여러 가지 감정을 이르는 말.

第1回 漢字能力檢定試驗 4級II 問題紙

[問 1~35] 다음 밑줄 친 漢字語의 讀音을 쓰시오.

(1) 지원군이 加勢하다.
(2) 韓服차림.
(3) 格式을 차리다.
(4) 愛情없는 결혼.
(5) 舊習을 타파하다.
(6) 勇敢한 시민.
(7) 무조건 降伏.
(8) 새로운 基準을 적용.
(9) 시청 앞에 雲集한 사람들.
(10) 堅固한 수비.
(11) 과소비 風潮가 고개를 든다.
(12) 학술 硏究.
(13) 穀食이 잘 여물다.
(14) 부부의 因緣.
(15) 이상氣候를 보이다.
(16) 행동指針.
(17) 請婚을 받다.
(18) 사업이 나날이 發展하다.
(19) 綠陰의 계절.
(20) 物質의 노예.
(21) 쓰레기를 分離하다.
(22) 목사님의 說敎를 듣다.
(23) 좋은 점에 着眼했구나.
(24) 最新유행.
(25) 목표를 達成하다.
(26) 電燈을 켜다.
(27) 세심한 配慮.
(28) 痛快한 승리를 맛보다.
(29) 공공연한 祕密.
(30) 靜肅한 분위기.
(31) 交通의 발달.
(32) 한국인의 思想과 감정.
(33) 회사 事務를 성실하게 처리했다.
(34) 宗敎의 자유가 보장되어 있다.
(35) 학자들의 發表.

[問 36~57] 다음 漢字의 訓과 音을 쓰시오.

(36) 道
(37) 萬
(38) 線
(39) 建
(40) 待
(41) 畫

(42) 開
(43) 潔
(44) 極
(45) 野
(46) 滿
(47) 掃
(48) 舞
(49) 報
(50) 根
(51) 煙
(52) 低
(53) 溫
(54) 解
(55) 醫
(56) 護
(57) 統

[問 58-67] 다음 문장에서 밑줄 친 漢字語를 漢字(正字)로 쓰시오.

[58] 물가상승으로 서민들의 생활이 어려워졌다.
[59] 과속 운전은 자동차 사고의 지름길이다.
[60] 광주행 급행열차가 들어오고 있다.
[61] 비행기가 무사히 활주로에 착륙했다.
[62] 그동안 열심히 노력했으니 행운이 따를 것이다.
[63] 친한 사이에도 약속은 꼭 지켜야 한다.
[64] 나는 국어 과목이 제일 자신 있다.
[65] 효도는 인간 생활의 근본이다.
[66] 올해 예산안이 통과되었다.
[67] 우리의 우정이 변치 않기를 바란다.

[問 68-77] 다음 ( ) 안의 뜻풀이를 참고하여 제시된 漢字語를 漢字(正字)로 쓰시오.

(68) 정치 (정이 우러나게 하는 흥취)
(69) 절도 (말이나 행동 따위의 적당한 정도)
(70) 전화 (전화기로 말을 통함)
(71) 계산 (수를 헤아림)
(72) 양육 (부양하여 기름)
(73) 전설 (예로부터 전해 내려오는 이야기)
(74) 작가 (문학 작품을 지은 사람)
(75) 독립 (남에게 의지하지 않은 독자적인 상태)
(76) 경로 (노인을 공경함)
(77) 택지 (집을 지을 땅)

[問 78-82] 다음 ( ) 안에 알맞은 漢字(正字)를 써서 四字成語를 완성하시오.

(78) 自強不( ) : 스스로 힘을 쓰고 가다듬어 쉬지 아니함.

(79) 論( )行賞 : 공이 있고 없음이나 크고 작음을 따져 알맞은 상을 줌.

(80) 多多( )善 : 많으면 많을수록 더욱 좋음.

(81) ( )事成語 : 옛날 있었던 일에서 만들어진 어구.

(82) 結者( )之 : 일을 저지른 사람이 그 일을 해결해야함.

[問 83~85] 다음 漢字와 뜻이 反對 또는 對立되는 漢字를 ( )속에 적어 漢子語를 완성하시오.

(83) 師( )

(84) 明( )

(85) ( )近

[問 86-88] 다음 漢字와 뜻이 같거나 비슷한 漢字(正字)를 ( ) 안에 넣어 漢字語를 완성하시오.

(86) ( )空

(87) 群( )

(88) ( )初

[問 89-91] 다음 漢字語와 讀音이 같은 漢字語가 되도록 ( ) 안에 漢字(正字)를 쓰되, 제시된 뜻에 맞추시오.

(89) 新古 - 申( ) (어떤 사실을 진술하거나 보고함)

(90) 詩選 - 視( ) (눈의 방향)

(91) 印紙 - 認( ) (어떤 사실을 인정하여 앎)

[問 92-94] 다음 漢字의 略字(약자: 획수를 줄인 한자)를 쓰시오.

(92) 氣

(93) 舊

(94) 學

[問 95-97] 다음 漢字의 部首를 쓰시오.

(95) 考

(96) 督

(97) 病

[問98~100] 다음 漢字語의 일반적인 뜻을 쓰시오.

(98) 孝行

(99) 留學

(100) 開花

第1回 漢字能力檢定試驗 4級 問題誌

[問 1~30] 다음 밑줄 친 漢字語의 讀音을 쓰시오.

(1) 順序를 밟아 일하다.
(2) 매질의 強度를 늦추다.
(3) 禮儀 범절이 분명하다.
(4) 꼼꼼히 筆記하다.
(5) 역사적으로 考察되어야 할 문제.
(6) 休息의 달콤함.
(7) 過誤를 범하다.
(8) 熱帶우림 기후.
(9) 높은 點數를 받다.
(10) 화랑도 精神.
(11) 國境을 봉쇄하다.
(12) 고기 맛이 좋은 韓牛.
(13) 몸을 清潔히 하다.
(14) 식사를 準備시키다.
(15) 업자간의 談合.
(16) 남녀의 差別 없이 채용한다.
(17) 群衆을 선동하다.
(18) 한바탕 演劇을 꾸미다.
(19) 德望이 높은 스승.
(20) 올해는 농사가 豊年이다.
(21) 法律만능 사상.
(22) 最善의 선택.
(23) 家族을 부양하다.
(24) 매사에 操心해라.
(25) 親舊를 사귀다.
(26) 우리민족의 국조 檀君.
(27) 쌍둥이 姉妹.
(28) 작품을 批評하다.
(29) 시사 評論을 쓰다.
(30) 華麗한 옷차림.

[問 31~53] 다음 漢字의 訓과 音을 쓰시오.

(31) 感
(32) 朗
(33) 島
(34) 歲
(35) 雄
(36) 擧
(37) 戰
(38) 班
(39) 頭
(40) 孫

(41) 聞
(42) 漢
(43) 觀
(44) 激
(45) 導
(46) 念
(47) 鼻
(48) 謝
(49) 敎
(50) 樣
(51) 靜
(52) 喜
(53) 穀

[問 54~55] 다음 漢字語의 뜻을 풀이 하시오.
(54) 韓屋
(55) 寶物

[問 56~58] 다음 漢字語 중 첫 音節이 길게 發音되는 單語 셋을 찾아 그 번호를 쓰시오.
①典設 ②質朴 ③孫女 ④寶物 ⑤規格 ⑥果實 ⑦庭園 ⑧正當 ⑨角者 ⑩養育

[問59~63] 다음 漢字 중 첫 正字는 略字로, 略字는 正字로 쓰시오.
(59) 萬
(60) 体
(61) 広
(62) 経
(63) 宝

[問 64~68] 다음의 訓과 音으로 연결된 單語를 漢字로 쓰시오.
〈보기〉 나라 국 - 말씀 어 (國語)

(64) 옮길 이 - 움직일 동
(65) 낮을 저 - 따뜻할 온
(66) 비롯할 창 - 만들 조
(67) 금할 금 - 연기 연
(68) 약 약 - 판 국

[問 69~73] 다음 각 글자와 뜻이 같거나 비슷한 漢字를 ( )속에 적어 單語를 完成하시오.
(69) 思( )
(70) ( )息
(71) 豊( )
(72) 討( )
(73) ( )誤

[問74~78] 다음 각 글자와 뜻이 反對 또는 對立되는 漢字를 ( )속에 적어 單語를 完成하시오.

(74) ( )富
(75) 先( )
(76) ( )冷
(77) 晝( )
(78) ( )卒

[問 79~81] 다음 漢字의 部首를 쓰시오.

(79) 英
(80) 義
(81) 酒

[問 82~86] 다음 四字成語가 完成 되도록 ( )속의 말을 漢字로 쓰시오.

(82) 家和(만사성)
(83) (감언)利說
(84) (안빈)樂道
(85) 以實(직고)
(86) (작심)三日

[問 87~91] 다음 單語의 同音異義語를 漢字로 쓰되, 제시된 뜻에 맞추시오.

(87) (遠視) : 본디 그대로 있어 진보 또는 변화하지 않은 상태.
(88) (動産) : 동쪽에 있는 산.
(89) (死期) : 역사를 기록한 책.
(90) (樣式) : 건전한 식견.
(91) (寺名) : 맡겨진 임무.

[問 92~100] 다음 문장의 밑줄 친 단어 중 한글로 기록된 것은 漢字로 고치고, 漢字로 쓰인 것에는 그 讀音을 쓰고, ( )속에는 적당한 말을 쓰시오.

[가] '便'字는 (　　　)(92)편과 똥오줌 (　　　)(93)으로 읽히는 一字多音字이다.

[나] 한글전용이냐, 한자혼용이냐, 한자병기냐 하는 問題(94)는 너무나 많이 논의(95)되어 이제는 산이 평지가 될 지경에 이르렀다. 우리말 어휘의 70%가 한자어이기 때문에 우리말을 제대로 이해(96)하고 옳게 쓰기 위해서는 한자를 알아야 한다든가, 우리의 전통문화를 계승, 발전(97)시키기 위해서 한자, 한문을 공부해야 한다는 등의 너무도 當然(98)하고 일반적인 논의를 떠나서 좀 더 現實(99)적인 시각에서 이 問題에 접근(100)해 보자.

第2回 漢字能力檢定試驗 4級 問題紙

[問 1~30] 다음 漢字語의 讀音을 쓰시오.

(1) 農家
(2) 公益
(3) 風俗
(4) 實感
(5) 痛感
(6) 雜念
(7) 仁愛
(8) 要約
(9) 畫家
(10) 敵軍
(11) 觀測
(12) 億萬
(13) 餘暇
(14) 探訪
(15) 華麗
(16) 構造
(17) 複寫
(18) 救濟
(19) 發端
(20) 健康
(21) 純潔
(22) 隱密
(23) 姿勢
(24) 淸貧
(25) 優秀
(26) 練習
(27) 增設
(28) 請婚
(29) 態度
(30) 評論

[問 31~53] 다음 漢字의 訓과 音을 쓰시오.

(31) 歌
(32) 物
(33) 獨
(34) 法
(35) 植
(36) 路
(37) 種
(38) 國
(39) 端
(40) 亂

(41) 窓
(42) 想
(43) 敬
(44) 綠
(45) 壓
(46) 廣
(47) 慶
(48) 增
(49) 農
(50) 標
(51) 環
(52) 韓
(53) 洗

[問 54~55] 다음 漢字語의 뜻을 풀이 하시오.
(54) 登校
(55) 愛稱

[問56~58] 다음 漢字語 중 첫 音節이 길게 發音되는 單語 셋을 찾아 그 번호를 쓰시오.
①儀式 ②直線 ③料金 ④素朴 ⑤郵票 ⑥未來 ⑦招待 ⑧批評 ⑨油價 ⑩認知

[問 59~63] 다음 漢字 중 첫 正字는 略字로, 略字는 正字로 쓰시오.
(59) 伝
(60) 禮
(61) 變
(62) 宝
(63) 弾

[問 64~68] 다음의 訓과 音으로 연결된 單語를 漢字로 쓰시오.
〈보기〉 나라 국 - 말씀 어 (國語)

(64) 이을 접 - 이을 속
(65) 부를 초 - 청할 청
(66) 다행 행 - 복 복
(67) 머무를 류 - 배울 학
(68) 옮길 운 - 움직일 동

[問 69~73] 다음 각 글자와 뜻이 같거나 비슷한 漢字를 ( )속에 적어 單語를 完成하시오.
(69) ( )覽
(70) 貯( )
(71) ( )源
(72) 增( )
(73) 測( )

[問74~78] 다음 각 글자와 뜻이 反對 또는 對立되는 漢字를 ( )속에 적어 單語를 完成하시오.

(74) 陰( )

(75) 長( )

(76) ( )舊

(77) 夫( )

(78) 賞( )

[問79~81] 다음 漢字의 部首를 쓰시오.

(79) 效

(80) 鷄

(81) 師

[問82~86] 다음 四字成語가 完成 되도록 ( )속의 말을 漢字로 쓰시오.

(82) 自手(성가)

(83) 緣木(구어)

(84) (온고)知新

(85) (전광)石火

(86) 日就(월장)

[問87~91] 다음 單語의 同音異義語를 漢字로 쓰되, 제시된 뜻에 맞추시오.

(87) (家臣) : 믿을 만함.

(88) (雲行) : 운전하며 진행함.

(89) (領主) : 한 곳에 오래 삶.

(90) (周遊) : 자동차 등에 기름을 넣음.

(91) (定員) : 집안의 뜰.

[問92~100] 다음 문장의 밑줄 친 단어 중 한글로 기록된 것은 漢字로 고치고, 漢字로 쓰인 것에는 讀音을 쓰고, ( )속에는 적당한 말을 쓰시오.

[가] 漢字에는 一字多音字가 여럿 있는데, 예컨대 樂은 즐길( )(92)과 ( )(93)악, ( )(94)로 읽혀 苦樂과 音樂(95), 樂山(96)의 讀音이 각각 다른 것이다.

[나] 세계는 거대한 환경(97)적 도전에 직면해 있다. 석유와 天然(98)가스 매장량은 바닥나고 있으며, 각국 政府(99)는 온실가스 배출량을 감축(100)시켜야 한다.

수험번호 □□□-□□-□□□□   성명 □□□□□

주민등록번호 □□□□□□-□□□□□□□   ※ 유성 싸인펜, 붉은색 필기구 사용 불가.

※ 답안지는 컴퓨터로 처리되므로 구기거나 더럽히지 마시고, 정답 칸 안에만 쓰십시오.
  글씨가 채점란으로 들어오면 오답처리가 됩니다.

제1회 전국한자능력검정시험 4급II 답안지(1)

답안란		채점란		답안란		채점란		답안란		채점란	
번호	정답	1검	2검	번호	정답	1검	2검	번호	정답	1검	2검
1				16				31			
2				17				32			
3				18				33			
4				19				34			
5				20				35			
6				21				36			
7				22				37			
8				23				38			
9				24				39			
10				25				40			
11				26				41			
12				27				42			
13				28				43			
14				29				44			
15				30				45			

감독위원	채점위원(1)		채점위원(2)		채점위원(3)	
(서명)	(득점)	(서명)	(득점)	(서명)	(득점)	(서명)

※본 답안지는 컴퓨터로 처리되므로 구겨지거나 더럽혀지지 않도록 조심하시고 글씨를 칸 안에 또박또박 쓰십시오.

제1회 전국한자능력검정시험 4급II 답안지(2)

번호	정답	1검	2검	번호	정답	1검	2검	번호	정답	1검	2검
46				65				84			
47				66				85			
48				67				86			
49				68				87			
50				69				88			
51				70				89			
52				71				90			
53				72				91			
54				73				92			
55				74				93			
56				75				94			
57				76				95			
58				77				96			
59				78				97			
60				79				98			
61				80				99			
62				81				100			
63				82							
64				83							

수험번호 □□□-□□-□□□□ 성명 □□□□□

주민등록번호 □□□□□□-□□□□□□□ ※ 유성 싸인펜, 붉은색 필기구 사용 불가.

※ 답안지는 컴퓨터로 처리되므로 구기거나 더럽히지 마시고, 정답 칸 안에만 쓰십시오.
  글씨가 채점란으로 들어오면 오답처리가 됩니다.

제1회 전국한자능력검정시험 4급 답안지(1)

답안란		채점란		답안란		채점란		답안란		채점란	
번호	정답	1검	2검	번호	정답	1검	2검	번호	정답	1검	2검
1				16				31			
2				17				32			
3				18				33			
4				19				34			
5				20				35			
6				21				36			
7				22				37			
8				23				38			
9				24				39			
10				25				40			
11				26				41			
12				27				42			
13				28				43			
14				29				44			
15				30				45			

감독위원	채점위원(1)		채점위원(2)		채점위원(3)	
(서명)	(득점)	(서명)	(득점)	(서명)	(득점)	(서명)

제1회 전국한자능력검정시험 4급 답안지(2)

번호	정답	1검	2검	번호	정답	1검	2검	번호	정답	1검	2검
46				65				84			
47				66				85			
48				67				86			
49				68				87			
50				69				88			
51				70				89			
52				71				90			
53				72				91			
54				73				92			
55				74				93			
56				75				94			
57				76				95			
58				77				96			
59				78				97			
60				79				98			
61				80				99			
62				81				100			
63				82							
64				83							

수험번호 □□□-□□-□□□□ 성명 □□□□□

주민등록번호 □□□□□□-□□□□□□□ ※ 유성 싸인펜, 붉은색 필기구 사용 불가.

※답안지는 컴퓨터로 처리되므로 구기거나 더럽히지 마시고, 정답 칸 안에만 쓰십시오.
  글씨가 채점란으로 들어오면 오답처리가 됩니다.

제2회 전국한자능력검정시험 4급 답안지(1)

번호	정답 (답안란)	1검	2검	번호	정답 (답안란)	1검	2검	번호	정답 (답안란)	1검	2검
1				16				31			
2				17				32			
3				18				33			
4				19				34			
5				20				35			
6				21				36			
7				22				37			
8				23				38			
9				24				39			
10				25				40			
11				26				41			
12				27				42			
13				28				43			
14				29				44			
15				30				45			

감독위원	채점위원(1)		채점위원(2)		채점위원(3)	
(서명)	(득점)	(서명)	(득점)	(서명)	(득점)	(서명)

제2회 전국한자능력검정시험 4급 답안지(2)

번호	정답	1검	2검	번호	정답	1검	2검	번호	정답	1검	2검
46				65				84			
47				66				85			
48				67				86			
49				68				87			
50				69				88			
51				70				89			
52				71				90			
53				72				91			
54				73				92			
55				74				93			
56				75				94			
57				76				95			
58				77				96			
59				78				97			
60				79				98			
61				80				99			
62				81				100			
63				82							
64				83							

※본 답안지는 컴퓨터로 처리되므로 구겨지거나 더렵혀지지 않도록 조심하시고 글씨를 칸 안에 또박또박 쓰십시오.

실전테스트 정답

4급 II 1회 정답

(1) 가세
(2) 한복
(3) 격식
(4) 애정
(5) 구습
(6) 용감
(7) 항복
(8) 기준
(9) 운집
(10) 견고
(11) 풍조
(12) 연구
(13) 곡식
(14) 인연
(15) 기후
(16) 지침
(17) 청혼
(18) 발전
(19) 녹음
(20) 물질
(21) 분리
(22) 설교
(23) 착안
(24) 최신
(25) 달성
(26) 전등
(27) 배려
(28) 통쾌
(29) 비밀
(30) 정숙
(31) 교통
(32) 사상
(33) 사무
(34) 종교
(35) 발표
(36) 길 도
(37) 일만 만
(38) 줄 선
(39) 세울 건
(40) 기다릴 대
(41) 그림 화
(42) 열 개
(43) 깨끗할 결
(44) 극진할 · 다할 극
(45) 들 야
(46) 찰 만
(47) 쏠 소
(48) 춤출 무
(49) 갚을 · 알릴 보
(50) 뿌리 근
(51) 연기 연
(52) 낮을 저
(53) 따뜻할 온
(54) 풀 해
(55) 의원 의
(56) 지킬 호
(57) 거느릴 통
(58) 物價
(59) 過速
(60) 急行
(61) 着陸
(62) 幸運
(63) 約束
(64) 科目
(65) 孝道
(66) 通過
(67) 友情
(68) 情致
(69) 節度
(70) 電話
(71) 計算
(72) 養育
(73) 傳說
(74) 作家
(75) 獨立
(76) 敬老
(77) 宅地
(78) 息
(79) 功
(80) 益
(81) 故
(82) 解
(83) 弟
(84) 暗
(85) 遠
(86) 虛
(87) 衆
(88) 始
(89) 告
(90) 線
(91) 知
(92) 気
(93) 旧
(94) 学
(95) 老(耂)
(96) 目
(97) 广
(98) 부모를 잘 섬기는 행실.
(99) 외국에 가서 공부함.
(100) 꽃이 핌.

4급 1회 정답

(1) 순서
(2) 강도
(3) 예의
(4) 필기
(5) 고찰
(6) 휴식
(7) 과오
(8) 열대
(9) 점수
(10) 정신
(11) 국경
(12) 한우
(13) 청결
(14) 준비
(15) 담합
(16) 차별
(17) 군중
(18) 연극
(19) 덕망
(20) 풍년
(21) 법률
(22) 최선
(23) 가족
(24) 조심
(25) 친구
(26) 단군
(27) 자매
(28) 비평
(29) 평론
(30) 화려
(31) 느낄 감
(32) 밝을 랑
(33) 섬 도
(34) 해 세
(35) 수컷 웅
(36) 들 거
(37) 싸움 전
(38) 나눌 반
(39) 머리 두
(40) 손자 손
(41) 들을 문
(42) 한수 · 한나라 한
(43) 볼 관
(44) 부딪칠 격
(45) 이끌 도
(46) 생각 념
(47) 코 비
(48) 사례할 사
(49) 가르칠 교

실전테스트 정답

(50) 모양 양
(51) 고요할 정
(52) 기쁠 희
(53) 곡식 곡
(54) 우리나라 고유의 재래식 집
(55) 드물고 귀한, 가치가 있는 물건
(56) ④
(57) ⑥
(58) ⑧
(59) 万
(60) 體
(61) 廣
(62) 經
(63) 寶
(64) 移動
(65) 低溫
(66) 創造
(67) 禁煙
(68) 藥局
(69) 慮
(70) 休
(71) 富, 盛
(72) 伐
(73) 過
(74) 貧
(75) 後
(76) 溫
(77) 夜
(78) 將
(79) 艸(艹)
(80) 羊
(81) 酉
(82) 萬事成
(83) 甘言
(84) 安貧
(85) 直告
(86) 作心
(87) 原始
(88) 東山
(89) 史記
(90) 良識
(91) 使命
(92) 편할
(93) 변
(94) 문제
(95) 論議
(96) 理解
(97) 發展
(98) 당연
(99) 현실
(100) 接近

4급 2회 정답

(1) 농가
(2) 공익
(3) 풍속
(4) 실감
(5) 통감
(6) 잡념
(7) 인애
(8) 요약
(9) 화가
(10) 적군
(11) 관측
(12) 억만
(13) 여가
(14) 탐방
(15) 화려
(16) 구조
(17) 복사
(18) 구제
(19) 발단
(20) 건강
(21) 순결
(22) 은밀
(23) 자세
(24) 청빈
(25) 우수
(26) 연습
(27) 증설
(28) 청혼
(29) 태도
(30) 평론
(31) 노래 가
(32) 물건 물
(33) 홀로 독
(34) 법 법
(35) 심을 식
(36) 길 로
(37) 씨 종
(38) 나라 국
(39) 끝·바를 단
(40) 어지러울 란
(41) 창 창
(42) 생각할 상
(43) 공경 경
(44) 푸를 록
(45) 누를 압
(46) 넓을 광
(47) 경사 경
(48) 더할 증
(49) 농사 농
(50) 표할 표
(51) 고리 환
(52) 한국·나라 한
(53) 씻을 세
(54) 학생이 학교에 감
(55) 본디 이름 외에 친밀하게 부르는 이름
(56) ③
(57) ⑥
(58) ⑧
(59) 傳
(60) 礼
(61) 変
(62) 寶
(63) 彈
(64) 接續
(65) 招請
(66) 幸福
(67) 留學
(68) 運動
(69) 觀
(70) 蓄
(71) 根
(72) 加
(73) 量
(74) 陽
(75) 短
(76) 新
(77) 婦
(78) 罰
(79) 攴(攵)
(80) 鳥
(81) 巾
(82) 成家
(83) 求魚
(84) 溫故
(85) 電光
(86) 月將
(87) 可信
(88) 運行
(89) 永住
(90) 注油
(91) 庭園
(92) 락
(93) 노래
(94) 좋아할 요
(95) 음악
(96) 요산
(97) 環境
(98) 천연
(99) 정부
(100) 減縮